大家讲堂

"大家讲堂"
翻译文化讲座集锦 II

纵横：翻译与文化之间 II

Senior Experts
on Translation and Culture

王欣 主编

外文出版社
FOREIGN LANGUAGES PRESS

图书在版编目（CIP）数据

纵横：翻译与文化之间："大家讲堂"翻译文化讲座
集锦.2 / 王欣 主编 .—北京：外文出版社，2010
ISBN 978-7-119-06705-6
I. 纵… Ⅱ. 王… Ⅲ. ①翻译—研究 Ⅳ. ① H059

中国版本图书馆 CIP 数据核字（2010）第 194174 号

策　　划：王　欣　呼宝民　成　德
责任编辑：蔡莉莉　郑　实　尹　莹
封面设计：奇文云海
印刷监制：张国祥

纵横：翻译与文化之间 Ⅱ
王欣　主编

出版发行：外文出版社
地　　址：中国北京西城区百万庄大街 24 号　　邮政编码 100037
网　　址：http://www.flp.com.cn
电　　话：(010) 68320579/68996067（总编室）
　　　　　(010) 68995844/68995852（发行部）
　　　　　(010) 68327750/68996174（版权部）

制　　版：海风书装
印　　制：北京中达兴雅印刷有限公司
经　　销：新华书店 / 外文书店
开　　本：787mm × 1092mm　　小 16
印　　张：20
字　　数：240 千字
装　　别：平
版　　次：2011 年第 1 版第 1 次印刷
书　　号：ISBN 978-7-119-06705-6
定　　价：36.00 元　　　　　　建议上架：外语类

前　言

2008 年第一本“大家讲堂”讲座集锦出版后，得到了各界的肯定和支持，我们也深受鼓舞。为此把近两年讲座内容又做了编辑整理，第二本现在就和大家见面了。

出版这本书的初衷和感谢的话在第一本前言里都有了交代，在此就不再重复了。但还是希望这本书能对翻译学习者、青年翻译工作者有所帮助，成为大家通往高翻道路上的桥梁。第一本讲座集锦如果需要也可与中国外文局教育培训中心联系。

近年来，在不同的场合与翻译界人士和一些机关企业的人士们交流，听到了一些事，期间我自己也遇到了一些事，静想起来，觉得很多问题缘于对翻译的认识，对翻译的功能、作用和职业特点的认识上有比较大的偏差，包括翻译本人和翻译的使用者，多少都存在着一些误区，尤其是在某些地方，甚至是相当大的误解。正巧这本书要出版了，就此问题发表点感言，兼做此书的序了。

一、翻译本人对翻译的认识问题

1、翻译对谁负责

翻译的本质是要让交流的双方明白，准确传达原意的同时也要让读者（听众）明白、清楚。这是个很简单的道理，否则还要翻译做什么呢？但就是这样简单的道理，在实践中却往往把握不住。例如：很多笔译是中文定稿，然后给翻译做。而中英文的差别和表述不同，文化和阅读习惯不同，需要翻译做一些处理，或增加、或删减、或调整。但因为中文稿往往是经过了层层审阅、道道把关，“客户”往往要求要严格按原文翻。翻译呢，为了让“客户”满意，也就会很忠实地翻，结果很容易是客户满意，但读者糊涂，被弄的云里雾里的；如果翻译心里想着最终读者呢，会担心“客户”不能结账，弄不好还丢了这个客户。翻译就处于两难：对谁负责呢？

最近我遇到这样一个稿子，结尾部分是这样的：

“各位领导、同志们、朋友们，虽然我们在……的使用、保护，以及推动农业发展、促进农民增收等方面做了一些工作，取得了一定的成效，但与上级要求相比、与先进的兄弟单位相比，还存在一定的差距。我们将以这次会议为契机，进一步完善各项制度，强化工作措施，规范商标使用，加大保护力度，为促进……乃至全市农业农村经济又好又快发展做出积极的贡献。”

很明显，如果按此文原样翻过去，老外该糊涂透了。这样的结尾，明显的是国内会议发言或工作总结的模式，怎么可能照翻呢？所以，结合上文，做了一些删减：

...had brought the city great benefit, and we are confident, as long as we continue our efforts in completing relevant regulations and enforcing protection to trademark, ...will definitely bring more to...

但是，这样处理后，对方不满意，说翻译偷懒，不负责任，甚至还暗指翻译水平不够。

也许有人会说“信、达、雅”里的“信”是第一位的，但“信”的目的是“达”，“雅”的目的是更好的“达”；如果不能“达”，那“信”和“雅”又有何用呢？

是不是就无法解决这个矛盾了呢？目前看，根本解决是有相当大的难度的，首先是当前的文风很难改变；二是相当一批人缺乏内外有别、中外文化差异的概念；三是具体工作人员往往不敢与领导直接反映这样的问题。但作为翻译需要加强与用户的沟通，多做解释工作，还需要在此类文字处理上下功夫，尽量抽出原意，以读者能接受的语言和方式来表达。

2、翻译的公德心

翻译本人一定要知道能做什么，不能做什么。翻译分为口译和笔译，一般来说做笔译的人不会去做口译，而部分做口译的人会去做笔译。部分做口译的人，因为长期做口译留下了一些习惯，例如：句子比较短，单句比较多，时态不是很准，用词比较简单，重复现象比较多。

其实翻译还有一个区别，就是中翻外和外翻中，也就是说往往会有一个自己的主方向，双向都翻，而且能翻好的人不是很多。这个区别，被忽视的较多，不少的人是来什么翻什么。中翻外，往往采取的是合并、组合；外翻中往往是需要打开。两个思路，两个套路，不是那么简单说做就能做起来的。

翻译其实也分专业，例如法律类、文学类（也分小说、散文和诗歌等）、医学类、外交政治类、科技类等等。不同类的翻译，因为表达方式、要求、术语等原因，也是不能随意做的。

翻译原文也存在不同的难度，译文的用途也不同，例如参考资料、会议发言、正式出版等等。不同场合要求不同，翻译本人应该知道自己的翻译水平能达到什么要求。

翻译是需要时间的。口译需要时间做提前的功课，需要时间提前调整身体和精神状态，不能提包就走，不能指望临时发挥、灵机一动，不是传声筒；笔译则更是需要时间考虑、斟酌、查找资料等，不是复印机。

翻译行外的人往往不知道这些区别，认为你是翻译，什么都可以做。但以上这些不同，翻译自己要知道，知道自己能做什么，不能做什么，要把握好自己，通过每个翻译的职业修养来教育和改变人们对翻译工作的认识。

翻译费用有不同标准，以笔译为例，有 80，100，200，300 等等，口译也是一样。翻译本人要有自己的标准，不能不符合实际地随意开口，也不能不顾市场规则，随意压低报价。市场混乱了，翻译质量也就越来越低，从事翻译工作的人素质也就越来越差，这对翻译们不好，对翻译行业的健康发展更不利。

所以，翻译本人的把握、翻译自身的修养是诸多问题的关键之一。

二、社会对翻译的认识问题

1、普遍的认识

“懂外语就该是翻译”：我们可以常常听到这样的话。外语好仅仅是做好翻译的基础之一，没有一个好的外语基础，自然做不了翻译，这是必然，但还远远不够。据我观察，外语是做好翻译工作的百分之四十，知识基础和中文理解，分析能力、归纳能力、表达能力，这些占了百分之四十，责任心（例如口译中的做足功课、心理素质和现场应变能力，笔译中的认真查和最后核对修改）又占了另外的百分之二十。这个观点和很多翻译界专家们交流过，都有同感。所以，外语好仅仅是个基础，距离做好翻译还有相当多的差距。

“跟着领导到处走，吃香喝辣，风光的很”：翻译总是在领导身边，出席宴会，出国访问，可以到处走走，好是风光。孰不知，在宴会上，翻译是吃不好的，甚至要饿肚子；出国访问，翻译要安排各种事宜，甚至要承担秘书、陪购等事宜。我所了解的一些翻译们就遇到了不少这样的事情：

* 宴会：领导和客人边吃边聊，翻译坐中间（或稍后的位置），领导说一句，继续吃，但翻译要翻；客人说一句，继续吃，翻译也要翻；领导和客人轻松愉快，交杯换盏，翻译是两头忙活，眼看着一桌菜肴，也只能是面带微笑但依然饥肠辘辘。所以有经验的翻译都建议要带包饼干，在路上或找机会自己先垫上几口。

* 出访：翻译要做的事情更多。

走前，要进行大量的沟通、准备和协调，准备好自己的行囊和资料，安排好领导的行程和吃住行；

到达后，确认各项安排，与接待方进行沟通交流；公务活动中的翻译；业余时间参观、购物等的陪同，甚至是一些领导业余时间的活动也要陪同；到了夜晚，大家休息了，翻译还要为第二天做准备。几天下来，筋疲力尽，哪里有什么心情游玩异国风光呢？如果行程有什么变化，或领导有新的想法了，那又要增加翻译的工作量。

回国了，要整理公务活动情况报告，报销各种票据等等。

* 会谈、会见：准备充分，把自己装扮整齐；接待客人跑前跑后，会谈会见期间要精力集中，会后还要写纪要等。经常出现的是临时叫翻译，云里雾里地就去了会场，具体谈什么事先都不知道，坐下来就要翻。

2、一些领导的认识

大众对翻译行业的特殊性不大理解似乎还有情可原，但一些领导或职能部门的不理解，对翻译工作和翻译本人的不尊重则造成翻译工作中很多的问题。

一是“临时要”：

具体事例一：下午六点拿给翻译三万多字的稿子，第二天开会要用，晚上十点就电话催要，理由很简单：会议准备时候忘记了还要有翻译的事，说话的口气还是很随意：“就是让你翻一下，怎么还没翻完？”

具体事例二：外宾的车已经快到门口了，想起来没安排翻译，赶快叫小张去，结果小张连跑带颠地到了会场，主题是什么都不知道。

具体事例三：在宴会上，让翻译站身后几米外，随时需要抬一下手上来，翻完挥一下手下去。

二是认为翻译是全能：

很多单位翻译不分口笔译，更是不分专业，孰不知口译与笔译的区别很大，翻译也分各个方向。

不同场合下，一些老翻译家们总是要提起当年周总理对翻译的态度：宴会前，翻译同志先吃点；宴会中，翻译同志你抓紧吃点，现在不要翻了；宴会后，给翻译同志单独准备点。在六十年代中苏论战的时期，我们有个非常著名的系列社论，简称“九评”，翻译们在起草阶段就开始参与，遇到无法翻译的地方就要修改原文了。

综上，端正对翻译的认识，首先是翻译本人端正认识和树立良好的道德风范，要从自我做起，无论是质量、收费还是工作态度都对自己要严格要求；同时要在各种场合下、利用各种机会宣传翻译工作的特点、规律和要求。再有是社会各界要了解翻译工作，对翻译工作有个尊重、理解，翻译行业有关部门也要主动宣传、普及有关知识。这虽然需要个过程，但还是要做。

近些年来有关翻译的讲座、会议、培训和学历教育不断增加，奥运会和世博会也动员了大量的翻译，全国翻译资格考试自 2003 年开始以来参考的人员越来越多，已经有相当一批拿到了国家证书。实用性的 MTI (Master of Translation and Interpretation) 在全国几十余所大学开设，等等，这些都为促进翻译的培养和行业的正规化起到了积极的作用。

衷心祝愿各位读者学习进步，在职业翻译的道路上走的顺、行的端、做的好，为中外经贸文化交流发挥积极的促进作用。

王　欣
中国外文局教育培训中心主任
中国翻译协会理事

目 录

陈德彰　1964 年毕业于上海外国语大学，现任北京外国语大学英语系教授，曾担任高年级教研室主任、翻译教研室主任等。多年来教授本科和硕士研究生翻译实践与理论、英汉对比语言学等课程，研究方向为翻译理论与英汉对比语言学。有《英汉翻译入门》等多部翻译学著作。

翻译实践性很强，要多练，但不是自己一个人闷头练，而是要边学边练。可以找一些双语的材料，先不看译文自己试着翻译，然后将自己的译文和书报上的译文比较，找出自己的不足，学习别人的长处，想想怎样翻译更好？为什么？这样就能不断进步。只要有恒心，多揣摩，一定能学好翻译。

陈德彰

全方位（汉英）翻译

陈德彰

我讲的内容是“中译英的全面翻译方法”（Global Approach to Translation from Chinese into English）。

Global 本来的意思是“全球的”，“经济全球化”就是 globalization of economy。可是 Global Approach to Translation 中的 global 指的不是“全球的”，而是“全方位的”、“综合的”、“全面的”，甚至是“穷尽一切的”意思，即表达一个概念或意思的所有可能的方法，是从各个角度全面考虑译文所有可能性。

这里会涉及到几个问题：什么是翻译？应该怎样进行翻译？以及什么是最适当的译文？

按照翻译学家奈达（Eugene Nida）的说法，“翻译就是翻译意义”。所以不是翻译一串单词或语法结构。

那么有哪些“意义”呢？可以列出以下几个方面：（1）指称意义（referential meaning，也称 denotative meaning，surface meaning 或 conceptive meaning，也就是字面表达的意义。Cup 的指称意义就是汉语称为“杯子”的容器）。（2）表达意义（expressive meaning，也称 connotative meaning，也就是联想、隐含的意思，比如 have a cup 中的 cup 就不指容器“杯”，而指其中的酒。汉语的“杯水车薪”中的“杯”既不指杯子本身，也不指杯中的液体，而表示“少”。那么一大车的柴火烧着了，一杯水当然无济于事）。（3）社会意义（social meaning，也称 interpersonal meaning，因为人是社会动物，语言的功能是人相互之间的社会交际）。（4）感情意义（emotive meaning，也称 affective meaning）。(5) 思考意义（reflective meaning，指听话者或读者经过思考而理解的意思，有时会和说话人或作者的意义有出入）。(6) 搭配意义（collocative meaning。因为词总是通过和别的词组合在一起表达意义的，一个词在不同的搭配中会有不同的意义，而英汉词语的搭配习惯有很多是不一样的）。(7) 主题意义（thematic meaning，指说话的中心题目，一句话、一段文字、一篇文章都有其主题意义）。(8) 风格意义（stylistic meaning，也称文体意义，指个人说话和写作中表现出来的特点，包括遣词造句等多方面）。(9) 语用意义（pragmatic meaning，也称 communicative meaning，指语言在实际交际中表达的意思，有时和字面意义不一样。例如：一个人渴了想喝水，在很多情况下并不直接说 I want to drink some water，而可能说 I am thirsty，或问对方 Are you thirsty？将语用意义翻译出来有时要费点劲）。此外，还可以举出“语法意义”（grammatical meaning，指有些词只起语法作用，如某些助词、虚词等）、“文化意义”（cultural meaning，每种语言本身都是某个特定文化的一部分，语言反映出该文化含义）、“临时意义”（temporal meaning，指临时性用某个词语表示特定的意义）等。

好的译文要尽可能把这些意义都体现出来，这就需要通过下列语言手段（illocutionary means）：(1) 词汇手段（lexical means，包括选词，尤其要注意同义词之间细微差别，选用表达相应感情色彩的词语等）。(2) 句法手段（syntactic means，即语法手段 grammatical means，包括句型的选择、句子局部的结构变化、句子焦点、词序等）。(3) 修辞手段（rhetorical means，包括各种修饰比喻、讽喻、反话、婉转，以及双关、韵律等特殊手段）。(4) 主题手段（thematic means，即用以说明主题重复、指称等手段）。(5) 文本手段（textual means，包括文章结构安排，如倒装、及风格等）。翻译时要考虑原文采用的各种手段，尽量在译文转达出原文意义的同时，重现各种语言手段。因为英汉两种语言不同，有时需要适当调整采用的手段。

如果是口头语言，还有语音手段，包括语调、重音、响度、停顿等；真实交际时还有所谓语外手段（locutionary means），如手势、表情、动作等身体语言和交际的环境。这些在文学性作品中会有交代，但不在我们今天讨论的范畴内。

许多学生常问我："怎么才算把英语学好了？"我觉得学习英语的关键并不在于词汇量有多大，而在于会用多少种方法表达同一个概念。你掌握的方法越多，说明你的英文学得越好，这里包括用不同的措辞、结构和句型来表示同一个意思。相对而言，词汇是次要的。

现在我们来举个简单的英译汉的例子，说明什么是 global translation.

Yes, I've seen that girl.

最普通的译法是："我见过那个姑娘。"

但是还可以有很多别的方法，或者说，在不同的情景需要用不同的方法翻译这个简单的句子。我们说，翻译的唯一标准是上下文，而所谓的上下文包括语言本身的和语言外的各种情况，好的翻译要根据不同的具体情况采取不同的手段，体现出说话人的目的、态度、口吻（undertone）等。

首先，我们考虑在词汇层面（at the lexical level）可以用哪些不同的词来代替译文中的各个词。（"取代"叫 lexical replacement。实际上，这句话中的每一个词都可以被取代。）其次是语义上的转换（semantic conversion。这里 conversion 是说语义上的转换，不是词性转换，即用语法、句子结构、修辞等体现出语义上的不同，有时也许是细微的不同）。第三是语气或口气变化（tonic variance。注意，这里的 tonic 是 tone 即"语气"的形容词，不是表示"有进补作用的"、"有益的"那个 tonic，也不是表示四声的 tone 的形容词）。各种变化目的在于使译文体现出说话人不同的语气或口气、含义。这是最简单的三种取代的方法。下面我们就来看具体怎么变。

Yes → “是的”

Yes 不一定都译成是“是的”。“是”、“是啊”、“正是”、“没错”、“不错”、“对”、“对了”、“可不”、“可不是吗”等都可以。我们知道，在英语为母语的国家，父母跟孩子很严肃地谈话时，孩子会回答“Yes，sir.”或是“Yes，ma’am.”这个“yes”就不宜译成“是的”。你跟你爸不会说“是的，先生 / 夫人”。而会说“没错”，“好的，我明白了”，“我知道了”等。Yes 只是一种确认或是同意的表达：（1）说明事实（make a statement）（2）表示认可（acknowledge）（3）坦白或承认（confess）（4）证实或确认（confirm）（5）表示同意（agree）（6）表示让步（make concession）。让步和认可是不一样的，前者表示一种退让，如 Yes，let it be so.（“好吧，那就这样吧。”）Yes，you may say so.（“好吧，你就这么说吧 / 也可以这样说。”）所以 yes 在不同的情况下，可以并需要译为不同的词语，以表达不同的意思。有时则无需译出，如回答“Have you been there？”说“Yes，I have”就没有必要译成“是的，我去过”，直接说“（我）去过”就行了。

I → “我”

I 是英语中唯一一个大写的单字母单词，而且是永远大写。英文里不管一个人的身份地位，称自己都用 I。但汉语里表示第一人称的有许多词。比较文气的“余”、“吾”，大家可以在鲁迅的作品中找到。还有“俺”、“咱”、“阿拉”（上海话）等方言。如果你要将某个英语材料翻译成上海方言节目，也许用“阿拉”比用“我”更好一些。再比如中国古代皇帝自称的“朕”、“寡人”等。“孤家寡人”或是“寡人”，英文都是 I。此外，“本人”、“笔者”、“本官”，还有

“本小姐”，“老娘”、“姑奶奶”、“你爹我”、“大爷”、“老子”等都是“我”不同的语气表达方式，有些显示出说话人的傲慢。“姑奶奶不信你这一套。”英语也就是 I don’t buy that… 还是用 I。

记得我们刚上初一的时候，一个英国老师教我们，第一课讲“My Family”。我们刚学会 father 和 son 两个词，一下课，同学之间就互相打趣说：“You’re my son. I’m your father.”老师听见后说：“Why do you want to be his father？ If you like，I can call you Father.”同学连说：“不敢，不敢！”这是因为中国人认为当别人长辈是讨了便宜，故而“老子”成了称自己的口头禅。但西方人就没有这个概念，他们认为，如果你是我父亲，那么你就要承担当长辈的责任，你得养活我。所以西方人不理解我们的想法。比如，阿 Q 说：“就算是儿子打老子，”于是便心满意足地走了。这是鲁迅书里的一句描写。英文是这么译的：“Suppose it was the son who has beaten the father，” A-Q said to himself，and then he felt contented and walked away. 老外就看不懂了，为什么“儿子打老子”就觉得很满意了呢？在他们看来，不管是父亲打儿子，还是儿子打父亲，都是不对的。

汉语中称自己“在下”、“小弟”、“小可”、“鄙人”、“小可”、“不才”、“晚生”、“老朽”等等，表示自谦（show modesty），连出家人都自称“贫僧”、“贫道”。有时还称自己是“愚弟”、“愚兄”等，其实说话人一点也不认为自己“愚蠢”。还有，明明官居高位，却称自己“下官”、“卑职”、“微臣”，明明是“元帅”，却自称“末将”，古代妻子对丈夫自称“贱妾”，这些也是表示谦虚。至于太监、宫女和仆人则只能称自己“奴才”、“奴婢”，那是社会地位决定的，就不一定是谦虚了。

汉语中有很多词可用来翻译英语的“I”。这些词告诉我们不同说话人的不同的社会地位或身份。这是中国几千年的文化沉积形成的，在交际中非常重要。西方传统强调人际平等，所以都用一个 I。

当然，英语中还有另一个表达方式第一人称，那就是“me”。在汉语中，我们没有“格”（case），主格宾格用同样的词语。

See→“看见”

“观看”、“观”、“瞧”、“瞅”、“瞅见”，还有“瞄”、“眻”、“睹”、“瞪”、“瞻”、“瞭”、“盯”、“眇”等，这些词意思大致相同，但表示的具体动作和态度有所差别，风格意义也不一样，有的很文气，非常正式，也有些很口语化，但都可以用来翻译不同语境中的 see。

Girl→“姑娘”

除了“姑娘”之外，“女孩”、“少女”、“丫头”、“闺女”、“女郎”、“小女子”、“小姐”、“妞儿”、“小妮子”、“妹子”、“细妹子”、“女娃”、“女生”、“小娘儿们”等都可以用以翻译 girl 一词，表示出不同的感情意义。还有两个比较极端的表达方式可以翻译 girl 一词：口语中带有贬义的“骚货”和非常文雅的“裙钗”。在某些情况下，“骚货”在英文中说“Oh，that girl”；而“裙钗”相对于“须眉”，指女子。这些不同的词反映了说话人的态度和感情色彩。

I've seen that girl. 也可译为“那姑娘我见过。”这是口语中常见的句型，自然而符合汉语语法的。那么，这样译和“我见过那姑娘”有什么区别呢？虽然这两句表达的是类似的意思，但句子层面的结构不同，体现了意思上的差别。

这里先要说一下如何分析汉语的句子。英语句子是典型的“主语句”（subject sentence），主语往往统帅全句，主谓形态上必须一致。主语是句子必须有的，在一定的上下文中省略了，也能还原补出来。可是在汉语并不是每个句子都必须要有主语的。汉语中有很多无主句（不是主语被省略了，而是习惯上没有，一些无主句很难补出合适的主语）。主语不是句子不可少的成分，因此说汉语句子不一定是“主语句”，要概括说，应该是“主题句”（topic sentence，也叫 theme sentence）。一般而言，汉语的每一个句子都有“题目”和“评论”（topic and comment 或 theme and rhyme）两个部分。

好多人学了英语以后，拿英语语法去套汉语进行分析，往往套不过来。“那姑娘我见过”一句中，“那姑娘”在句子开头部分，可很难说是“主语”；而从意思分析把后面的“我”定为“主语”又很难说明这一句和“我见过那姑娘”到底有什么区别。有人提出说这是“倒装句”（reversed sentence），目的在于强调。可实际上“那姑娘我见过”是很正常的词序，谈不上什么“倒装”。所以用英语的语法分析汉语是讲不通也说不透的。如果作为“主题句”来分析就比较说得清楚：“我见过那姑娘”中的“我”是主题，是要回答“我”怎么样的问题。“那姑娘我见过”这一句中“那姑娘”是主题，后面部分是说那姑娘怎么了，“我见过”则是“评论”。英语 That girl I've seen 才是说话人想强调 that girl 的倒装句。

我们来再看看语言学中常提到的一个典型的例句：“王勉七岁上死的父亲。”（《儒林外史》）

按照英语语法分析，如果说“王勉”是主语，那后面“七岁上死的父亲”是什么呢？如果说“王勉的父亲”是主语，那后面的部分又怎么分析呢？有人提出说汉语有“大主语“（major subject）和“小主语”（minor subject）。“王勉”是大主语，“他父亲”是小主语，再后面是谓语。“大主语”跟“小主语”是一个从属关系。这是考虑到汉语特点而对英语语法稍作改造，但还是有问题。“王勉七岁上死的父亲”是说王勉怎么了，“王勉”是主题，王冕的父亲不是说话人主要关心的问题。英文一般将这一句译为 Wang Mian's father died when Wang Mian was seven.”体现不出原文的主题，而主题是交际的出发点，是很重要的。而且 Wang Mian's father died when Wang Mian was seven. 显得有点罗嗦，而译成 Wang Mian's father died when he was seven. 是错的，因为七岁的孩子是当不了 father 的。

我们前面说了，翻译是翻译意思。要使译文表达出原文的意思，必须注意英语和汉语的相同点和不同点。有时，两者表达同一个意思的语言表达方式相同或类似，看起来是直译，不过大多数所谓的"直译"也还是要进行一些调整的（accommodation）；如果两种语言表达同一个意思形式差别较大，翻译时要做较大的调整，就被称为"意译"。有人把"意译"称为 free translation，事实上翻译永远也不可能自由。如果自由了，那就不叫翻译了，那叫艺术。也就是说，归根结底翻译都是"意译"，只是所做的调整程度不同而已。所以争论"直译"或"意译"没有多大意思。

现在我们来看今天要重点讨论的汉译英的例子：

他说得太快，我实在不明白他到底想说什么。

这一句包含三个信息：（1）他想要告诉我什么事（He wanted to tell me something）（2）他说得很快（He spoke very fast）（3）我没有听明白他的话（I did not understand him）。因为三者语义上密切相关，所以组成了一个句子。

这句中文是一个典型的"意合句"（paratactic，其实 paratactic 是"平行"的意思）。"他说得太快"和"我实在不明白他到底想说什么"是由两个平行的小句组成的并列复合句（compound sentence），两个小句之间没有任何连接成分，完全靠意思－逻辑关系连接起来，这就是"意合"的意思。

这句汉语最普通而直接的英译是：

He spoke so quickly / so fast that I could not make out what he wanted to say.

这个译文是一个"形合句"（hypotactic sentence），复合连接词 so...that 引导出一个结果状语从句，组成一个主从复合句（complex sentence。其实 hypotactic 就是"主从"的意思。）也可以说 He spoke so quickly / so fast 是原因，I could not make out what he wanted to say 是结果。

这只是一种可能的翻法，但绝不是唯一的译法。翻译没有所谓的标准翻译，也可以说，翻译“没有最好，只有（相比较下的）更好”，这个“更好”当然要根据上下文判断。

像 **quickly** 和 **fast** 这一对样简单的词，也可以比较一下。两者有什么区别呢？我们说：Liu Xiang is a fast runner. 这里的 fast 不能改为 quick。而一个小孩哪怕拼命跑，我们也只能说 The boy ran quickly. 不能用 fast。这是因为 quickly 主要指自己主观上做出努力，而 fast 重在客观结果。比如你能在 10 秒内跑完 100 米，那你就是 a fast runner。所以 No matter how *quickly* the boy may try to run，he could not run very *fast*.

这里涉及到主观和客观的问题。再比如催某人“快点，快点”，是用 be quick（er）还是 be fast（er）呢？不错，应该是 quick（er）。火车开得越来越快才是 get faster and faster。

英译中的 **so…that…** 体现了一种形合结构，但汉语没有这样的结构。除了有些词典不会有人说：“他说得是如此之快，以至于我听不懂”。因为汉语是一种多用意合的语言。而且不管什么语言，简洁（simplicity）都是最基本的原则。在信息爆炸的今天，更要尽量用最少的词语表达最多的概念，做到“言简意赅”，能省就尽量地省，只要清楚就可以了。

原文是“我实在不明白他到底想说什么”，和“他说的我听不懂”不一样，强调“我弄不清楚 / 弄不明白”，英译用短语动词 **make out** 就比 understand 确切得多。要提醒大家注意的是，这里要用 make out 而不是 work out 的意思。Work out 肯定要花点脑筋，例如 Can you work out this mathematic problem？做数学题要动脑子。

短语动词是 phrase verb，而不是 verb phrase，两者有区别。Verb phrase 包括其宾语和修饰成分；而 phrase verb 是相当于一个动词的短语，英语里有大量的短语动词。要想学好英语，学会短语动词的意思和用法很重要。很多人不注意短语动词，而是努力去记那些很长的单词。事实上，那些很长的“大词”使用的几率不高。老外讲话为什么不容易懂呢？第一是因为他们讲话快；第二是因为他们说话多用小词，尤其是小词组成的短语动词。西方人较少用大词，而中国人因为政治概念强，动不动用一些大词。当然西方人们用经济、技术词的几率比我们多，因为他们的科学和经济比较发达。如果你学会几十个所谓“简单的”动词，包括这些词组成的短语动词，你的英语能力就会有质的提高。比如一个 look 加上各种介词可表示多种意思：look at，look about，look after，look around，look for，look into，look on，look over，look through 等，这些意思都不一样，还有 look down upon，look forward to 等由三个乃至更多的小词组成的短语。短语动词在口语里特别重要，口译中要学会灵活使用，如果翻译正式会谈前的聊天部分用很大的词，那不是吓唬人吗？

我们再来看看谓语动词中 **could not** 部分。

Could not 可以用 could hardly / scarcely 代替。Hardly，scarcely 和 seldom，rarely，little 等词被称为“半否定词”或“准否定词”，可用于表示婉转的语气，比如 I could hardly understand him（我几乎听不懂）要比 I did not understand him 婉转。婉转很重要，它是交际的润滑剂。如果用“not”，说话就太绝对了，没有了余地。

还可说 I could not possibly understand him 也是一种婉转的交际方式，possibly 的意思并不是责备说话的人，而是责备自己“没能听懂”(其含义是：可能是自己能力太差，换个人可能就听得懂了)。

如改用 I wasn't able to...，跟 unable to... 一样，也是强调自己能力不够。如果改成 I failed to... 则是责备自己，有“对不起”的意思。而用 I didn't succeed in...（没能成功做到）会含有“辜负对方的期望”的意思。

但用 I have no way to...（我没法……），话就说得有点绝，比如 What does he imply，I had no way to understand him. 这个“no”的语气非常强烈，甚至比“not”更强烈。

I could not 还可以换成：

It was proved

beyond me / beyond my ability to…

It was（simply / really / absolutely）difficult / impossible

for me to…

It proved beyond me 的意思是“事实证明超过我的能力了”，或者“您太高抬我了，我不是这块料”。Beyond my ability to… 和 beyond me 也略有区别，前者意思是“超过我的能力了”，意思是说我现在不行，也许再过一阵子，训练训练能行，而 beyond me 是“我压根儿就不行”。此外，beyond my ability 责备的口气也比较轻。It was simply / really / absolutely difficult / impossible for me… 是“我不可能……”，这里强调的不是说话人自我责备，而是在推脱客观条件，因为 it was 的含意是“这本来就不是我能干的，是你非得让我干”。上面所列的几个说法中 absolutely 表示的口气最强烈，意思是绝对不可能。这些话我们平时可能不太注意，好像意思差不多，因此认为不区分也无所谓。翻译的时候我们要注意这些口气上的区别。

我们前面说过可将 make out 换为 understand，还可以换成更口语的 see，catch，follow，grasp 等。See 的意思是“明白”；catch 的强调耳朵灵，对方说得很快也能听得出来；follow 是被动的跟对方的话思考，有时强调逻辑思考；grasp 的意思最深，不只听懂表面的意思，还了解其深层的含义。

可取代 make out 的还有 make head or tail（of）（可以形象地译为“理不出头绪来”），意思是我听到了他说的每个字，但是不明白他到底说的是什么意思。比如学英语的人刚开始听 BBC 广播的时候，虽然每个字也都听懂了，但是因为不了解背景等还是听不懂，就是 I couldn't make head or tail of the BBC broadcast.

Understand 还可以用 comprehend 或 perceive 来代替。这两个词

都比较正式。Perceive 有心理学层面的意思，意思是“深入地理解”。

Not understand 也可以说成（be）at a loss（about）。I'm at a loss about what he said. 再重一些还可说（be）at sea，类似于汉语“堕入五里雾”、“云里雾里”等说法。这就是我们所说的语言的色彩意义。

语言是线性的，但语言要表达的是三维的世界。翻译时要用线性的文字生动形象地表达三维的空间，更需要发挥想象，想一下原文到底想要表达什么。这需要译者的知识基础和阅历了。

下面来看宾语从句部分 **what he wanted to say**。这一部分可改为：

What he wanted

to tell us

to talk about

to disclose / reveal / confess / announce

to inform us / to let us know

What he meant

intended to say / to convey

indicated

Say 是个最普通的单词，但是 say 不强调“说”的具体动作。汉语说“谁说的？”英语就不能说 Who said？因为 say 后面必须有宾语。可以说 the newspaper says，这里 say 引导出报纸的内容。

Tell 是有方向性的，比如 You tell him 和 He tells me 等；Talk 强调的是说话的动作，例如 He often talks in his dreams，这里不能用 speaks，因为 speak 强调的是有组织的想法（well organized idea）。He made a speech / he spoke at the meeting 是“他在会上发表演说”的意思。老师在上面上课，下面学生在叽叽喳喳说话，老师会说 Stop talking，而不说 Stop speaking.

其它表示“说”的英语词还有很多，disclose，reveal 和 confess 是其中三个。Disclose 是“公开 / 亮出”的意思；reveal 意为“揭露 / 透露”；confess 是“坦白”；announce 是“宣布 / 宣称”，含义都不一样。

What he meant 是“他想要表达的意思”，听话者必须通过思考才能明白。What he intended to say（他打算 / 到底想要说什么）强调的是说话人的意图 / 打算（intension）。

作为翻译，弄清楚原文作者要表达什么是很重要的，不光是字面的意思，还必须通过上下文领悟出作者真正的目的。

Convey 是“传达”的意思（也可能是转达另一个人的话），语体也比较正式。

What he was driving at 中的 drive 跟开车没关系，指想要引导出的意思，也许有影射的含义。

Indicate 常用于科技，是“确切地 / 精确地表达”的意思。

再看 **He spoke so fast / rapidly** 部分。

表示“快”还可以用 swiftly 一词，强调“敏捷”，也更形象一些。还可以用短语 in such a fast way / at a very fast speed 以及 at a racing / flying / blistering / lightening speed 等形象的比喻说法（racing 比喻像赛跑一样；flying 是像飞一样；blistering 的意思更快，一闪就过去了；而 lightening 是像闪电一样），以及强调对听者造成的后果的 at a breathless / terrific rate speed 等（terrific 在这里不是“可怕的”之意。这是一个很常用的形容词，例如 Oh，it’s terrific！棒极了 / 简直没治！）；而 shocking 则有“令人惊讶”的意思，有点贴近现在流行的“雷人”。

如用 with such a rapidity，则颇有点科技语言的色彩，仅仅是一些有学究气的人日常说话中会这么说。

翻译的难点之一在于从同义词中选择最合适的词，尤其要掌握恰当的分寸，这一点非常难。斯威夫特说：“Proper words in the proper places make a good style”。他虽然说的是写作，但是这句话也适用在翻译上。即选合适的词，放在合适的地方，这涉及到选词和句子结构的问题，两者都要尽量做到最合适。

Speed 一词可换成 rate，后者是“比率”的意思，就是每单元时间的速度。

In such a fast way 也可以，such 是“如此 / 这样的”的之意。请记住不要用 such (a) kind of，因为 such 的意思就是 this kind，such (a) kind of 意思有重叠。母语使用者也有这样说的，但不是规范说法。

我们现在从整句考虑看看有哪些可能的变化。下面是可能的 17 个句型：

1. He spoke very fast. I could not possibly understand him.

译文 1 是两个句子，而不是一句话，没有体现出两者的因果关系。

有人说，把中间的句号改成逗号就成句子了。可是，按照英语语法，一个逗号不能连接两个并列从句构成并列复合句，至少要用 and：He spoke very fast, and I could not possibly understand him. 不过两个从句的关系还是比较松散。所以最好用主从复合句。

2. He speaks / has been speaking so quickly / fast that I could not make out what he wanted to say.

He spoke so fast 和 He speaks so fast 翻译成汉语似乎是一样的，但前者强调发生了什么，是一次性的，指他只是在某一次说得太快：而 He speaks so fast 则是说他通常说话都这样快，一贯如此。一般现在时表示的是重复的、习惯性的动作或状态。现在完成进行时 He has been speaking so quickly / so fast 的意思是到目前为止，他讲得太快，可能过一会儿，他不再那么激动了，慢慢地速度可能就降下来了。英语里的时态体现一些微妙的语义变化，翻译中要注意。

英语语法的每一个项目，一开始只表示一个意思，因为我们必须用有限的表达方式表示无限的事物，所以经过不断使用和发展，每一个语法项目都可能表达不止一种意思。比如：

He's speaking now.　动作正在发生，进行时态的基本意思。

He's eating the whole day. 不是进行时，而是强调那个人整天嘴不停。

He goes to school every day.　每天上学。这是一般情况，基本意思。

He's going to school every day.　就不是一般进行时态，译成“他正在每天上学”显然说不通。这里的进行时态并不代表动作进行，而表示某种暂时的/临时的情况。这句话的意思是“这一段时间，他每天去上学”。

3. He spoke so fast that

I could hardly understand what he wanted to say

I simply didn't know what he meant

I just couldn't see his meaning

译文3给人以“无可奈何”（helpless）的感觉。这里用了几个习惯说法，simply 和 just 都有强调的意思。结构上的差别会造成意思上的区别，最后一种 I 引出的是简单句，表示“我不明白他的意思”，不像前面两个复合句那么突出“他想要说什么”。当然进一步强调还可以加上 at all 之类的词语。这些说法的选择的往往取决于说话人的语用。有人喜欢咬文嚼字，有人喜欢直截了当。口译，特别是同传翻译时，因为时间关系通常来不及注意这些区别，笔译时则可适当选择。

4. He spoke very fast,

and as a result

and therefore

consequently

so naturally

I couldn't understand him.

译文4里列举了几组替换的连接成分（connectives），也就是形合的一种标记。“标记”是语言学中的一个术语。从某种程度上讲，英语中的标记比中文中的多。比如名词复数的 -s，动词的时态标志 -ing 和 have…ed，被动语态的 be…ed 等都是标记。汉语中的组词"的"、"得"、"地"也是标记，但动词本身没有形态标记。汉语动作的状态（aspect）不通过词形变化的标记体现，往往需要加上"已经"、"正在"、"暂时"等词。

上面这些句子的意思都表示听话人 I 将责任推卸给说话人，但也有区别。从语法上说，and as a result 和 and therefore，consequently，so naturally 都是可以的。As a result 突出因果关系；therefore 意为"这样一来"，并不太强调因果关系；consequently 比 as a result 更加正式（consequence 往往用于强调后果的严重性，比如 You have to be responsible for all possible consequences – 你得对所有可能的后果负责）。还有一点，result 是个中性词，而 consequence 多数时候是负面的；so naturally 是"自然而然"的意思，用在这句话中，表示听不懂是很自然的事，并没有责备对方说得太快的意思。

5. He spoke faster than I could make out / make head or tail of / understand / see / perceive what he wanted to tell.

译文 5 中使用了"faster"，是一个比较句，但它并不表示比较。

我们前面提到过，任何一个语法项目表示的都不只是一种意思，比较句不仅仅可以表示比较，也可以表示别的概念。译文 5 表示的是一婉转的否定。例如电视剧《潜伏》里余则成要完成一项非常重要的工作，翠平问："What is it？"如果余则成回答说："Sorry，I can't tell you"（对不起，我不能告诉你），翠平一定很不高兴，心里想："我们都已成为正式夫妻了，你还有什么事不能告诉我呢？"如果余则成改用"It's more than I can tell you."就会婉转得多，强调客观原因，是因为地下工作纪律的要求，而不是我本人不想告诉你。

再看这一句：He is more dead than alive. 所谓比较（comparison）应该就不同事物的同一个特点进行比较，比如长度、重量、质量等，因此可以比 Which is longer / better / more beautiful？但 dead 跟 alive 却是反义词，代表两个相对相反的概念。He is more dead than alive 相当于汉语说“与其说他活着，还不如说他死了”，也就是“他已是半死不活”的意思。一个人，你捅他不动，喊他也不理你，但他还有心跳，汉语也可以说“跟死人一样”。

要使译文地道、分寸掌握好，这需要仔细思考、理解原文确切的意思，不要受字面词语的约束，否则就很难译出文采来，只抠字面，就算翻译出来，也不一定能做到恰如其分。汉语中没有“他说的比我理解的快”这种表达方法，也不用这样的比较形式。要使译文恰如其分而表达自然，平时要把语言基本功打扎实，到时候自然就能反应出来，能迅速做出决断。

6. He spoke too fast for me to make out what he wanted to say.

“too…to”是一个口语化的表达方式。怎么翻译含 too…to 结构的句子呢？比如 The light is too high for me to reach. 不少人会译为“这个灯太高了，我够不着”。其实“灯很高，我够不着”就可以了，因为“太”在汉语里可能有埋怨的含义。英文的 too 可以表示否定的也可以表示肯定的意思，如 It’s too good to believe 是“太好了让人不敢相信”，而 It’s too good 则是“真的太好了”（really good）的意思。所以翻译时要根据上下文判断 too 是否定意义还是肯定意义。有人说，too…to… 在字典上就译为“太……所以不能……”。字典是解释意思的，翻译不能抄字典上的定义。我也参加了好几本字典的编撰和翻译，字典的例句很多没有上下文，提供的译文不是放到任何情况下都适用的。翻译时要根据实际情况翻译成最合适的译文。如果照搬字典的定义，译文质量就无法保证了。知道变通、掌握变通是翻译的一大要点。字对字、句对句那就不是翻译了。我建议大家多用原版字典，尤其是常用词，知道其大概意思，却又不知如何译时，双语词典帮不了太多的忙，有时甚至会限制你的思路。当然查找具体名词的翻译必须用双语词典。

由于英语和汉语所谓“对应”的词并不完全对等，从词义到用法都会有许多不同的地方，所以机器翻译（实际是计算机翻译）的能力是有限的，因为再好的电脑也无法判断口气或语用意义。科技翻译方面，机器翻译相对还好，整句正确率能达到 70%，甚至 75%，可是文学翻译就不行。电脑也许可以写小说，你给出人物、情节，它也许会编故事，可是你让它翻译就不行了，因为它不会变通，只知道一个个词和句型的照搬。

翻译的难处之一，是英语里通常越简单的词含有的意思越多，也越不好翻译。翻译的难度并不在于句子的结构，仔细分析一下能理出头绪，最难的往往是简单词汇的习惯用法，翻译时需要确切理解其意思，用符合母语习惯的方式表达出来。

我们当学生时，老师说英语要学得地道，第一要会用英语吵架，第二要会用英语写情书，这两个都学会了就可以说英语就过关了。这也就是说必须会用语言表达出最强烈的和最细腻的感情与感受（feelings，emotions，reflections，包括感官上的感受和情绪心理上的感受。所以情商 EQ 是 emotional quotient，指一个人控制情绪的能力。顺便说一下，王冕常说的“语感”是 language feel，不叫 feeling，因为语言没有像人那样的感觉。）

7. I had no idea of what he tried to say,

because / as / since

he spoke so fast.

译文 7 换了一个角度叙说，也就是说主题意义有所改变。Have no idea of / about... 是“弄不清楚”、“不了解”的意思，比如 I had no idea of the matter 是“我对此事一无所知”。I had no idea of what he tried to say 是“我实在弄不清他到底想说什么”。

请注意：I had no idea of him 的意思却是“我觉得这个人不怎么样”。这里 no idea 中省略了 good 一词，have no idea of 的意思是 have no good idea，即 have very bad / poor idea。同一个短语可以表示

截然不同的意思，这也是英语的一个特点。英语是越学越难，我在中学和大学学了10年英语，又在北外教了40多年的书，英文应该说是不错了，但是我依然觉得有太多的东西要学。

最初的译文句中，he spoke so fast 在句子前部，但在这句中放在了后面，中间加上了 because / as / since。这是更正常的英语顺序。英语一般强调结果，放在句首作为重点；而汉语一般先交代条件、原因等背景信息，然后再交代结果，有点先画龙后点睛的意思。

Because，as 和 since 都是引导出原因的连接词，其中 because 的意思最强烈，突出强调因果关系；as 和 since 介绍出某种情况，"因为"的意思较淡，两者也都可以引导出时间状语从句。用 as 和 since 那么翻译回汉语是"既然他说那么快……"，但从语用角度看，译文更确切地表达了汉语"他说得很快，我听不懂"的说法。

这就是语言学讲的句子的焦点（focus of a sentence）。通常一个句子有两个焦点，一个是开始（beginning），这是一个标记性的位置，强调话语的出发点。相比而言，英语更强调句末的心（end focus），句子的开始部分往往是主题（theme）。译文7强调的就是"我"怎么样，主题部分表明交际的出发点（starting point of communications）。从文本的角度来说，英语的结构跟汉语也很不一样。从翻译的角度看，文本结构在翻译中一般不做改动。但是已故许国璋教授讲他的翻译经验时，认为真正的翻译必须要对文本结构进行改动，要把整个文章的结构都打乱，按照译入语的行文习惯重新组合。建议大家参看《许国璋论语言》中"学术论著的翻译"一文。

8. The rapidity / fast speed of his speaking

made it impossible / difficult / hard for me to understand him.

prevented / hindered me from understanding him.

caused / formed a hindrance in my understanding him.

译文8又换了一个主题，即换了一个视角，以 rapidity（快速）

为出发点进行叙说。这一句型是对某个事实的分析。译文 8 所列的这些不同的形式不像是常用的英语，让人感到有点文绉绉的书卷气，但的确从另一个角度表示了类似的意思。科技英语中常用这样的结构，这也是客观地表达事物的一种方式。译文 8 的字面意思是："他说话时的快速度，形成了我理解他的一个障碍"。有人碰到这样的英语句子会这样翻译成汉语，多少有点拗口。

9. I was hindered by the rapidity / fast speed of his speaking / his fast way of speaking in understanding what he meant.

译文 9 采用了被动语态（passive voice）。被动语态是英语中一项重要语法内容，汉语没有语态一说，常用"被"字句、"把"字句等表达被动的意思，但"被"字句并不一定是被动语态。例如"他被后面的人按了一喇叭"，"一不小心，被他逃走了"就不是被动句。更多的情况下，汉语的被动意义没有标志，直接用主动句表示，例如 He was given the first prize 可译为"他得了头奖"，而不说"他被得了一等奖"或"他被颁了头奖"；又如 He was allotted a new set of furniture 是"他分到一套新的家具"。至于目前流行的"被自愿"、"被捐款"，甚至《蜗居》中的"被小贝"等，则含有讽刺的语气，是另一回事。这些话语译成英文要说 be forced to "volunteer" 之类。

英语的被动语态常用于表达一种客观性。比如说这个窗户被打破了，你对某人说："Your son broke the window." 或 "The window was broken by your son." 表达的是不同的含义。假设说话人是这栋房子的主人，而且想指责对方，要对方让你负责，他会选择第一种说法；而第二个说法只是说明窗子被打破了这样一个事实，说话人并不想追究什么人的责任。

研究被动语态不仅要知道如何翻译，如使用"被"字句，翻译成"是……的"结构或使动结构，翻译成无主句等。这些都是形式上的变化，关键要弄清楚作者为什么要在某些句子中使用被动语态，是为了转换话题，避免一些不想突出的意思，表示客观，还是追求比较正式的文体，这样才能确定这些被动语态的句子怎么翻译。

10. My understanding of him was hindered by the fact that he spoke too fast.

译文 10 也是被动语态。用 my understanding of him 代替 I，从人的角度转为事实的角度，因而更加客观。

11. His fast speaking proved to be difficult for me to understand what he wanted to say.

译文 11 也是一种非人称主语的客观表达方式。比较英语和汉语会发现，英语经常使用人以外的事物做主语。汉语更多的是用人称主语（personal subject，又称 animated subject）；而英语多用非人称主语（non-personal / non-animated subject），这是因为以英语为母语者更强调客观性。在英语中，几乎任何事物都可以当主语，但汉语不行。比如，Too much water killed the flower 如果翻译成“太多的水杀死了这朵花”就不符合汉语习惯，要说“水浇得太多，花死了。”前一种翻译之所以别扭是因为汉语强调“杀（死）”这类种动词的执行者必须是有意识的人称主语；英语的 kill 则没有这种限制。再举一个例子：“我收到一份急电，去了上海。”可以译为 I've received / got an urgent telegraph，and so I went to Shanghai. 不过译成 An telegraph forced me to rush to Shanghai 更符合地道的英语说法。汉语说成“一封紧急电报迫使我去上海”虽然勉强可以接受，但总有点不自然不地道。顺便体一下，网络上流行的一些不中不洋的说法虽然很时髦，但不正规。一些网络语言什么词语和结构都敢用，正式翻译最好还是使用主流语言。

12. So quickly did he speak

So fast was the speed of his speaking

that I simply could not follow him.

译文 12 是典型的倒装句。英语语法规则要求，以 so 开头的句子必须倒装，目的是为了强调。汉语里也有类似的结构，但是汉语是主题句，逻辑宾语在句首并不是倒装句。比如“那个姑娘，我见过”，“饭我吃了”等等。所谓倒装，是指非正常词序。

13. It was so fast a way he spoke in that I was unable to catch what he meant.

“It was… that…”是英语的强调句型。英语中句子的任何部分都可以强调，比如 Yesterday afternoon I bought a book in a book store in Wangfujing Street. 你可以重读任何部分，如 bought（强调是“买”的，不是别人送的），book（强调是“书”而不是画报或别的什么），in a book store（强调是“在书店”而不是在超市或别的店铺），in Wangfujing Street（强调是“在王府井”而不是别的地方），yesterday 或 afternoon（分别强调是“昨天”或“下午”而不是在别的时间）。否定句 I didn't buy that book yesterday afternoon in a book store in Wangfujing Street 中，否定的可以是任何一个部分，口语要看哪个部分重读，但在书面语言中就只能通过上下文来判断了。译文 13 强调的是说话人说话的快速。汉语也常用“是”字表示强调，但不称为“强调句型”。

14. The speed at which

way / manner in which

he spoke was too fast, and thus I could not understand what he meant.

译文 14 用了关系从句（有人称之为“定语从句”，我认为不妥，因为这类从句多数是表示补充性内容的）。关系从句在英语中用得很多，口语中用得更多，这是因为说话者会从某一点 / 某个信息联想到另外一点 / 信息，即所谓 branch out。这是说英语者的一种思维方法。汉语则不一样，一个句子中的不同信息一般按照时间顺序或逻辑顺序排列，必要的地方要重复点明，就像竹子一样，一节一节的。

15. Because / since / as

he spoke in such a fast manner / at such a high speed

I simply didn't know what he meant / what he really indicated.

将 because 等放在前面，也是倒装句，是为了突出原因，先来解释。

这里的连接词还可以改成介词，当然句子要适当调整：

Because of / owing to / due to the fact that he spoke fast I just could not understand what he wanted to say.

Because of，owing to 和 due to 的意思比较相近，但还是有些差别。Because of 是中性的；相比较而言，owing to 和 due to 表示逻辑联系要弱一些，但也还是表示原因。还有一个表示原因的 thanks to 则通常是褒义的。

16. My failure to understand him was the result of / was caused by his fast way of speaking.

在译文 16 中，my failure 变成了句子的出发点。这句的意思是："我之所以没有能懂他的话，是由于他说话太快造成的。"

17. I could / would / should / might have understood what he wanted to say

if he hadn't spoken so fast.

if he had spoken slower.

should he have spoken more slowly.

英语可通过语音、时态、语态、语气等许多手段表示不同的意思。语音多用于强调；时态一般表示动作的状态，但并也可表示其它的意思；语态说的是主语和谓语动词之间的一种逻辑关系。那虚拟语气（subjunctive mood）有什么用处呢？除了表示非真实的条件或假设，虚拟语气在语用中还有别的用处。

译文 17 用的是虚拟语气。有人将其翻译为"如果他没有说那么快 / 如果他说得慢一点，我本来可以理解他。"这是一种典型的课本式翻译，但没有表达出其语用意义。按照语用意义翻译，中文应该是"可惜他说得太快，我实在不弄不明白。"

虚拟语气中用于表示结果的有 could，would，should 和 might，但含义不一样。Might 和 could 都表示“本来可以”的意思，但前者语气更弱，可能性更低一些；而 Should 有时表示强调的意思“本来应该”，语气比 would（“也许可以”）更强一些。

虚拟语气常用于作为一种婉转的批评，例如：You should have know better.（照字面译成“你本来应该知道得更好”没有表达出语用意义，按语用意义应译为：“你太不懂事了 / 你真傻。”）“You could have helped me.”（译成“你本来可以帮我忙的”意思不清楚，应该是：“你为什么不帮我？”）

这种批评口气比较和缓。所以，可以说虚拟语气是交际中的一种润滑剂，并不是只是表示假设的条件。因为汉语中没有虚拟语气，不少人照着字面翻译，因此不能表现出这种用法。再举一个例子：I wish you could understand my point. 翻译为“我希望你能明白我的意思”就很不到位，“希望”前加上“真”字，或将“希望”改成“但愿”都不够。I wish you could 的言外之意是 you did not。这句的意思是：“（我跟你说了半天）你怎么就不明白我的意思呢？”颇有点让人感到无奈甚至恨的意味，可以译为“我怎么跟你说不明白呢？”

虚拟语气不只是在一般交际场合使用，在业务往来等正式交际当中也经常用到，例如在商务谈判中希望对方降低价格，你可以说：We were wondering if you could bring down your price.

We were wondering 不是过去进行时，而是表示婉转，直接说 We hope（you will lower / bring down the price）有点咄咄逼人的口气。另外，用 we 代 I，口气也比较婉转。其实说 It was hoped 比 We hoped 好。It was hoped 给人以“客观情况要求（降低价格）”的意思，而不突出自己。We were wondering 的语气非常婉转，很客气。

再比如，你想劝某人不要做某件事，说 You should not do that 语气太重，简直是在训人，对方会不高兴。如果你改说 I wouldn’t do that if I were you. 对方会觉得你真的是为他好，会乐意接受你的劝告。这也是虚拟语气的用法。

事实上，英语和汉语表现出的说话口气有时从字面上看不出来。比如对某人说 Get out！ 这话语气很重，意思是“滚蛋”，而不是 get in（进来）的反义“出去”的意思。请客人“进来”直接说 Get in 会显得非常不礼貌，无论如何要加上一个 please。

以上我们通过词汇、词序、时态、语态、语气、句型和句子结构等手段就“他说得太快，我实在不明白他到底想说什么”一句话提出各种可能的英译，充分运用了英语的特有构词和语法的灵活性。如果从各种词（其实还有很多的词汇可以取代）到不同的句子结构进行组合排列，可组成上百种译法，体现出不同的交际语境需要表达的各种意义（其中也有些是为了说明某个问题举的例子，和原文意思略有出入）。希望这个讲座能开阔大家的思路，在翻译中从各个方面进行全方位的思考，译出最适合的译文。

下面请大家思考几个问题：

1. What are the differences of semantic，stylistic，and pragmatic implication between these different versions？（这些不同版本的翻译在语义上、风格上和语用上含义有什么不同？）

2. How do we judge the best / most proper version in actual translation？（在实际翻译中如何判断哪个译文最好 / 最合适？）

3. Can you think of other ways to express the meaning of the Chinese sentence in addition to the possibilities we have discussed？（除了我们刚才讲的，你还能找到表达这一句汉语的其他表达方式吗？）（我想绝对还会有的。）

4. Try to translate all the different versions back into Chinese，and see if you can find so many ways to express the exact meanings of the English versions.（试把各个译文回译成汉语，看看能不能有许多办法表示各个英语译文的意思。）

经过以上这些讨论，我们还可以得出这样的结论：

首先是学海无涯，译海更无涯。因为翻译涉及到两种语言。如果你连一种语言都把握不好，两种语言怎么弄呢?

第二，要做好翻译，一定要有扎实的语言文字功底，要精益求精，不能差不多就行。

第三，要注意英语和汉语各种不同的表达特点。比如英语趋向于静态，汉语是则多用动态。

我们生活在一个动态的世界里，动是绝对的，静是相对的。英语往往通过静态的名词等表现动作、动态和变化（即使动词，英语的动词也还有静态动词和动态动词之分)。英语中很多名词翻译成汉语需要改成动词。又比如，英语常从客观角度表现事物，而汉语则偏重人的主观感受。掌握这些，对翻译大有帮助。

张中载　北京外国语大学英语学院教授，博士生导师，欧美文学研究中心主任，英国文学学会名誉会长。北京外国语大学原联合国译训班筹建人之一。曾担任中共第八次代表大会、国庆十周年等重大活动的口笔译工作。专著五部，编著教材近20部，发表论文近70篇。讲授的课程包括：词汇学、翻译实践与理论、英国现代小说、英国当代小说、西方古典文论、西方20世纪文论等。

学翻译的青年朋友要有扎实的中文和外文功底，要有翻译实践和理论，还要有深厚的中外文化知识和人文修养。这四者缺一不可。

张中载

翻译与误读

张中载

在座的同学会发觉我今天讲的跟过去讲的不完全一样。不完全一样并不是说我讲的比别人好，也许可以给大家换点口味吧。我这个跟翻译是有关系的，但是我也说，讲座的题目应该不局限于翻译，有翻译，但是同时要谈文化问题。因为翻译跟文化是有密切关系的。

我今天讲的重点是文化方面的问题，跟当今西方和中国很流行的一些理论有关系。我想大家在宏观上对当今世界的学术问题应该有所了解，这样的话才会有比较深厚的学术积淀，这种学术积淀对我们翻译是非常有帮助的。大家都知道，如果没有很好的文化知识做积淀，你翻译起来很困难。所以我今天讲的实际上有两个方面：误读，既有文化的误读，也有文本的误读。文化的误读就是文化它读错了，文本的误读就是把文本理解错了，或者就是句子理解错了，这个误读实际上跟我们的翻译是有很大的关系的。

谈起误读，大家知道这个误读英文叫 misreading，你们查字典就知道它是"错误的理解"，incorrect reading，或者说 incorrect interpretation。那么为什么要去讲错误的阅读，现在西方有的人主张误读，于是就有了误读的理论。误读有两种，一种误读是不加引号的，即读错，incorrect reading；另一种误读是加引号的，这个加引号的"误读"实际上可称为"creative reading"，一种创造性的阅读。

文化的误读涉及跨文化的研究，文本的问题涉及阐释学，这门学科是专门来研究怎么理解文本。"阐释学"（Hermeneutics），阐释这个字是从古希腊神话里的“Hermes”来的，就是过去中国小说里头“千里眼”、“飞毛腿”这种，它日行千里，能够给把信息递出去。这个文本的误读涉及阐释学；文化的误读涉及到跨文化，两个不同的学科。

西方有的人主张误读。“误读”这个理论的来源，就是从原来以作者为中心，变成以读者为中心。作者为中心就是说，我读这篇文章，读这部小说，作者是什么意图是我们要讨论的问题。现在的重点是读者为中心，作者写这篇文章，或者写这部书，他意图如何跟我没关系，我们感兴趣的，这是读者的反应、读者如何来理解，叫“读者接受理论”。

读者接受理论是在二次大战以后兴起来的一种理论，这个理论出来以后就引起了阐释学很大的变化。阐释学在古希腊就有，但是成为一种流行的理论，也就是在近 50 年到 100 年间。大家知道有句话叫做“一千个人能够读出一千个哈姆雷特”，意思是说一千个读者对《哈姆雷特》这个剧本，或哈姆雷特这个人物会有一千种不同的读法。这样的话，就对传统的理论形成了一种挑战。传统理论是，作者的意图就是读者的意思，因此你不能够曲解它，不能误解它。现在如果以读者为中心，一千个读者能读出一千个《哈姆雷特》，到底以什么为标准？因此在学术界就提出来以谁为标准的问题，哪个是正确的？读者接受理论认为，不要去管哪个正确、不正确，主张创造性地来阅读任何一种文化，那么这个就对我们翻译形成了一种很大的挑战。大家都知道，李白的诗里头写道：“故人西辞黄鹤楼，烟花三月下扬州。”美国有一个很有名的诗人叫庞德，庞德他本人不懂中文，但是他对中国的唐诗特别有兴趣，于是他就翻译中国的诗，翻译的是根据日文翻译过来的。就像过去我们知道林纾（林琴南），他不懂英文，他居然敢翻译英国的东西，他是根据别人给他所说的翻译，所以翻译错的地方很多，但是他翻译的水平很棒。庞德把这个“烟花三月下扬州”的“烟花”，他翻成了“smoke flower”。

李白还有一个《长干行》的诗，“郎骑竹马来，绕床弄青梅”，庞德把它翻译成了“bamboo horse”，就是竹子做的马。实际上他对唐诗里的“竹马”没有弄懂。在以前，70、80年前，小孩子在中国就拿那个竹竿当马骑，当时是非常普遍的，所以“郎骑竹马来”。他的好朋友，也是学生，美国诗人艾略特认为庞德很伟大，他说他“重写了中国诗”（“recreated Chinese poetry”）。在我们看来是读错了，但是在另一些人看来，是一种“creatively reading Chinese poetry”，创造性地在读中国的古诗。这会引起很大的争论，因为我刚才说道“一千个人能够读出一千个哈姆雷特”。你们如果研究文学的话，就会发觉西方人读文学作品，是要不断的花样翻新的。如果一个人已经这样来读它，他再去重复它，他就觉得没有意思，是拾人牙慧。

很多人读过《简·爱》，或是看过这部电影。阁楼上那个疯女人，是罗切斯特庄园主的太太，但是他说她疯了，就把她锁在阁楼上，不准她出来，后来又跟简爱爱上了。跟简爱举行婚礼的时候，中间有人捣乱，说他涉及重婚罪，因为他并没有跟那个疯女人离婚，按当时法律是要判刑的。我们读《简·爱》时，总认为这个疯女人把这么美好的婚姻给搅黄了。但是读这本书，有不同的读法，在五六十年代读和七十年代读就不一样。现在的评论家读《简·爱》的时候发觉，阁楼上的疯女人实际上是从牙买加过来的，她不是纯白色的人种，是一个混血，被关在阁楼上，涉及种族问题。这样读，殖民主义思想就出来了。比如说，读莎士比亚的《哈姆雷特》，为什么哈姆雷特的叔叔把作为国王的哥哥杀掉以后，取代他篡夺王位？而且还把他嫂子，也就是哈姆雷特的母亲娶为妻？这个在过去是比较常见的，比如说国王死了，或者是哥哥死了，弟弟把嫂子娶来当太太，这是常见的。现在看来，弟弟把哥哥杀掉，篡了王位，爱上嫂子是乱伦的。但现在的诠释是，哈姆雷特本人也有恋母情结。本来有很多机会可以把这个篡夺王位的叔叔给杀掉，可是哈姆雷特这个人物典型就是犹豫不决，因此该下手的时候没有下手。因此现在西方有一个评论家就是说，为什么他老是不去下手，因为他跟他的叔叔犯了同样的罪，就是乱伦。他的叔叔是娶了他的妈，他没有行动，但是心里爱着他的妈，而且超乎了母子之爱。

我们中国人觉得这种解释很荒诞，但是西方人觉得这是创造性的误读。西方人认为，对文学作品诠释的不断改变，才能表现出独到的见解。对任何文学艺术作品的欣赏，必须要有新的视角。

我现在讲的是文化误读，刚才举的例子是李白的诗的翻译，那么文化误读实际上有很多了，比如说我们现在城里人结婚穿的婚纱是白色的。如果你穿着白颜色的婚纱，正好在一个山村，农村老太太会说："呦，这结婚怎么穿丧服啊？"办喜事中国人要穿喜庆的红颜色，可是在西方文化中，红颜色是血腥，是表现一种男女之间的激情，一种 wild passion，因此不是一个好的意象。外国人到了中国，想看农村结婚。过去农村结婚，夫妻之间结婚以前是没有见过面的，只有在晚上进洞房的时候，新娘子坐在床沿上，头上盖着红盖头，新郎这个时候把红盖头揭下来，才知道自己的老婆到底长的什么样。过去的结婚在一定意义上也很浪漫，因为你们知道新郎在揭这个红盖头的一刹那，那手是发抖的；为什么手发抖，因为他不知道自己的妻子到底长得什么样。一揭开以后，噢，是个大美人，于是欣喜若狂；要是一看，哎呀，很不满意，这一晚上可能就很不愉快了。新娘子也是很激动人心的，因为新婚之夜充满着悬念。

有一个阿拉伯裔的美国人，叫爱德华·萨义德，他写了一本经典之作：《东方主义》。这本书说，西方人看东方人往往以西方人为中心，因为他带着非常浓重的欧洲白人文化中心这样一个色彩，也就是带着一个有色眼镜来看东方，因此有很多歪曲的东西。这本书里头有很多文化误读和偏见。比如说过去英美的小说里的中国人，往往是又瘦又小，现在即使在美国，仍然有一批无知的人，认为中国人还梳着长辫子，女人还留着小脚。欧美好像是很发达，但在某种意义上是很无知的，他们对中国的了解远不如中国知识分子对他们的了解。实际上这很危险，也就是说他们在不断地误读中国。美国人很多人不知道美国总统是谁，但是绝对知道迈克尔·杰克逊。迈克尔的去世，对美国公众的震动，远远超过除了华盛顿、林肯以外的任何一个总统，这也是一种文化。这种文化涉及到一个精英文化和通俗文化的问题，这是一个非常有意思的问题。

二战结束后多少年来，在西方，包括中国，通俗文化逐渐的占领了精英文化的市场。现在美国有的大学的文学课不讲莎士比亚，不讲弥尔顿，而是讲侦探小说，讲邦德小说的叙事的方法和技巧，这是一个很大的变化。萨义德这本《东方主义》，实际上是批判欧洲白人中心主义把中国和东方妖魔化。

这种对别的国家的妖魔化不仅发生在西方，我们中国人过去也妖魔化西方。过去中国叫“天朝大国”，也是看不起外国人，称他们为“夷”、“蛮夷之邦”。清朝当时不了解世界，封闭的结果就是以为中国很强大，结果鸦片战争、八国联军等等，中国一败涂地。一次人事部到北外来座谈博士后问题，我有一个发言，希望人事部要注意对人文社会科学的研究。实际上国家政策的制订，法律等等各方面都要靠人文社会科学。我当时举了个例子，在19世纪中叶的时候，日本明治维新，日本强大起来是从明治维新开始的。当时，日本派了大量的人到西方留学，他们学习两个门类，一个是人文社会科学，一个是理工自然科学。中国从19世纪后期以后也派遣留学生，从1903年到1913年派了将近10万留学生出去，但是当时有一个很大的问题，派出去的大部分是学自然科学的，学人文社会科学的很少。所以当时德国的铁血总理俾斯麦就说了一句话，说“日本渐兴，中国渐衰”。后来甲午海战完全证明了这一点。甲午海战的时候，我国北洋水师的军舰比日本人强，是从德国买来的，那为什么被打败，为什么北洋水师全军覆灭？朝廷的腐败只是原因之一。

文化误读实际上涉及两个方面：一个是负面的，你读错了；另外一方面它也可以是一种创造性的阅读对方的文化。这种跨文化的误读涉及解读异质文化，怎么来解读异质文化。也就是说，我们要发挥想象力和聪明才智，如何发挥我们的想象力和聪明才智去读另一个国家、另一种文化的东西，那么我们就会读出一种本国人没有看到的东西。这种阅读异国的文化，或者异质文化，我们称它为一种积极的、正面的文化误读。我举一个最明显的例子，中国的《易经》，外国人翻译成“The Book of Change”。中国人读《易经》和西方人读《易经》理解不完全一样。他们就读出了一些我们中国人过去没有读到的东西，他们发现《易经》可以治疗西方人极端的个人主义，可以治疗西方人强烈追求的物质主义和感官享受，这就是一种正面的、创造性的文化误读。也就是说，西方人能够按照他们自己的读法来读中国的《易经》，他们读出了我们中国人原来没有读到的东西，这就是一种创造性的文化误读，这种误读是可以被肯定的。

下面我重点要讲的是文本误读。我先讲两件事，上世纪末，有两件事情震动了整个文化界和宗教界，一件事情是印度裔的作家萨尔曼·拉什迪。他在1988年出版了一本书，叫《撒旦诗篇》。这本书亵渎了伊斯兰教的先知和伊斯兰的圣经《古兰经》，因此激怒了整个穆斯林世界。1989年，伊朗的什叶派宗教领袖霍梅尼悬重赏，一千万美金杀死这个拉什迪。拉什迪结果10年中在英国东躲西藏，英国政府花了一千多万英镑来保护他。另有一个叫卡赞扎基的作家，写了一本攻击基督教的书，叫《基督最后的诱惑》，在1956年出版。美国的《新闻周刊》在1996年的10月21号，发表了题为《起源》(Beginning) 的一篇文章，这篇文章对《圣经》做出了空前的、狂野的诠释。据我所知，这是西方世界空前的、第一次对《圣经》做如此猛烈而肆无忌惮的攻击。它是这么写的：“强奸、乱伦、谋杀、通奸、嫉妒、贪婪、叛变，这些都是低级趣味的小报刊载的玩意，这也是《圣经》中最富盛名的卷首《创世纪》的内容。不幸的是，许多读者所知道的《创世纪》，只是他们在童年时期所读的，经过了消毒后的圣经故事，很少有人费心去研究过《创世纪》的原文。但是《圣经》是一部成人写的，为成人读的书；与其他伟大的文学作品一样，《创世纪》只有在成熟而富有想象力的人读它时，才能显露其复杂、隐约的含义。”20世纪，是人类文明史上最辉煌的历史时期，也是对数千年来人类建立的文明规范进行最狂妄的颠覆的时期。在造反派“一片打倒权威”的吼声当中，《古兰经》、《圣经》也都遭受到新的诠释。

以上我说的这两件事涉及一个文本的诠释，或者文本的解读的问题。到底《圣经》应该怎么解释？《圣经》是我们学英文的人必须读的一本书，在北外英文系我们要求学生读《圣经》，现在很多大学的英文系都开《圣经》课，因为如果你没有读过《圣经》，对《圣经》不了解，你对西方基督教文化就了解很少。如今这篇文章对《圣经》进行攻击，就是一件很大的事情。在《圣经》里，撒旦诱惑亚当和夏娃吃禁果，亚当和夏娃在吃禁果以前都是裸体的。没有吃禁果以前，他们没有知识，不知道裸体是羞耻的，完全是一丝不挂。吃了禁果，得到了知识，就有了羞耻心，因此从那以后就开始用树叶把自己的下部给遮起来。这里面涉及一个问题，蛇第一个诱惑的是谁？夏娃。然后夏娃又给亚当吃禁果。从女权中心，女性主义看，这是反女性主义的，因为它宣扬女人最容易被诱惑，因为夏娃是第一个被诱惑的，然后女人又去诱惑亚当把禁果吃了。《创世纪》里，这个开头本身就是反女性的，重男轻女。《圣经》中还有一个故事，上帝发觉他创造的人类越来越坏。他决定要换一批人，于是就下了七天七夜的大雨，把整个地球都给淹了。但是他也懒得再造一次人，于是就选了一个叫诺亚的人，他觉得诺亚是最好的，就让他赶快造一条大船，带上他的妻子和儿女，同时去收集世界上所有的飞禽走兽各一公一母，以便于繁殖。问题又来了，现在在读《圣经》的人就说，上帝选的诺亚这个人很自私，洪水要来了，他怎么不告诉他的邻居、他的亲戚朋友。他一个人造一只船，一家人得以躲过洪水之灾，这是一；二，上帝造的人怎么都变坏了呢，那说明上帝也有问题，上帝是最伟大的，你造出来的人应该都很纯洁、都很善良，怎么到最后相互杀来杀去，这么邪恶。这说明现在的西方，神圣不可侵犯的《圣经》，也有人做不同的诠释，这是一个极大的变化。

对文本的诠释，实际上最早发生在公元前六世纪，就是对《荷马史诗》做一种预言性的解释。2500 年前，历史之父希罗多德就说，历史和文化可以有多重角度，不同的人可以采用不同的视角来读历史和文化。到了公元 13 世纪更有阿奎纳这一批人提出类似的说法。关于文本的诠释历来有不同的意见，历来不是一言堂。阿奎纳作为当时很著名的哲学家，认为上帝创造的世界本身就是一个可以进行多种阐释的。这是一个在哲学上和政治上极大的改变。如果一个文本，一种东西只有一种解释，这意味着一元化、统一、独裁。当一种东西，一种文本可以有多种解释时，它就体现了一种多元化，民主的局面，也就是说可以有不同的声音。现在我们生活的世界，是一个强调差异的世界，50 年代、60 年代中国人穿的都是蓝制服，西方人污蔑我们，说在中国的土地上都是一群蓝蚂蚁。那是一个强调统一的世界，而现在是强调差异的时代。我们说的新理论这个例子，正是在强调差异这个背景下发展起来的。

我为什么要举《圣经》这个例子，因为《圣经》被认为是最神圣不可侵犯的经典，西方人叫它“经典之经典”。“经典之经典”叫元典，是经典之中最重要的。如今，最神圣的《圣经》都可以有不同的诠释，说明这个世界正在发生大变化。有一个真实的故事，一个叫约翰·汉斯的退休牧师自己搞了一部《新约》，是英文新译本。大家都知道《旧约》是希腊文，《新约》是希伯来文，他把它翻译成英文，在 2004 年 6 月 23 号出版。他根据自己的理解来翻译，那就是他对《新约》的一种误读。误读以后经翻译，他就把“天堂”改译成了“时间与空间之外的世界”，就是“the world beyond time and space"；"救世"翻译成了"治疗疾病"；把原来的"上帝的儿子们"，翻译成了"上帝的孩子们"，因为"上帝的儿子们"完全把女性排除在外了。他是根据时代的需要，在女性主义盛行的时代重新翻译《新约》。还照顾到当前的同性恋，原来的翻译"男子当各有自己的妻子，女子也当各有自己的丈夫"，这是原来《新约》的翻译，他就把它改译成"让每个人都有一个固定的伴侣"，因为当时圣保罗（《新约》主要撰写者）是谴责同性恋的。因此汉斯把原来《新约》里谴责同性恋所有的内容给删掉了。这就是适应时代的需要来误读过去的《圣经》，重新创造性地翻译过去《圣经》的行为，是蛮有意思的。

我不知道你们是否读过恩格斯的著作，恩格斯在150多年前早就看到150多年后婚姻要发生变化，因为婚姻的道德标准、法律等等都是属于上层建筑（super structure）。按照马列主义的观点，经济基础发生变化必然会带动上层建筑的变化，比如说我们现在的市场经济必然会带动道德观等等的改变，恩格斯早就预见到，一百多年以后婚姻会发生剧烈的变化，男女之间定契约，不拿结婚证。一个男的和女的说咱们俩在一起生活吧，好，到律师那里订一个合同，半年，一年，到期后，不行的就不续订了，分手。如果觉得过的不错，再续订一年。也就是说，恩格斯在150多年前已经预见到婚姻的变化，这里的约翰·汉斯对《新约》的翻译，是根据当前他对《圣经》的理解，一种创造性的翻译，这种创造性翻译照顾到女性主义，照顾到同性恋。听说在澳大利亚议会十多年前发生一件事情，一个男的议员跟他同性恋的"太太"，在澳大利亚的议会休假期间出去旅游。按规定，夫妻俩人的旅费是可以报销的。可是这个男议员的太太是个男的，去报销的时候就说不行，这不是你的妻子。后来就打官司，这个议员居然打赢了。

误译的问题，也就是对权威的文本可以有不同的诠释，因此也可以有不同的翻译。例如说庄子在《天道篇》，写了齐桓公读书的故事，原文是这样的：轮扁是专门做车轮子的一个工匠，他在院子里做轮子，齐桓公在房间里面读书，轮扁是把工具放下，问桓公曰："敢问公之所读者，何言邪？"齐桓公说："圣人之言也。"然后轮扁说："圣人在乎？"齐桓公说："已死矣。"然后轮扁说："然则君之所读者，古人之糟魄已夫！"齐桓公和轮扁的这个对话展示了一个什么呢？齐桓公认为他读的是圣人之言，可是轮扁认为他读的是糟粕，这里就产生一个问题了，到底是圣人之言，还是糟粕？究竟用什么标准来衡量，而且言说者已经死了，你也说不清楚他是什么意图。这里面问题的核心是，你怎么来解释一个文本。庄子在《齐物篇》里谈到认知问题，存在的实在性和认识之间存在很大距离，就跟盲人摸象一样。在《齐物篇》里，庄子认为，书写语言不易阐释是因为：认知主体的局限性，认知对象的流便性。就是我们对一个事物的认识涉及以下几个环节，比如说我作为一个读者，我自己本身有局限性，很多东西我看不懂，读者是一个主体，而文本是一个客体，主体和客体之间存在一种差别。这里就涉及一个哲学的问题：不同的人，一千个读者可以读出一千个哈姆雷特。

文本的阅读是客体和主体的相互作用，文本的开放性和读者诠释的开放性，必然会导致误读的产生，而且文本里头又有很多的隐喻等等修辞手段，所以你不可能完全看到文本真正的含义。法国有一个很有名的学者德里达，法国人是看不起美国人的，觉得美国人没文化。但在美国的乡村小镇里头，大家见面都非常客气，我在美国有一次迷路了，后来我问路，一个人就停下来，他开车在前面，我开车在后面，把我带过去；早上跑步的时候，见面大家都笑一笑、打招呼。但是在纽约急着走路时不小心撞了人家一下，甚至没有时间说声对不起，匆匆继续往前走。法国对知识分子、艺术家、思想家特别重视，德里达死的时候，法国的总统去参加葬礼。如果你要到德国去留学，如果一个德国大资本家给你写封推荐信是没有用的，但是德国一个大学的教授如果给你写一封推荐信，那你拿到签证的机会就大多了，而且还可能拿到奖学金。法国的文学艺术文化发展快，因为文化人受到尊重。法国人认为美国没有出什么思想家，出思想家的是法国。

大家一定知道文学语言是最难翻译的，尤其是诗的语言。为什么？因为文学的语言的词义有极为丰富的内涵和外延，极为丰富的内涵和外延会造成晦涩。一个很有名的英国诗人评论家燕卜荪，写了一本书叫《七种晦涩》(*Seven Ambiguities*)。燕卜荪在抗日战争时期来过中国讲学，王佐良、许国璋是他的学生。在抗日战争时期中国非常穷，没有《莎士比亚全集》这种书。在昆明西南联大的时候，燕卜荪这个人用打字机把莎士比亚全集的每一个剧本打下来，完全凭记忆，基本上没有错。非凡的记忆力，完全用打字机把莎士比亚的《哈姆雷特》、《奥赛罗》等打下来。他的讲义后来人家一对，遗漏或错误甚少。文学作品读的内涵和外延非常丰富，就造成晦涩，晦涩最容易造成误解。美国有一个当代学者叫哈罗德·布鲁姆，到耶鲁大学，耶鲁大学当时有四个学者，被戏称为“四人帮”，哈罗德·布鲁姆是四人帮成员之一，很有名的四个学界巨头。他有一句话，他说“诗必须误读”，因为诗的含义已经背离了正道。我们刚才讲庞德读中国唐诗，布鲁姆认为庞德有权利误读。“烟花三月下扬州”中的“烟花”是说春天的景色非常繁荣，庞德把它翻译成“smoke flower”，觉得也别有一种风味。这是哈罗德·布鲁姆的理论。

保罗·德曼认为诗分两种，一种是强诗，一种是弱诗。他说强诗必须要误读。什么是强诗呢？含义非常丰富，你必须创造性的来读这种诗，才能读出它的味道来。所以误读这个词如果加了引号的话，就变成了“creative reading”(创造性阅读)。“创造”这个字，你们知道是怎么构成的呢？“创”什么意思？是破和摧毁的意思（break，destroy），“造”是 build up，是建设，所以这个词的构成表示了不破不立，你要把有的东西打破，创造一种新的东西出来。所以主张创造性“误读”的人，就主张“误读”没错。我们现在读文学作品的时候，有的作者已经去世了，作者去世后就形成了一个历史距离，这种历史距离是不可跨越的。荷马史诗已有快三千年了，我们就在对经典进行重塑，“rereading classics”。

我给大家举几个例子，孟姜女哭长城，把长城哭倒，现在中国的作家写了一个新版的孟姜女。这个新版的孟姜女完全改变了过去孟姜女的形象，说孟姜女到长城去看丈夫，一路走去，路上碰见了很多男人，恋爱了好几次，后来到了长城，发觉丈夫已经死了，当时正好下大雨，长城被雨水冲倒了，不是眼泪把长城哭倒，而是下大雨把长城冲倒的。这个改写版颠覆了原来孟姜女千里送单衣，哭倒长城的主要情节，把这个孟姜女变成了一个现代化的、很开放的女性。又如说《白蛇传》，从她的妖化，到仙化，到人化，到了现在台湾的一个舞蹈编导又进一步把《白蛇传》改编。原来《白蛇传》中，青蛇是白蛇白素贞的丫环，她要杀了许仙，结果白素贞老挡着她，没杀成。这个新版改编成一个三角恋爱，青蛇和白蛇两个女性争夺许仙。前几年我在伦敦看新版的《奥赛罗》，奥赛罗原来穿着古装，腰间挂着佩剑。现在不一样了，现在奥赛罗穿着是制服，现代军人制服，腰间挂的不是佩剑，是手枪，办公桌里面放着电话，突然电话铃响了。你是不是觉得很荒唐？这叫 anachronism，时空倒错。再如，《天鹅湖》现在有男版，就是男人穿着超短裙，在那儿跳芭蕾舞，尤其是“四小天鹅”那一场，四个很壮的男人，在那里跳，本来四个小天鹅是很漂亮的。可是英国的舞蹈界觉得这是个创造，既然有女版的《天鹅湖》，为什么不能有男版的《天鹅湖》呢？这就是一种标新立异，认为女版的《天鹅湖》已经造成了审美疲劳，必须把这个女版的《天鹅湖》陌生化（defamiliarise），因为陌生化后才能产生美感，一件东西老是那样一成不变，受众就没兴趣了。比如说过去看京戏，《四郎探母》等等，现代版的京戏一出来，很卖座。但是现代版的八个样板戏每天都看，就审美疲劳，就必须要新的东西出来。你知道小说的英文叫 novel，这个字本来就是“新”的意思，追求新颖就是追求“novelty”。

现在有一种理论认为，你到书店去买书，买《莎士比亚全集》，这个书在新华书店里头躺着的时候，是死的商品，只有当读者读它时，读者和作品之间进行互动，你来诠释它，读者和作品之间才产生了互动，这个《莎士比亚全集》才能变成有审美价值的文学作品，不然它只是一个商品。也就是说，它的审美和文化价值只能在作者和作品之间进行互动时才能产生。刚才提到德里达，他在美国罗得岛的布朗大学作报告时说“作品是读者写的”，“The text is written by the reader”。这句话听起来很荒唐，文本肯定是作者写的，为什么说是读者写的？因为读者有诠释这本书的权利，读者的诠释才使这本书有存在的价值。英国 18 世纪有一个很有名的作家叫劳伦斯·斯特恩，他在《项狄传》里面有一句话，经常被引用。他说“要真正尊重读者对作品的理解，最好是友好地把理解对半分给作者和读者，给两者都留下供想象驰骋的天地。就我而论，我总是赞扬这样的读者，尽我最大的努力让读者像我一样，尽情地施展他们的想象力。”

对文学艺术作品，读者和观察者是一定要发挥想象力的，我给你们举个例子，巴黎卢浮宫有一个很重要的作品是维纳斯的雕像，这个雕像法国人安排得很有意思。我去过三次卢浮宫，第一次我就很快去看她的正面，后来我就观察，就像法国人所说的，很多观众急步走去想看她的正面是什么样子，尤其是男性。而进入这一展室时，你先看到的是她的背面。这是法国人有意如此安排的，先吊你的胃口，让你看她的背。维纳斯雕像出土时两个胳膊没有了，是断臂。因此在法国引起一场争论，要不要把维纳斯的两个断臂给接上。但是问题来了，原来什么样？没有图纸，原来维纳斯这两个胳膊怎么放的，不知道，这是一。二，就涉及对维纳斯、对文学艺术的欣赏问题。不把断臂给补上更好。为什么？给看的人留下想象的空间，让每一个观者自己去想象断掉的胳膊是什么样子。也就是说，文学艺术作品要讲究晦涩，朦胧美，因为晦涩最大的优点就是能够使你想象，给你留下想象的空间。19 世纪欧洲妇女为什么要戴面纱，戴面纱的一个作用就是让看她的人，尤其是看她的男人，去琢磨面纱后的面孔到底是什么样的，“犹抱琵琶半遮面”比全部露出来要好，它给你留下了一种想象空间，暴露无遗并不一定好，因为想象空间没有了，所以文学作品必须要给读者留下诠释和想象的空间，这样才能产生一种魅力。

现在的小说用“open-ended conclusion”，就是开放式的结尾。这种开放式结尾的目的在于让读者自己去想象最后结局是什么样子，并不是所有的有情人都终成眷属，这样就没意思了。有一部很有名的小说，叫《法国中尉的女人》，拍成了电影。这个小说有三个不同结尾，随读者自己选，这就是文学艺术，就是所讲的朦胧和晦涩。正像你们到颐和园去看，人家说颐和园昆明湖最美的时候是下蒙蒙细雨的时候。你看不清楚，那里隐隐约约，朦朦胧胧，这是最美的，所以诸位如果要去颐和园，选一个下蒙蒙细雨的日子去看，就像一个美人戴着面纱一样，你看到她的美，但是又没有看到全部。因此，你就要不断地去探索。“误读”的魅力，也就是在这里。

辜正坤　北京大学外语学院博导，世界文学研究所教授，历任中国莎士比亚研究会副会长，北大文化文学与翻译研究学会会长，联合国教科文总部（巴黎）翻译等。在国内外共发表著、译、编、校著作40余种（部），论文150余篇。可阅读英语、法语、古希腊语、拉丁语、德语文献等。

从中西语文比较看中西文化与翻译

辜正坤

这是一个综合性的题目，我想要讲三个方面。第一，中西语文的差异问题；第二，由此差异而孳生出的中西文化差异问题；第三，前两方面的差异引发的翻译问题。翻译问题是具体问题，也是重点问题，为了讨论方便和例证短小精炼起见，在后面部分以诗歌翻译方面的举例较多。翻译问题是具体问题、局部问题，但是要把具体问题、局部问题讲清楚，往往需要从全局方面、从宏观方面进行一些简要阐述。所以我首先简单介绍一下我在中西语言文字差别及中西文化比较方面的研究，然后再将其原理应用到翻译上来。

不同的语言文字形式相应伴随着不同文化，尤其是不同的思维模式、价值模式、审美模式、理论模式的基本原理。我想侧重从四个方面来进行阐述：（1）中西语文的语形差异与中西文化差异；（2）中西语文的语音差异与中西文化差异；（3）中西语文的语义差异与中西文化差异；（4）中西语文的语法差异与中西文化差异。我将把由此而总结出的原理应用于翻译模式，看看它们是如何影响我们的翻译理论、翻译对策或翻译技巧的。由于时间有限，我无法展开用较多的例证来仔细讲解技巧问题，只能就某些方面做些简单陈述。

1、英汉语文的语音差异造成的文化效应尤其是翻译效应

大家知道，汉语语音和英语语音之间的差异非常大。先说汉语。汉语基本上是单音节，一个字一个韵。比如“大”[dà]，“家”[jiā]，

“工”[gōng]，“人”[rén]，等等。它们全是一个声母一个韵母，非常规则；而且绝大多数是开音节。其次，它还有韵调，一声、二声、三声、四声。也有人说，有的地方的汉语还有第五声，不过现在我们多半认同四个声调的说法。

再来说说英语。英语跟汉语很不一样，虽然它也有单音节词，但是数量不多，更多的是双音节、多音节词。它的音节构成比较复杂，除了开音节，它还有闭音节、成音节等。一个英语单词可以由若干个音构成，不像汉语单字那么单一。它不像汉语那样有多达四个的声调，而只有轻重音调。也就是说，它的调子比汉语少一倍。这就造成它的语音效果相对于汉语来说，不那么规则和响亮。那么，这种语音的规则程度、音调特性和响亮程度会造成什么文化效应、尤其是文学效应呢？

我以诗歌为例。

我发现，汉语的语音特点必然导致汉语诗歌押韵形式走向高度的规则性。也就是说，汉语诗歌一旦押起韵来，韵调必定很响亮。声音响亮了，它对你耳膜的敲击效应也一定相应的强烈，你也就越容易感受到这种语音效果。所以当你念中文诗时，在音响方面你很容易获得那种舒服的感觉。比如马致远的散曲《天净沙·秋思》：“枯藤、老树、昏鸦，小桥、流水、人家，古道、西风、瘦马。夕阳西下，断肠人在天涯。”曲中的“马”、“下”、“涯”这样的字眼，发音非常干脆、清楚，你的耳朵很容易捕捉到这些音素。而英语却不是这样，它没有同等强烈的音响效果。如上所说，英文的音节构成比较复杂。单音节它有，双音节它有，多音节啊，闭音节啊，成音节啊，它都有，它是多向性的。它的调子一般只有两种，轻音、重音。而汉语呢，它不是轻一点，重一点，模模糊糊地就完了。它有固定的音调：[ā]、[á]、[ǎ]、[à]。这是什么？四个调子，跟音乐差不多。传统的音乐的主调就是五个音，4 和 7 音是变音。由于汉语的四个音调与音乐近似，所以中国人的音乐感受能力特别强，但是中国人自己并不知道这一点，不知道自己的音乐天赋其实比西方人要强。

西方人对这个问题进行了研究。加州有个心理学教授，找了很多人，包括欧洲人、中国人去做试验，来比较人对音乐的感受能力。试验做完了之后，他说："唉呀，中国人对音乐的感受能力，平均能力总要强一点。"这是为什么？他老想不通。难道中国人天生就这么聪明？为什么对音乐的感受能力要比西方人强一点呢？他进行了进一步的研究，结论是：中国的音乐感受优势是汉语造成的。汉语音韵感突出，音调铿锵，因为中国人从小受到这种语音熏陶，对每个音的音韵和声调都有严格要求，比如 [jiā]，一声，[jiǎ]，三声，[jià]，四声。调子稍微错一点，含意就变了。所以中国人在说每个汉语单字时都很小心，因为每个单字的音韵、音调都有精细的定位，日久天长，中国人就练成了准确的语音感受能力。这种能力移用到普通音乐上来，也是同一个原理，所以中国人对音乐的感受能力相对于西方人来说要强一些。西文比之汉语，音响不够强烈，调子至少少一半，所以自然而然的，在语音感受能力的熏陶上，不及中文，这就意味着西文，比如英语，就其作为诗歌艺术手段而言，在语音上有相对的缺陷。

这种语音差异造成的文化效应是多方面的，但我今天不可能展开讲，只以诗歌翻译为例。诗歌翻译往往涉及押韵问题（当然无韵体诗不在此例）。我们搞翻译的人，常常在这个问题上遇到很多障碍。英诗汉译时，押韵问题怎么解决？要解决这个问题，首先要问：汉语诗和英语诗在押韵格式上的差别在哪里？以莎士比亚十四行诗为例吧。莎士比亚十四行诗押韵用的什么格式呢？ABABCDCDEFEFGG。这种格式据说是莎士比亚从意大利的诗人彼特拉克那里借鉴过来的。五四时代我们的学者就研究过这个问题，对西方人写诗押韵不断地换韵，感到钦佩，以为中国人比不上，因为中国人往往一首诗就押一个韵（当然汉诗也有换韵的，但是远不如西人普遍)，而人家西方人一首短诗里就押好几处韵，ABABCDCDEFEFGG，觉得这是一种高妙的技巧。可是，我们今天动动脑子想一想，诗歌押韵时不断换韵真是好吗？我看不一定。一首短诗就十来行，你七、八个地方押韵，连续不断地转韵、转韵，诗读完了，你可能都不知道这首诗究竟押没押韵。为什么？因为换韵太频繁，你记不住。每过一行、两行的都在换韵，你都不知道作者究竟押的什么韵。有人误以为这种东西很先进，其实，这不是先进，而是英语自身的某些局限性或缺陷促成的必然后果。

一种艺术手段先不先进要看它具有的艺术功能，要看它达到了什么艺术效果。确切点说，就诗歌的音韵格律而言，就要看它达到了什么样的声音效果。如果一种声音效果很容易让你感受到声音本身的美，并且能够使你的这种感受强化，那就是先进的语言艺术。如果它给你的声音效果只是模模糊糊、不断变化、难以捉摸的，那么这种艺术手段就不那么先进。英语诗歌的格律就有这方面的局限性。由于其语音的响亮性相对弱一点，由于其多音节的纠缠，使得英语诗人本想要加以强调的音素由于无法被适当地重复从而未能得到适度的强调，其音响效果就必然会降低。我这里举一个例子。Wordsworth 有一首很有名的十四行诗。我给你们背诵一遍，请你们集中注意力听其音响效果：

Upon Westminster Bridge

Earth has not anything to show more fair:
Dull would he be of soul who could pass by
A sight so touching in its majesty:
This city now doth, like a garment wear
The beauty of the morning; silent, bare,
Ships, towers, domes, theatres and temples lie

Open unto the fields and to the sky,
All bright and glittering in the smokeless air.
Never did sun more beautifully steep
In his first splendor, valley, rock or hill;
Ne'er saw I, never felt a calm so deep!
The river glideth at his own sweet will:
Dear God! the very houses seem asleep;
And all that mighty heart is lying still!

好了，大家不必注意这首诗歌的含义，只告诉我，听出是什么韵了吗？没有人说得出来，感觉对于韵脚模模糊糊的，说不清，对不对？也许觉得压了点韵，接着又不押了，稀哩呼噜的，好多种音交错在一起，但找不到主音是什么。当然，这种语音格局也有一种美，你可以说那像是小溪水在汩汩地流。但是你终归难以确定它的韵式，你甚至不觉得它是押了韵的。其实，它是一首规则的十四行诗，它押了韵，只是你若没有相应的格律知识，就不知道罢了。它的韵式是 ABBAABBACDCDCD。也就是说，十四行诗中，它换了四次韵 ABCD。有的地方，实际上并不押韵，只是从拼写上看是押韵，例如第二、第三行的 by 和 majesty 相押，majesty 的 y 读作 /i/ 音，不是 /ai/ 音，但因为和 by 一样，也是 y 结尾，看起来像押韵，因此也勉强算是押韵，叫做“眼韵”（Eye Rhyme）。莎士比亚十四行诗中，也有这类眼韵。英语国家的人写诗押韵很苦，不好找韵脚，连莎士比亚这样的写诗高手也免不了在押韵上偷工减料、凑合了事。

这是什么原因呢？原因不在莎士比亚的才华不足，而在于他所使用的那种语言，即英语，在表达诗歌的声音效果方面，有先天的缺陷。那种语言比较适用于间行押韵，如果像中文诗那样一韵到底，它的潜力就比较有限。为了阐述方便，我把一韵到底这种韵式叫作

"一元韵式"，就是说一首诗通篇基本上押一个韵。当然英语诗（或广泛意义上的印欧语系内的诗歌）也可以押"一元韵"，但要求诗歌短一点，长诗他们没办法，无法一韵到底。你如果写中文诗，写一千行押一个韵都办得到。但是西方诗歌甭说一千行，你就写十行有时候都觉得要换韵才行。那这究竟是什么原因呢？如前所述，这是由于西文（例如英语）的发音系统的局限性所决定的。西文的音节构成太复杂，单音节、双音节、多音节……音节太不规则，因此同韵词相对就太少。同韵词太少了，那选择韵脚的范围相对也就少了。你在一首诗中用一个词做韵脚，你不能老用那个词啊，你得换。一换呢，发现原有的韵脚范围里已经没有新鲜可用的同韵词了，于是只好换一个韵式，换一个韵式就可以找到一个新的选韵脚的范围，这样就扩大了选择韵脚的空间。所以西方诗人乐于不断地间行押韵。

此外，由于西文大多没有汉语那种多声调，只有简单的轻重音调，如果押一元韵式，其音响效果听起来往往显得滑稽，像打油诗一样。而中文诗（我这儿主要指汉诗）则没有这个问题。中文诗所使用的汉语有四个音调，因此，同一个韵（音）尽管出现在许多行诗的行末，但它不是同一个单一的音调（例如轻重调），它有四个调子，因此，它韵同而调不必同，不会导致音韵单调乏味的效果。中文诗之所以讲究平仄，这和强化它的音乐美感大有关系。更重要的是，汉语的表意要素基本上都是单音节的。表现在汉字上，就是一个音可以代表很多个字。比如说 [jiā] 这个音，加减乘除的"加"是它，家庭的"家"是它，嘉奖的"嘉"是它，佳节的"佳"还是它。所以汉诗在押韵方面没有什么先天的障碍，它有很宽广的同韵（音）字选择范围，这就使得"一元韵式"在汉语诗中能够通行无阻。凡是能够为诗歌提供一元韵式的语言，它当然毫无疑问能够提供多元韵式。所以，中国诗人偶尔也用用多元韵式。也就是说，他们也能得心应手地在诗歌中转韵。转韵起到什么效果呢？起到转移注意力的效果。一首诗流水似地行进，突然转韵，让读者吃一惊："哎，怎么转韵了？”不奇怪，很有可能诗歌本身的含义在某个地方也有了突转的趋势。含义的突转和音韵的突转可以相互呼应，互增美感。所以，中国诗人既可以使用一元韵式，也可以使用多元韵式。只不过大多数中国诗人在多数情况下还是偏爱一元韵式，因为在通常情况下，一元韵式的音乐感明显强于多元韵式。使用印欧语系语言的诗人就不能像中国诗人这样可以随心所欲地使用“一元韵式”，在大多数的场合，他们往往偏爱多元韵式，与中国诗人偏爱一元韵式恰恰相反！这样的格局，实际上是汉语和印欧语系语言本身各自的特殊结构造成的。换句话说，多音节词形式、闭音节形式、音调偏少等因素，导致印欧语系内的诗歌无法使一元韵式产生像汉诗内这样的音乐效果。在押韵方面，印欧语系内的诗歌有先天的缺陷，这个先天的缺陷是印欧语系语言本身的先天缺陷导致的。

那么，明白了这个道理有什么意义啊？这跟翻译、特别是诗歌翻译有什么关系吗？跟翻译的关系太大了。比如说，你要把一首莎士比亚的十四行诗翻译过来，你其实有若干种翻译对策，或者说，有若干种翻译标准。这得看你想使你的诗歌翻译具备什么功能，或者说达到什么目的；功能和目的有时是一个意思的不同表达。如果你想让不懂英语的中国人念了莎士比亚十四行诗的译文之后也觉得美，那你就得至少分析一下：(1) 莎士比亚十四行诗呈现出了什么样的美？ (2) 莎士比亚十四行诗呈现出的种种美是不是都会被中国人所接受？ (3) 如果是，是哪些？如果不是，是哪些？ (4) 这种种的美是不是都可以用中文传达的美？ (5) 如果能够传达，如何传达？如果不能够传达，又如何办？

关于第一个问题，我曾经在清华大学做过一个讲座，阐述莎士比亚十四行诗的主题与艺术特点。莎士比亚十四行诗的主题实际上相当单调、重复、有时甚至很陈腐。但是莎士比亚十四行诗的语言艺术特点很独特，他的独特性产生的美与中国传统诗歌的美有区别。

简单说来，莎士比亚十四行诗的语言艺术主要是妙，如果要和美相联系，那就是美妙。我在讲座中陈述了莎士比亚十四行诗在西方人眼中所呈现出来的种种美妙。大家可以去看我的相关阐述。但是莎士比亚十四行诗中呈现的美妙是不是都会被中国人所接受呢？对此，我的回答是：有的可接受，有的不便接受。例如莎士比亚十四行诗中有大量的篇章与同性恋相关，这是传统的中国读者不便接受的，因此，中国翻译家在处理这一点的时候，多半故意逃避，或故意翻译得模模糊糊。但是莎士比亚使用了许多比喻，这些比喻，不管是明喻还是暗喻，都使用得很妙。比喻不是把事情明说出来，可以把要表达的东西暗示出来，因此，不一定会和道德、伦理价值观发生直接的冲突，因此，无论对于中国读者还是中国翻译家，这都是可以接受的。体现在比喻等修辞手段里的美妙，是可以接受，并在相当的程度上是可以翻译的。这就回答上面的第三个问题。然而，体现在莎士比亚十四行诗中的种种的美是不是都可以用中文传达呢？这就不一定了。有的可传达，有的不可传达。对于可传达的部分，不用讨论，关键的关键是：什么因素是不可传达的？如果不可传达，又该如何办？这就构成了莎士比亚十四行诗汉译的一个极具挑战性的问题。这个问题实际上就是诗歌的可译性与不可译性程度的具体厘定问题。而关于这个问题，我在1986年的《翻译标准多元互补论》一文中已经解决。这里引述如下：“事实上，诗歌翻译大体上有五种情形：(1) 全可译因素；(2) 大半可译因素；(3) 半可译因素；(4) 小半可译因素；(5) 不可译因素。”

全可译因素。如诗歌的行数，一些等值词汇、短语等，某些人名、地名（音译法），基本情节（叙事诗），一些句法结构及诗的基本思想等。

半可译因素。上述的情形若不能全译，或虽可译而不能工者，多属于半可译、大半可译或小半可译因素，如很大一部分词汇、短语、句法形式、修辞手法、文体风格等。

不可译因素。韵律、节奏、音节发音、特殊的修辞手法等。也就是凡属语言本身的固有属性的东西（区别于他种语言）往往都不可译。以符号学的观点来看，则那部分仅仅依赖符号本身的结构才能产生艺术效果的东西往往是不可译的。然而可译与不可译依然要受翻译的三要素（功能、审美趣味、译者读者多层次）所制约。”[1]

这里要强调的是对于不可译因素的界定。韵律、节奏、音节发音属于不可译因素。一般的修辞手法是可译的，但是特殊的修辞手法不可译。例如字谜、谐音、双关等等，多半不可译。有的艺术效果附着在语言符号本身的结构上，符号一变，那种艺术效果也就消失了，它们无法借助另外一种符号结构重现出来。比如歇后语：屁股上插扫帚——尾大（伟大）；半斤花椒炒一斤肉——肉麻（肉麻）；八百年前立的旗杆——老光棍；擀面杖吹火—— 一窍不通。这些歇后语的某些成分是可以翻译的，但其整体艺术效果却是无法翻译的。所以我断言：“仅仅依赖符号本身的结构才能产生艺术效果的东西往往是不可译的。”

回到莎士比亚的十四行诗，我们知道其中的主题、诗句的基本含义、一般修辞手段是可译的。但是诗歌，诗是歌，有音乐感，和音乐感紧密相关的韵律如何翻译？考察一下就知道，某些韵律形式（例如莎士比亚十四行诗的韵式：ABABCDCDEFEFGG）还是可译的。然而，具体的音韵效果却是绝大多数是不可译的。例如上面所举的 Wordsworth 的那首十四行诗中的韵脚 fair，steep，hill 等，在汉语中就绝对没有相同、甚至相近的语音效果。所以它们是根本无法移植或翻译的。

至于整体诗依从着英语语言结构本身的规律而产生的轻重缓急、迭宕起伏、行云流水般的所谓流走的旋律，则绝非汉语诗中，借助汉语语言结构本身的规律而产生的另外一种流走的旋律所可等同或比附。因此，这种旋律效果也是不可翻译的。我们当然可以简单地按照原作的韵式来翻译，但那只是在极为肤浅的层次上移植了韵式，真正起作用的具体的音韵效果和迭宕起伏的旋律却永远无法模拟或移植。这个观点一旦思考明白，则在翻译莎士比亚十四行诗时如何处理押韵问题，我们就容易找到答案。

如前所述，莎士比亚十四行诗的押韵格式是 ABABCDCDEFEFGG。翻译的时候是不是照着这个格式译？我的看法是：可以照这个格式译，也可以不照这个格式译。莎士比亚的这个格式其实就是不断换韵的格式，当然换韵的方式也多种多样。为了让中国读者了解莎士比亚押韵的格式，我赞成有的译者完全按照莎士比亚的韵式译；我也赞成另外的译者不按照莎士比亚的韵式译，而是灵活地根据审美需要来译，但必须同时在前言或后记中说明莎士比亚十四行诗原有的实际韵式。

究竟采用哪种对策，要看译者翻译莎士比亚十四行诗时希望他的翻译具有什么功能或达到什么目的。从中国读者的角度来看。我们翻译莎士比亚十四行诗显然翻译给中国人看，不是给西方人看的，是不是？就押韵格式而言，普通中国读者有自己的审美积淀习惯，他们的耳朵已经习惯了传统中国诗歌通行的押韵格式，而不习惯莎士比亚十四行诗那种连续换韵的格式。你可以给他说明莎士比亚的韵式如此这般，你却不能强迫他接受这种他不习惯的韵式。

诗歌的韵对于中国读者至关重要。由于一首诗押好多个韵，许多中国读者习惯地去找韵脚，找了半天，还不知道莎士比亚押韵了没有。频频换韵的格式对特定音响的重复不够强烈，也就使中国读者对其产生的音乐感相对不强烈。韵式虽然可以移植，而具体的音韵、节奏、轻重效果却大多不可移植，因此，韵式移植至多是得了点格律方面的皮，而原有音韵格律的血、肉、骨却是无法移植的。对于无法移植的东西怎么办？很简单，不移植、不翻译它们就是了。移植不了，还硬要移植，是自讨苦吃，并且一定失败。然而诗歌本身总是有音韵美感的，如果移植不了原来的音韵美感，总不能让译诗在这方面是空白，就得有别的类似的东西替代。用什么来替代呢？显而易见，只可能用译入语民族的音韵美感格式来替代。

对于中国读者来说，就是用传统中国音韵美感格式来替代。这样一来，我们就可以设定在音韵格律方面莎士比亚十四行诗的翻译对策。这就是诗歌翻译音韵格律处理办法的三对策（三标准）：1）支持一些译者保留原来莎士比亚十四行诗的韵式；2）支持另外一些译者在说明原作音韵格式的情况下采用中国传统的音韵格式来翻译莎士比亚十四行诗；3）也支持另外的译者交相使用两种对策。

至于我个人，我比较喜欢采用第二种对策。因为我想更多地考虑到中国读者的音韵审美习惯。我们翻译莎士比亚的作品主要不是翻给在座的诸位看的，在座的诸位可以不看译文，直接读原作不就完了？翻译应以那些不懂外语（例如不懂英语）的人为主要对象。这些人是在中国的诗歌传统中长大的，已经习惯了传统的诗歌音韵格式。如果照搬莎士比亚诗歌的音韵格式，有时其效果反倒有损莎士比亚的威望。因为他们都知道莎士比亚在西方厉害的很，有人认为他是最厉害的了，说他在诗歌方面是世界诗歌的泰斗，可一读翻译过来的诗，感到莎士比亚的诗歌好像押韵都押不好，换来换去的，比不上传统中国诗歌那种非常强烈的音韵效果。他们会失望。对这些人怎么办？可以采取上面说的翻译对策，利用汉语语言文字本身的优势来造成一种音韵美，一种货真价实的诗歌的音美。当然，这种音美跟莎士比亚诗歌原始的音美是不一样的，是替代品。为什么只能用替代品？因为原始的那个音韵美是根本就传输不过来的。

许多年来，许多翻译家迷在这个问题上，误以为自己能够移植、翻译外国文学作品例如莎士比亚作品中的音韵美，其实这是很大的误会。我们要牢牢记住：一切文学作品中的音韵美绝大多数都是不可能在另外一种语言中加以复制的。因为音韵美附着在语言符号本身上，语言符号消失了，那种音韵美也就消失了。你在翻译一首莎士比亚十四行诗时，尽管把所有的单词都翻成了汉语，但是原作所有的单词本身的那个音美是附着在原来那个文字（英语）上的，那文字都给你改成了汉语，原有那个音美怎么还会存在呢？每个英语单词的音美怎么可能和相应的汉语单词的音美一样呢？比如说把 sky 译成“天空”，前者的发音是 /skai/，后者的发音是 [tiān kōng]；又如把 sea 译成“海”，前者的发音是 /si：/，后者的发音是 [hǎi]，前后二者的发音是完全不同的，二者的音美表现形式根本就没有共通性，怎么可能移植或翻译所谓的音韵美呢？！

原作的音韵美虽然无法翻译，但是原作具有音韵美是客观事实。依据这个客观事实，我们当然希望译作也具有音韵美。我们不能移植和翻译原作的音韵美，却可以用另外的音韵美，例如汉语本身的音韵美来替代它。替代说就是这样产生的。

我们诵读一首诗歌译文的时候，也能感受到它的音韵美，但这种美其实不是原作的音韵美，而是翻译者自己创造出来的音韵美。所以我们要明白音美是根本就不可译的，或者说绝大多数是不可译的，99.9% 的音美都是译不过来的。你译都译不过来，你还偏去译它干吗？所以有些译者吹牛：哎呀，我译这种诗啊，我忠实了它原文的音美。请问你怎么忠实得了啊？文字都改成另外一种了，你拿什么来忠实啊？拿“translation”一词来说，“trans”本身就有“改变”的意思，改都改了，它怎么还是它原来那种美呢？当然，原作词汇和句子的含义是可以翻译的，分为全可译、大半可译、小半可译、不可译等集中情况，前面已经提到过。

音韵美不可译。相应的对策是替代法。怎么替代？找最能打动中国读者的音韵美模式去替代，也就是看汉语诗歌是怎么用音韵美打动中国读者的。这个音韵美模式我们在前面已经讨论过了，其中之一就是典型的“一元韵式”。如果你翻译外国诗歌的时候采用“一元韵式”，你就容易讨好中国读者。我们可以设想莎士比亚如果投胎到了中国的明朝，这次他不用英文写诗了，用汉语写。那我们可以肯定的是，他不会用所谓 ABABCDCDEFEFGG 韵式写诗。他即便写十四行诗，那也肯定是中国式的，而且我们也指望他在音韵美方面表现得很出色。顺便说说，我还认为他也一定不会写那种产生在

20世纪初的中国白话诗。

因此，我们翻译诗歌的时候，可以采用符合中国传统诗歌音韵格式的“一元韵式”。可是，莎士比亚原来押韵的那种格式，我们需不需要说呢？当然需要说，绝对需要说明。前言啊，后记啊，要向读者交底，要明白阐述原作的押韵格式实际上是怎么回事，例如是ABABCDCDEFEFGG这种格式，给读者一个样板，搁在那个地方，让人一目了然：原来莎士比亚是这么押韵的。但是，实际上翻译的时候，我们要用中文把这种美的东西给它重新塑造一次。跟它原来的那种美相比，在效果上不说超越它，至少争取跟它差不多。那样的话，你翻译的功能就能够起到很大的作用。不然的话，你翻译的文学作品读起来不美，就等于是一杯白开水，淡而无味，缺乏文学性。而传说中的莎士比亚是那么伟大，而念他的诗却觉得他似乎只是个二流、三流的白话诗人，这就是个巨大的矛盾。因此，将汉语的优势发挥出来，翻译出真正优美的莎士比亚十四行诗是我们的诗歌翻译理论最终要求我们这样做的。

2、中西语言语义差别与翻译问题

下面我打算从中西语言语义差别方面来说明翻译问题。

中文的特点是一个音可表多个含义。它的多义字丰富，一个字可以多用。但多义字多了亦有缺陷。缺陷是什么？表意容易模糊。比如你发个[jiā]的音，如果没有上下文，别人听不懂，不知道你这个[jiā]究竟是指什么[jiā]。是“家庭”的“家”还是加减的“加”？你要组成词，有了上下文，人们才听得懂。在这方面，英文就要好一些。同一个“家”的含义，用英文来说，叫home，即便是一个单词，人们也能够辨认出它的含义。为什么？因为英文在用语音表意方面往往用一组音（当然也有用一个音的，例如单音节词，但是单音节词在英文中数量较少）来表达一个意思，不鼓励用一个音或一组音来表达多种意思，这个方面就比我们的汉语优越。汉语的一个音是多义的，因此其必然而产生的缺点是表意相对笼统、模糊。当然，表意笼统、模糊，也不一定总是个缺点。如果你换一个角度看，笼统、模糊也可以是优点，这个优点就是简洁。既然我用一个音就可以表达多种含义，是不是相对减少了所需要的发音因素或者说发音组合因素总量呢？英文力求一个含义必须用确定的一组音来表达，相互之间尽可能有明显区别，这一来，它所需要的音素组合部件就会太多、太多。一个新含义一旦产生，便要求有一组新的发音与它搭配，结果就势所必然地使英语词汇量无限制地增大。发展到一定程度，英语表意精确的优点又给它自己孽生出必有的缺陷来，这就是词汇量过大、超大。世界上的事物都是这样，从这个角度看，是优点；换一个角度，它就成了缺点。关键在于我们怎么来看待它，利用它，怎么样扬长避短。

那究竟该如何扬长避短呢？要知道长短，离不开比较。有了比较才有鉴别。没有比较的所谓扬长避短是盲目的，说不定你刚好把对方的长处给避了，而把短处给借鉴过来了。同理，我这十五年来在北大反复主讲中西文化比较这门课程也是处于同样的考虑。大家都主张借鉴利用西方文化，可这有个前提，前提是必须先经过中西文化比较，找出中西文化各自真正的长短利弊之后，才谈得上借鉴利用西方文化，才谈得上建设中国自己的文化。可是，近百年来中国人借鉴利用西方文化时，恰恰忽视了这个大前提。尽管也有人做过比较，却没有将这方面的比较成果应用到实际的借鉴利用中来，而是盲目搬用西方文化，甚至于要搞文化方面的全盘西化，其惨痛的教训，是非常值得我们今天反思的。许多人在借鉴西方文化时，实际上是去搬了些西方文化的短处回来，把自己文化的长处给抵消掉了。

在文学方面、例如诗歌翻译方面，也有类似的情形。那么要怎么才不犯这个错误呢？经过非常严谨的中西文化比较，比较了之后我们才能真正知己知彼；知己知彼了，我们才能进行借鉴利用。我借什么？我借我家里边没有的。如果我家里本来就有某种东西，甚至有更好的东西，何必去借？至少有了比较之后，我们知道有缺陷的东西不用拿过来，不能什么都采用拿来主义。拿多了，很可能喧宾夺主，把自己家里本来就有的好东西给掩盖了、埋没了。这个道理非常明显，不仅仅是在翻译领域是这样。在这点上大家可以进一步发挥。[2]

回到中西语言语义差别问题上来。那么，我们要研究的问题是：中西语言在表达语义方面的这种差别究竟造成了什么样的文化效应？我们还是从文学作品的翻译来阐述这个问题。就说诗歌翻译吧。谈到诗歌，中国人都喜欢说“诗无达诂”。这个说法很少受到中国人的质疑，因为就汉语言诗歌而言，这个说法很有道理。这个理论之所以产生，很大程度上跟汉语本身的含义表达形式分不开。如上所述，汉语一个音素可表多种含义，或者说一个字有多种发音，这导致汉语词汇的含义没有那么确切、确定。这种不确定性是缺点，但发生在艺术领域，例如诗歌领域，却会产生特定的文化效应，比如说产生语言上的模糊美。为什么模糊的东西也会产生美啊？因为在审美领域，太精确的东西不一定能够达到美的效果。比如这儿就坐了一个美人。这个美人之所以美，取决于诸多因素，例如气质，例如姿态，例如——尤其是——脸蛋。这个脸蛋的轮廓、皮肤、肤色等等，给人的整体印象确实很顺眼，很好看。但是好到什么程度，大家的感觉其实是模糊的。情人眼里出西施。美人的美还需要感受者方面的感受习惯与感受能力。如果要追求精确、追求科学式的美，硬要拿到显微镜下去考察，放大到几千倍、几万倍，貌似精确，其实美就不存在了。所以在美这方面不能追求过分的精确，反倒要模糊一点好，当然不能一味模糊，模糊到一定的需要的程度就行了。

文学作品，尤其是诗歌，也是这样，不能太精确，不能太确定；精确性是科学的特点。由此可见，艺术和科学在这方面是有一定矛盾的。“黄河之水天上来”，明显违背科学的精确性，因为黄河之水不是从天上直接流下来的，而是从无数高陵深谷汇集而来。但是作为艺术品，“黄河之水天上来”这种夸张恰恰满足了人类追求的某种宏伟气势。消除掉这种不科学性，其艺术性也就会同时降低。回到前面的论题，中国人之所以强调“诗无达诂”，正是因为诗歌语言的模糊性，无形中增多了诗歌本身的含义指向，使得诗歌阐释具有多维、多向的特点；往往一首诗，几种解释都说得通，只要能够自圆其说，我们都可以让它们存在，因为从艺术角度而言，多几种意义和阐释，也未必就不是多了几种审美效应。从这儿，我们一下就体味到中国诗歌和诗论与西方诗歌与诗论存在很大的差别。中国人容忍多维、多向的阐释，容忍诗歌具有多重的含义指涉与暗示，而西方人的主流审美倾向，则是无形中总要在所有的场合都试图找出惟一的真理，最正确的解释。这个问题我在《中西诗比较鉴赏与翻译理论》（清华大学出版社）中有进一步阐释，这里就不展开了。

为了进一步说清问题，我必须提到的一点是：中文在产生新含义方面有一个特别先进的办法，这个办法我称之为新义自我孳生法。什么叫新义？新义就是首次进入中文的含义。如果一个新的含义进入汉语，逻辑上说来，中国人是不是得造新的汉字来对应它？比如说如果我们产生了一万个新概念，是不是就得造一万个新汉字？那意味着中国得有仓颉天天造字才行。妙在中国人基本上不干这样的蠢事。自从远古中国人造了很多字以后，后来的中国人很少造新字。至少从 1949 年以来，中华人民共和国从来就没在报纸上宣传过：现在我们又造出一批新字了，大家可要记住啊！中国很少有这种事发生。《康熙字典》收 47035 个汉字，你用完过吗？你翻开康熙字典一看，差不多全是生字。你只用其中很少、很少的一部分汉字就够了。少到什么程度？两、三千个汉字，约为康熙辞典所收字数的 20 分之一！就用这很少、很少的旧汉字颠来倒去地排列组合，即用两个或两个以上的旧汉字的含义组合一下，嘿！一个新含义就产生了。完全没有必要为了一个新含义而另外去造一个或几个新的字。由此可见，世界上存在某种近乎一劳永逸的文化现象：这就是中国古人创造的汉字！

可西方人却就常常需要造新的词汇。他们有了新的语义要表达，就往往另造一个新的词，大多数情况是这样。当然，他们为求简便，也时时通过前缀啊、后缀啊等手段来用旧词生新词，不过这种手段产生词汇的能力毕竟有限，更多的时候，他们必须另造新词。另造新词是为了让新的含义与所有的其他的旧含义旧词根组合区别开来。这样一来，他们的词汇量就越来越多，越来越多，多得这辈子你根本就认不完、记不完。你如果是学医学的，例如牙科的，据说要记忆的专门术语有好几万（有人说是8万，我没有去查证过，总之很多）。而且这些词汇很多是拉丁语词汇，这会把你的头都记大了。相对说来，中文就简单得多，因为它是拿原有的旧的含义叠加而成的新义。比方说“电”这个汉字大家都知道，“闪电”谁不知道啊？“灯”这个汉字，大家也都知道。现在将“电”和“灯”组合在一起，产生一个新词“电灯”。尽管你从来都不知道“电灯”是啥，但是凭借你对“电”和“灯”这两个单字的旧含义，你会自然而然地推想：这一定是一种特殊的灯，一定跟“闪电”的“电”相关。你的猜想当然是有道理的，尽管不那么准确。也就是说，你无师自通，不经人解释也能获得相当一部分有关“电灯”的知识。因为至少你知道：（1）这是一种灯；（2）这不是油灯、马灯、汽灯、火把之类的灯；（3）这是一种跟一种叫“电”的东西相关的灯。也就是说，沿用前面的两个旧字，两个旧的含义相加，就变成一个新的含义了。用这样的方法，可以很方便地在汉语中组合成千千万万的新词组。根据排列组合原理，这种组合潜力几乎大得无法想象。一旦你掌握了几千个汉字之后，你就可以组合、理解上亿的这类词组！所以中国人根本无须去造新的字，连旧有的几万个汉字还大多都没有机会挤进使用的圈子呢！又例如“飞”和“机”这两个汉字是大家熟知的。两个汉字组合起来就成了一个新词“飞机”。“飞机”是什么？没听说过？没关系。你只要知道“飞”和“机”这两个汉字的旧有的含义就可以推知一二了。就算你是偏远地方来的农民，从来不知道有飞机这回事，你也肯定能够猜想到“飞机”十有八九是一种可以“飞”的“机器”。事实上“飞机”就是一种可以在天空飞的机器。再说“拖拉机”是什么？没见过？但是你不假思索地就会想到这可能是一种可以用来“拖”和“拉”的那种机器。你猜得还真不会太远离事实。“洗衣机”么，不就是用来洗衣服的那种机器么？谁都一望而知，根本不用解释就知道这个新产生的词组的含义。你们看，中文的含义产生过程就是这么简单！简单得你都不敢相信，世界上还有这么简单而又方便、准确的语言！

“准确”？什么话？刚才我不是说过，汉语由于一音多义等原因，其单字的字义相对于印欧语系语言要模糊一些吗？是的。是这样的。但是汉语也可以使自己精确起来，这个精确办法就是通过汉字的组合来实现。一个汉字的含义可能是不怎么确定的、有模糊性，可是你多加一个字、两个字把它限定一下，它的含义不就确定了？单个汉字可能是模糊的，经过加字组合限定，其含义就不模糊了，可以达到很精确的程度。所以如果你想克服汉字的模糊性而获得精确性，你就加大汉字的组合比例，随着比例的增加，精确性也就相应增加了。增加多少？增加到你想增加的程度就可以停下来。

我常说，凡是问题出现的地方，常常蕴含着解决问题的方法。汉字的表意模糊问题其实就是由汉字本身的灵活组合及组合量来解决的。而且它解决得极为高妙，妙到难以言喻。就以上诸种因素而言，汉语言文字确实是很先进啊！

我们再以幼儿学习一门语文所需要花费的经历和时间来看这个问题。中国儿童记住2–3千个汉字，就可以阅读《人民日报》而不会有多少生词。印欧语系的儿童即使记住了8千左右的单词，在阅读《华盛顿邮报》时仍然会有很多生词。举例来说，当人民日报上出现“水仙花”这个单词时，中国儿童尽管也许不知道这究竟是什么花，但是他不需查字典就知道这是一种花。“水仙”两个字也是常用字，可以帮助儿童判断这种花至少不是菊花、桃花、牡丹花及许多儿童已经知道的种种花卉。也就是说，他即使不知道究竟是什么具体的花，他也已经知道：(1) 这是一种花；(2) 这不是别的所有那些他已经知道的花。知道什么是一种知识；知道什么东西不是什么，也是一种知识。因此，如果将这个词中所含的信息量规定为3，则中国儿童已经不教而知其2！可是，对于一个印欧语系的儿童来说，恐怕就不是这样。如果将这个词中所含的信息量照样规定为3，则西方儿童所能获得的有效信息量只能是0！以英语为例，水仙花叫narcissus，如果该儿童不知道这个单词，他就无法根据这个词本身的组成部分推知它是什么意思。因为这个词的组成成份没有太多的常用的可以令人一望而知是什么东西的那种成份。narc有“缉毒探员”的意思，narco有“麻醉、昏睡”的意思。但它们一方面不属于最常用的词类，另一方面也不能暗示这个词本身是一种花。而且儿童还未必能把narc单独分离成一个词。因此，印欧语系儿童面临的是一个完全的生词，不知道就不知道，必须作为一个完全的生词来记住。当中国儿童看到“水仙花”这个生词的地方的时候，他可能略一停顿，根据自己的理解便继续读下去，而印欧语系的儿童却会因为这个生词而完全给卡住了，因为他如果压根儿就不知道这个生词是什么意思，他就难于决定究竟它是一个具有关键意思的词呢还是可以跳过不管的词。在这种情况下，印欧语系儿童对于这个生词的信息吸收量几乎等于0。2大于0，因此使用汉语的中国儿童比使用英语的西方儿童的的平均吸收阅读信息量要大2倍！当然，应该考虑到，英语中也有许多孳生词的前缀、后缀等词法形式可以帮助印欧语系儿童分析所阅读的词类大概是属于哪一类的词类及词义。

但是，要知道这种作用是有限的，因为事先记住这种抽象的没有任何图画性特点的成百上千的前缀、后缀本身对人的记忆来说就是一个挑战。让儿童们先去记住这些东西是不现实的，很可能让他们厌烦这种语言学习。所以，就总体而言，记住2–3千汉字的儿童可以比较容易地阅读《人民日报》，而记住3千英语单词的印欧语系儿童阅读同类报纸如英文版《华盛顿邮报》时，却会困难重重。这里边有一个非常重要的东西，这就是：汉字的每一个字本身就具有意义自我阐释的作用。因为它的根底来源于图画文字。图画就是外部世界事物的缩影。一个字就是表达的含意从它的书写本身就已经显示出来了。这等于说每个汉字就是自身的含意小词典。如果有两个、三个、四个字组成的汉字词组，则各个单字便等于可以相互阐释，互证互释互彰。上面的"水仙花"三字词就是一个例证。由汉字组成的文章是一个词义互释文本。这就是为什么掌握汉字的儿童只需要相对来说较少的词汇量就能阅读文章的关键原因。

由此，我们可以进而比较中西方在儿童教育上的方法差别及其意义。

传统中国人主张让儿童在发蒙期间（幼儿期间）死记硬背。让他们尽量记住较多的汉字，尽量背诵较多的文章。而不大给他们讲解每个字词的用法。民国以前的儿童在七、八岁的时候就要求背诵《千字文》、《大学》、《中庸》、《论语》、《易经》、《尚书》等等古典文献。十岁左右的儿童，可以把上述经典倒背如流。而今天，20–30岁左右的青年大学生、研究生连看懂这些文献都有困难，更不用说背诵了。上述传统幼儿教育方式在民国时期就被否定，认为它是封建的、落后的。但是，从语言文字本身的存在规律来看，我以为这种方法包含较高的科学性。因为汉语言文字没有西文那样太多的词法与句法规则，所以可以把教学的重点放在词汇及文章的直接记忆上。通过记诵一定量的经典文献，自然而然地记住基本词汇。儿童的机械记忆力强，应该加以早期开发，让他们发挥这种记忆优势，把那些成年人背诵起来比较困难的经典文献在比较年幼的时候便机械记忆住。当幼儿成长起来，机械记忆能力减弱，理解记忆能力增强、社会生活体验日益丰富的时候，再让他们来消化原来学过的东西，便很容易融会贯通，达到在知识的领域左右逢源、得心应手的程度。古代的学者往往能出口成章、旁征博引，很使现代读者感到惊讶，其实在那个时候是很平常的，因为他们从幼儿时代起就已经打下了熟读熟背经典文献的基础，所以能在后来的治学中随意引用。

可是我们看现当代中国和西方的教育方法却不是这样，过多强调所谓启发式教育，忽略必要的死记硬背，浪费了儿童的早期智力资源，造成当代青年知识存储的先天不足。由于缺乏背诵的训练，语感能力萎缩，强记能力消退，对概念的精确性没有达到应该有的程度。因此当代青年的文章总是罗嗦、肤浅、缺乏严谨和准确性，既不生动，也不简洁。

知道了中西语文在语义方面的这种种差别，我们在翻译方面就会自然而然地采用与之相应的翻译对策。比如说，目前争论比较激烈的外来专有名词的翻译问题。许多中文报刊在引入英语专有名词（不少是英文缩写），往往根本不翻译，而是直接将英文（缩写）纳入中文。比如 World Trade Organization（世界贸易组织）的英文缩写是 WTO，于是某些报纸便直接将 WTO 放在中文的新闻标题中，搞成中英混用，十分扎眼。使用者认为英文 WTO 简单，一目了然，且所占印刷幅面小。表面上看起来是这样。可是，有多少人知道 WTO 是代表什么意义的呢？中国有 13 亿人，知道 WTO 是代表“世界贸易组织”的人绝对不会超过这个数字的零头，3 亿！中文报纸是为所有懂中文的人看的，不是只为这不到 3 亿的中国人看的。文字是表达含义的，如果绝大多数的人不能懂得其含义，它就是累赘。所谓的 WTO 简洁、一目了然，那是对英美人或懂英文的人来看是这样，对大多数的中国人来说，看都看不懂，遑论“一目了然”？因此，只从报纸要面对普通老百姓这一点而论，不宜照搬英文缩写 WTO 到报纸的新闻文章中，尤其不宜放在新闻文章的标题中。

其次，根据汉语本身的表意规则，也可以采用英文的类似缩写手段。例如“世界贸易组织”可以缩写为“世贸组织”，与 WTO 相比，念起来一样是四个音节效果，只不过在书写上，汉语的“世贸组织”多一个印刷符号而已。

第三，最最关键的是，“世贸组织”尽管是缩写，其含义仍然容易为中国人把握。即便中国人最初根本不知道“世界贸易组织”这个全称，他也容易根据“世贸”两个字而回溯到“世界贸易”这层含义上来，这才是真正的一目了然效果。这就是中文文字在表意方面的先进之处，当然不是所有的中文缩写都能完全做这种回溯，但是根据我的研究，大多数的中文缩写语都容易做这种回溯。

第四，从语言必须规范和纯洁这个角度看，中文里嵌入英文字母，弄得不中不西，在某种程度上，是对中文的污染。台湾在这一点上，做得比大陆要好一点，他们在很多年前就规定报纸刊物中，不能随意嵌入外文字母，这是值得大陆借鉴的。

又例如 IT 这个缩写语，来自英文 Information Technology（信息技术），不仅频频出现在报刊中，连北京市的一栋高大建筑上都有人用巨大的铁支架矗立起这两个缩写的英文字母。为此，我随机调查了一辆经过这栋建筑物的公共汽车上的乘客，问他们是否知道前方建筑物上的这两个巨大的字母 IT 是什么意思，令我失望的是，在受调查的 10 个乘客中，大略知道 IT 是什么含义的顾客才两个，其中一个还知道得有些含糊。也就是说，最多只有五分之一的人知道其含义！我还就此问过北京大学的若干教授，居然大多数教授不知道这是啥玩意儿，可是在若干中文报纸上，我们几乎天天读到这个缩写语！这个缩写不仅大多数的中国人不知道其确切含义，我在欧洲时，问过许多外国人，原来很多外国人也不知道！可见这个缩写语即便对于西方人来说，也不是一个一目了然的东西。当然，如果这只是为专家或专门的相关从业人员设置的缩写语，在供专家阅读的报刊、杂志中用这样的缩写语，无可厚非，但是出现在供大众阅读的发行量巨大的报刊上（例如《参考消息》等），就显然是不妥当的了。IT 缩写自 Information Technology，原文共含八个音节，汉译“信息技术”才四个音节，已经比原文简洁明了一倍，就不必还要死搬 IT 这个缩略语了。

再如铺天盖地的 3G 手机的广告，也完全没有必要搬用那个大写字母 G. 3G 的英文原文是 3rd-generation（第三代），就简单译作“三代”，刚好也是两个音节，与 3G 所占的音值差不多，何苦非要引入那个洋字母？“3G 手机”也就是“三代手机”，其深层含义是“第三代移动通信技术”。就汉语表意功能看，“三代”这两个汉字使我们能够直观地明白这种手机的档次（第三代，优于第一、第二代）。而“3G 手机”这个用语却表意模糊，会使大多数的中国人感到困惑，不知道这究竟是什么手机。G 字母本来是 generation(代) 的缩写，搬用“3G”有可能被顾客误解成是说该手机有三个 G（千兆）的流量！所以“三代手机”肯定优于“3G 手机”的译法。

此类例证还多得很，例如 NASA、iPhone、3D 电视系统、CEO、IAEA、TV、iPod、iTunes、Ping、DNA、GDP、G8、G20 等这些大量出现在中文报刊上的英文缩略语，其实都可以依据汉字本身的独特的表意手段（如缩略手段）加以汉化，使之成为简洁的汉语，根本无须囫囵吞枣地照搬进中文。

简而言之，外译汉一定要立足于巧妙利用外汉两种文字在含义表述方面各自的独特性，千万不要图简便而随意照搬洋字母或采用不必要的音译手段。

3、中西语形差异与翻译问题

我所谓的中西语形指的是中西文字的书写形式。

中文文字具有象形立体综合性结构，这与西文的完全符号化，平面流线型结构形成鲜明对照。这种书面形式的差异大家已经习惯了，见惯不惊，习以为常了。实际上从这种差异里我们可以看出很大的文化差异。

汉字的语形不但先进，而且极具艺术美感性。

下面以翻译为例来说明这个问题。我翻译了莎士比亚的154首十四行诗。大家知道，诗歌是讲究文采的。但是把英文诗歌翻译成汉语的时候，我最不担忧的是什么？文采。为什么？因为英翻汉时，想把文采搞得比原作稍微好一点，这对于熟练掌握了中文的译者来说，小菜一碟。我敢夸这个海口，倒不是说我个人在这方面有什么大能耐，而是因为文采华丽是中文本身的特点。中文天生有大量的描写性语汇。就像黑格尔说的，汉语是一种“künstlerisch”（艺术性的）语言。汉语中的艺术性描绘用语太多、太丰富了。所以，作为中国人，你只要在这方面稍稍有点修养，你翻译出来的莎士比亚诗歌就很容易有文采。因此，我翻译莎士比亚十四行诗的时候，我担心的不是文采不够，而是担心一不小心就超过莎士比亚。我只想稍稍超过一点点，超多了，过犹不及，在一个意义上，也是歪曲莎士比亚。所以，我们得把握好这个超量度，不好意思胡乱地舞文弄墨。

为什么一不小心在文采华丽方面我们中国译者容易超过莎士比亚呢？上面说了，这是因为中文本身的特点造成的。我们来看莎士比亚写的十四行诗。他用的英语词汇很多都是多音节词，这些词汇排列在纸面上，由于音节多往往很占篇幅、很占印刷幅面空间。比如“beautiful”（美，美的）这个词，汉字只有一、两个音节，也就是一、两个字，英文却有9个字母，3个音节。印在纸面上，占很宽的幅面。如果一行诗都是由此类词汇构成，你想它是不是要占更宽的幅面？诗行长度是有音节规定的，太长了，就不合格。当英国诗人、例如莎士比亚写诗时，结果就往往发生这种情形：一个完整的意思要占两行诗的空间才说得完。一行文字印刷完了，可莎士比亚还没有说完呢，怎么办？折到下一行，接着说。这折到下面的一行，就叫做 run-on line。好些中国人不知道这个原因，反倒误以为这正是莎士比亚这类英国诗人在玩新花样：瞧！人家莎士比亚多会写诗，一句话不跟你说完，按下不表，然后下面接着说，人家会折行。其实，知道内情的，就明白，那是没有办法，写不完不折到下一行，那放到哪儿去啊？相比之下，中文就没有这个故障。由于字符、字母本身的存在形式不一样，同样多的含义，用文字印刷在纸面上，在大多数的场合，英文一定比中文占的篇幅多。比如 100 个单位的含义，你拿英文来翻译，假如它是 100 页，那么中文的翻译呢，要不了 100 页，可能 80 页就够了，明白了吧？也就是说，你如果是阅读中文的文献，你也许只需要阅读 80 页左右的文献就可以把这些文献看完。而西方人呢，他可能要看 100 页，他比你多看 20 页左右。这当然是举个例子，不一定是那么精确，可能有时候这个比例还大一些。

这样一来就会造成什么后果呢？两大后果。一个后果就是我们搞翻译的时候，我刚才说了在文采方面可能不知不觉要超过莎士比亚。为什么啊？因为你翻译莎士比亚十四行诗的时候，发现用较少的中文就可以把莎士比亚的意思传达过来。有时候你用四、五个汉字（相当于四、五个音节）就可以把莎士比亚用七、八个音节才能表达清楚的内容翻译过来。在现代汉语诗歌里，四、五个字太少，作为诗行，长度还不够。如果还不够，你是不是还有余地再塞入一些词汇啊，比方说形容词、副词，反正比较美的词，在不损原义的情况下，你其实还可以加上一、两个字或词帮助修饰修饰，把这行诗弄得更漂亮一点儿。从纸面上的诗行排列来看，你有这个物理空间，印刷得下，因此，你要把这行诗修饰得更有文采一点，不费什么劲。那么英文呢，莎士比亚呢，那可不行。因为英文词汇音节多，印刷符号也就相对多，很占印刷空间，所以，即便莎士比亚还有绝妙好词儿，他也忍痛割爱，因为诗行的长度已满，装不下了。莎士比亚写的诗（包括戏剧素体诗），一行里常常有十个音节，十个音节已经满了，而基本意思还未必完全表达完，就不太可能再加更多的修饰语。而中文就刚好还有空间去做这件事。因此，这就解释了为什么中文较好的中国人翻译起莎士比亚来，很容易在文采方面超越莎士比亚。当然，也有的译者不愿意超过，愿意把莎士比亚译得像是一个当代白话诗人在写白话诗，一行行的口语白话，那是另外一回事，不在此论。回到开头的论点，这就是中西语文的语形（书写形式）差别产生的第一个艺术上的效果，或者说第一种文化效应。

第二种文化效应，根据我的研究，也是中外此前谁也没有想到过的。这个文化效应就是：使用汉语的学者比使用印欧语系语言的学者更容易博学。这是一个令人——尤其是西方人——难以接受的结论。这个结论是不是有道理呢？我们先来假定：这里有两个人，一个英国人，一个中国人，他们具有同等的智商，具有同样的勤奋精神，并且用同样的时间来阅读同一本著作。惟一的区别是：英国人只看此书的英文版，中国人只看此书的中文版。现在，大家想想，先看完这本书的是英国人呢还是中国人呢？我的回答是：中国人先看完。为什么中国人先看完？因为如我上面所说，由于字符、字母本身的存在形式不一样，同样多的含义，用文字印刷在纸面上，在大多数的场合，英文一定比中文占的篇幅多。所以，如果印刷字体的中文、英文一样大的话，通常中文版书总比英文版书要薄一点。而中国人、英国人的双眼扫描印刷符号的速度应该是差不多的。因此，在同等扫描速度下，薄的那本肯定比厚的那本先被扫描完，因此，中国人会先看完那本书。除此之外，阅读中文比阅读英文要切实一点，不容易串行。为什么？因为英文是用 26 个字母构成的，各个字母，比如 A、B、C 之类的字母重现率太高了，看起来满篇都是同类书写符号，所以很容易看串行。而汉字是由至少 200 多个部首构成的。东汉许慎的《说文解字》分为 540 个部首；明代《正字通》及后来清朝的《康熙字典》都简化为 214 个部首；《现代汉语词典》

和新版《新华字典》改为都是201个部首。因此，毫无疑问，汉字的基本结构元素远远多于英文字母数，所以相似结构元素重现的比例就大大小于英文，最多是英文字母重现频率的七、八分之一，因此看串行的机率相对要小得多。

第三，更重要的是，由于第二个原因，又引出更多的效应，即英文这种高度符号化的、过分抽象的、相同字母重现率特别高的文字，看多了，大脑容易疲惫。因为相同因素不断复现造成枯燥的单调性，就像催眠曲一样，容易使大脑的活力降低。读这种文字太多、太久，有可能使某些西方人（尤其是儿童）患上失读症。而与之大不一样的是，汉字是象形意味很强的东西，有图画性的因素，趣味性略强，它所带来的刺激性要大一些，所以读者大脑的疲惫感相对就要轻一点。所以，美国费城一位心理学家发现拼音文字容易让某些美国儿童患失读症，他鼓励这样的孩子学习中文，于是治好了孩子的失读症。[3]

第四，在传统中国，中文书是竖排的，阅读时是从上往下，头也随着上下运动。中文书也可以横排（例如现代的中文书），阅读时，从左向右，头也随着左右扭动。而英文书却只有从左向右（左右扭动头）一种形式，相对于中文书，阅读英文书的行为也要单调、机械一些，这对阅读效果也是有负面影响的。

总之，在相同的若干条件下，在单位时间内吸收同等信息量的时候，肯定是一个中国学者要优于或要快于一个西文学者！换一种说法：在同等条件下，一个中国学者没有办法不比一个西方学者更博学，对不对啊？在同等条件下，同样的勤奋，同样的智力，中英的这两个人看一辈子的书，如果那个中国人看了3000本，那西方人也能看3000本吗？我认为英国人不能，他至多只能看，比如说，2800本。那他就比中国人少看200本。这个差异是很大的。不要说少看200本书，就是少看一本书，有时你都觉得你比别人落后了很多。所以中国学者没有办法不比西方的学者博学一点。

可是中国人知道这个规律性的东西吗？不知道。因为中国人近百年来一直是跪在西方人面前的，他不知道自己的文字还有这个优势，还会带来这种好处。明白了这些道理之后，你就当然不仅仅是在我讲的这么一个狭小的翻译领域，实际上会在更多的其他领域中受益无穷。在座的都是双语通了，如果你们这一辈子善于 switch back and forth between Chinese culture and Western culture（穿梭于中西文化之间），你会得到很多、很多的东西。关键是看你怎么样把这两样东西从语言差异的角度协调好。我讲的东西不只针对翻译现象，希望大家举一反三，触类旁通，取得更大的收获。

4、中西语文语法差别带来的文化效应及翻译问题

中西语文的语法差别带来的文化效应是巨大的。我这里只能简单陈述一下原理，大家根据这个原理引入翻译研究，就会发现要写很多文章甚至很多本书才能把这些问题完全展开加以研究。

所谓语法差别，包含词法差别和句法差别。词法方面，汉语言文字没有印欧语系语文那种前缀、后缀、时态、语态及性、数、格等一大套东西。这样一来就造成它的定位功能相对灵活，你把一个汉字放在哪个地方它往往都能达意。它现在是名词，你把它的位置挪一下，它就成了动词，或者形容词。它的外部形式不发生变化，而它的表义功能随着位置的变化却可以灵活地发生变化。所以它在这方面的创造性就非常高。但是印欧语系语文则不然，它的定位功能很机械、有相对的固定性。它的定位功能附着在词汇上，你即使换了位置，动词还是动词，形容词还是形容词。在拉丁语中，你可以把一个句子中的各个成份打乱次序排列，人们还是能够一眼就认定哪个是名词，哪个是动词，哪个是主语，哪个是宾语。它的每个词汇似乎都有一个档案袋跟着一样，相互之间的关系是比较明确的。这样的语文的好处是表意比较稳定，每个词各司其职，有相对严密

的等级关系，是一种法律性语文。它的优点是限制性强，表意上有助于提高微观局部性准确程度。缺点是过分机械、死板，词汇本身的功能不能随意发生变化。而且追求一义一词，就会造成词汇越来越多，结果在数量达到以百万计的词汇面前，等于人人都是半文盲。中国的汉字在这方面则非常自由，你爱怎么安排就怎么安排。每个字有相对独立的形态，不容易受前缀、后缀、时态、语态及性、数、格等一大套东西的干扰。记住一个字，就是一个字。不像英语，你记住一个 do（干、做），还得记住它可以变化为 did，doing，done，does，加上与人称、性、数、格等相匹配的时态语态，不会少于二十种存在形式。它的动词还有许多是不规则的。最要命的是，大多数的不规则动词，恰恰就是使用频率最高的动词。为什么会发生这种现象？我认为，最常用的动词正因为使用频率高，经过千人万人的辗转使用，发生流变讹传的机遇也就相对高于普通的较为偏僻的单词。因此印欧语系语言的总体发展趋势是越来越不规范，直至最终孳生出多种语言和文字。印欧语系语言之所以种类繁多，就与此相关。

而汉语言文字却相反，越来越走向统一与规范。原因何在？就在于它的语形书写方式比较固定，同时又没有太多的诱导自身发生变异的词法语法形态，以及它具有比较固定的一字一音的标音形式。所以汉语言文字再流传几千年，其基本形态仍然可以保持比较统一的形式，而不至于孳生出几十上百的其他汉语言文字体系。这一点极为重要，因为它的统一也意味着汉民族的统一性会是非常稳定巩固的，不会像西方那样孳生出许多民族。当然，这种优点也是汉语的缺点，它的词法结构、语法结构过分灵活，法无定法，无法可依，也就不容易往缜密严谨方面发展，它在表意上就难于借助词法和语法形式来达到更高度的精确，而必须要借助语形结构等等来加以弥补，从而达到一种宏观性整体精确效果；而印欧语系语言则可以直接借助词法和语法等形式在表意上达到一种微观性局部精确效果。

这种语法差别还产生别的一些文化效应。典型的例子是用中文写的回文诗，顺着竖着你都可以念通，一首诗歌通过从不同方向来吟诵，可以产生出几十、几百、甚而至于上万种诗歌来！这把中文的这种灵活的创造性功能发挥到了极致。这种语言文字势所必然地把文化引向一个方向。用汉字书写，表意非常生动。比如你写一个山字，看起来就非常象一座山（当然现代汉字中这样的象形字已经大大减少）。这样就弥补了它在逻辑性方面的相对不发达特点。根据我的观点，任何事物都是这样的：任何事物在一个方面有缺陷的时候，就往往会诱导出另外一种因素来弥补，相反也是这样。所以语言的形式与功能总是利弊相对存在、互转互根。

此外，词法、句法的严谨形式虽然有助于西方人陶冶他们在思维方式上的严谨性，但是由于要掌握这种语言的繁琐形式必须花很大的功夫，因此从学习成本方面来看待这个问题的时候，会发现它的这一优点又在一定程度上被抵消了。

我现在再把上面讲过的内容小结一下。我侧重从中西语言文字的语音、语形、语义、语法四个方面比较它们的同异及其相应的文化方面效应。综合起来，我们可以说，汉语言文字的多维立体建筑性因素多一些，而西方语文（主要以印欧语系语文为例）则主要是单维流线型的因素多一些。汉语言文字的象形意味较浓厚，印欧语系语文符号化的东西比较多一些。汉语的自然性特点比较强，而印欧语系是抽象性那种意味要强一些。汉语言文字是多向综合型的，而印欧语系往往是单向推理型的。汉语言文字跟自然界是贯通的，而人与景容易交融，可以说汉语言文字容易鼓励主体去跟自然沟通，因此它往往趋向模塑出一种情理性的文化。而印欧语系语文所诱导出来的东西往往是事理性的东西容易占上风，因此它往往趋向模塑出一种事理性文化。通过比较，我们会发现汉语言文字的艺术性很强。同时如果它的艺术性强的话，反过来就意味着它的抽象符号性相对弱一些，而西方印欧语系语文显示出的抽象符号性就要强一些。中国文化因此往往呈现比较强的画面形象感，而西方的文化则呈现出较强的思维轨迹感。所以，我又认为中国的文化实际上是一种视觉性为主的文化，而西方文化则是一种听觉型为主的文化。当然两者往往是交叉的，兼而有之，程度不一样。我还可以说中国文化是语形为主的文化，而西方的文化是语法为主的文化。从这一点而言，就可以解释为什么中国文化几千年来的语言文字研究中，其文字学特别发达，中国的古代语言文字研究叫作“小学”。而西方文化是语法文化，因为它的语法学特别发达。中国文化的灵活性特别强，条分缕析的东西要相对少一些，它容易走向兼容和折衷，因此它的稳定性强，不容易走极端。而西方文化条分缕析的东西多，同时死板的东西也就要多一些，因此它容易走到极端，并且它总是要走到极端才能回头。所以中国的这种文字容易诱导暗示出文字导向型的文化，而西方则容易产生语言导向型的文化。以上是用语言文字的基本特点的比较来解释文化的差异，算是做了一个小结。

由此过渡到翻译问题。只有了解了上面的语法差别及文化效应，我们才能相应拟定我们的翻译对策。只要掌握了某种原理，再用它来阐释相关的现象，就是一件相对说来比较容易的工作。但现在由于时间关系，关于如何应用上述原理来阐释翻译问题，我只好从略，留给诸位自己去进一步发挥，下面只作简单阐述。

比如将唐诗、宋词、元曲翻译成英文，第一个问题就是如何使用人称代词。在诗、词、曲里，人称代词常常省略，翻译成英文就往往要根据具体情况加以补充，英文才有可读性。如果老是采用被动句法结构来试图避免增添人称代词，以求所谓的忠实，结果就会影响英文行文的流畅程度。当然，有时增添人称代词也要小心，因为原作究竟略掉的人称代词是什么，有时不好确认，也有可能几种人称代词都是可行的，这种情况增添了中文诗的灵动性、多义指涉性。英文却往往只能选用一种代词。在这种情况下，中文的模糊性带来的艺术审美功能被显示出来，但也同时构成设定翻译对策时的难度。

又如，古典中文里常常省略系词或谓语动词，使行文简洁。而英文由于语法要求，必须加上必要的系词和动词才行。如果模拟中文的句法形式，偶然也有奇效，但是，在大多数的情况下，会使译文诘屈聱牙。这些都必须加以仔细处理。

再如，翻译诗歌时，英文重事理性，汉语也应在这方面特别小心，不宜只在发挥汉语图画性的时候，忘记或弱化了汉语句子的逻辑联系。

5、思维模式、增色减色、文化因素及诗歌翻译对策等等

中西方人的思维模式是不同的，我们在翻译任何一个英语句子的时候，要常常注意其中潜在的思维模式与中国人的思维模式的差别。你也许会觉得一个英语句子很别扭。为什么很别扭？别扭的原因是你以中文的思维模式去套它，你觉得哪些话是该先说，哪些话该后说，而英文语序却是反的。其实它在英美人心目中不是反的，因为英美人的思维模式就是那样的。西方人思维模式我也概括过，例如，西方人思考事物时，容易习惯性地由近到远，由微观而宏观；而我们则倾向于由远到近，由宏观而微观。什么叫由远到近、由宏观到微观呢？你看信封上的地址及收信人的写法就能看得出来。你比方说中国人给我写信，信封上写“中华人民共和国北京大学外国语学院世界文学研究所辜正坤收”，我就收到了。请注意地址顺序：大的地址，如“中华人民共和国”，宏观的东西，放在前面，然后是比它小一点，再小一点的单位依次放在后面，最后才是我这个人，辜正坤，这是最小的个体。但你如果是英国人，用英文来写这信封，你就得把顺序颠倒过来，先要写最小的这个个体“我”，辜正坤，于是“辜正坤”在西方人思维习惯里变成信封中最重要的角色了，然后才是依次比辜正坤更大一点的单位，直到“中华人民共和国”，这是不是从微观到宏观？在澳大利亚悉尼大学演讲的时候，我把这个信封的写法排列出来，给他们讲，他们很惊讶，有的人惊讶得口都合不上：“啊，中国人写信封都不会写。”他们有的人觉得你这个写法是错的：你怎么那样写啊，应该先写自己的名字嘛，然后再写大一点的单位，然后是更大的单位。他觉得应该是这样才合逻辑，才符合事物的本来面貌。所以两大类民族的思维模式是冲突的，非常明显。

那么，翻译的时候，我们很多时候是不是必须进行这个思维模式的转换？为什么同一个英语句子，这个人翻译出来，中国人一看很好懂；那个人翻译出来表层结构上很“忠实”于原文，但是读起来总是觉得磕磕巴巴的。为什么？因为那个人没有进行思维模式转换，或者说逻辑顺序转换，没有转换成中国人的习惯说话顺序。如果你依据中文特有的行文习惯调换一下，就突然变得很容易懂了。当然不是说这个逻辑转换在任何场合都是对的，因为在进行文学作品翻译的时候，有的时候那是作家本人的特殊要求、规定、设计，你不能随便改。但是，如果他主要是要表达一种含义，像哲学、法学、伦理学这类思想的，我们是以翻译其中的含义为主的，那么我们就有必要进行这种转换。思维转换了之后，你一看译文，文从字顺，读起来很舒服、很容易懂。对于以含义为主的文类，把它的含义翻译出来是最重要的，形式是第二位的。但是对于某些艺术性作品的翻译，有时形式比内容还重要，要依据不同的情况，制定不同的标准。这样的翻译标准，我把它叫作多元化翻译标准，有关的理论，我称之为翻译标准多元互补论。翻译标准有很多种，这些都是植根于我刚才说的那些语言文字所带来的思维模式、审美模式之间的差异，并由此产生许多的翻译对策或者翻译技巧，这个我就不展开讲了。其实如果你把我前面讲的道理理解透彻了，再联系相关的翻译现象，你就可以写很多论文了。你即使进行翻译实践，也自然会有许许多多的方法，而绝不会拘谨于一种或两种方法。

多样化的翻译技巧与方法应对多样化的文化现象、文化差异，是在不同的文化背景下必然要产生出来的不同的技巧和方法。我们不说别的，单说翻译的文采问题该如何处理。比如说英译汉。我前面说过，你们在座的诸位，不是我一个人啊，在翻译莎士比亚的时候是有可能一不小心就在文采方面超越莎士比亚的。当然，我不是说，其他所有方面我们都能够超越莎士比亚。我只说在文采方面，在英译汉时，有这种可能。其中的道理我上面已经阐述过了。不过我还要补充说，尽管由于中文有自己源远流长的大量的描写性词汇积累，有独特的表述方式，还有它的印刷符号所占的印刷空间相对较少等等因素，它有天生的某些优势，所以能够给中国译者带来文采方面的超越机遇，但我还是不主张多做超越，超一点点就行了，超过多了其实也是一种歪曲，一种 distortion。

这种稍稍超越一点点的翻译对策或技巧，我叫作增色翻译技巧。当你把英国的诗歌翻译成汉语的时候，你不知不觉地会在文采上稍稍增加一点儿色彩。你如果执意不增加当然也可以，但那样一来，你的译文就可能冒着枯燥乏味、死板单调的危险，念起来有时就跟喝白开水一个效果，不像醇酒那么醉人。

中国人读西方诗歌有一种预期心理，他相信西方诗人不是笨蛋，写的诗歌一定是很美的。可读了有些人的译文，干巴巴的，完全是白话，不是诗，没有文采，真的不怎么样，他就会很失望：原来西方的所谓大诗人也就这个水平。实际上，西方大诗人的作品当然不是干巴巴的，他们一样非常讲究语言艺术，讲究音美、形美、意美；此外他们还特别注重意巧、意深。这都是需要高度的语言技巧的。西方诗的形容词可能不像汉语这样堆砌这么多，但是它的语言绝对是非常有音乐感的，绝对不是简单的口水话或白话！它有时看起来好像是白话，其实根本不是。它即使完全不押韵，它每行诗句的内在节奏，那种旋律，仍然是非常明显的。所以它的“文”和“采”更多地表现在这方面，往往达到登峰造极的地步。不信你就读读英文的艾略特的《荒原》(The Waste Land) 或法文的波德奈尔的《和弦黄昏曲》(Harmonie du soir)，或德语的歌德的诗剧《浮士德》(Faust)，你看他们的作品的音乐性真的令人感到震撼！

可是，在翻译成白话汉语诗的时候，我们还感受到类似强烈的音乐美吗？大多数译作在这方面很难与原作媲美了。为什么？是我们根本就办不到吗？不是，是我们的翻译理论出了问题。有的人理解的“忠实于原作”，就仅仅是把诗歌的意思用白话汉语翻译过来，并且也模拟性地加以分行，好像就算完成诗歌翻译任务了。不对。诗歌首先是一种语言艺术。如果原作是一种令西方人如醉如痴的语言艺术品，译作也应该是类似的语言艺术品。有的译作尽管也还算得上是流畅、正确的语言产品，却称不上是具有魅力的语言艺术品。“月亮挂在草屋子的上空，有鸡在叫；屋外的木桥上有一层霜，霜上有人走过的脚印。”这样的句子当然也有诗的意境，不过很多人都能够说得出，写得出。但是“鸡声茅店月，人迹板桥霜”这样精美、凝练、动人且具工稳的对仗形式的诗句却很少有人说得出、写得出，只有真正的诗人才写得出。因为后者的语言运用达到了真正艺术的高度。其中每个汉字的含义、音色、音调、位置，都是经过诗人千锤百炼地琢磨、煞费苦心地经营，才结晶成这两行诗句的。它们绝非随随便便的简单白话汉语的排列组合！相比之下，“月亮挂在草屋子的上空……”这样的白话很像是这两行文言体诗歌“鸡声茅店月……”的白话翻译或者说白话解释。同样的道理，现当代中国的大量英诗汉译，实际上也很像是把大量格律谨严的西方诗歌（纯自由体例外）翻译成了阐释性白话。只从表意的角度看，这样的翻译是比较接近原作的，但是在诗歌的最关键的音乐美和修辞美方面却往往不能令人满意。换句话说，它的味儿太淡，文采不足，缺乏冲击效果。表面上的含义忠实至多在意象美和事象美方面做得较好，可是在音象美、视象美、味象美方面就很难达到艺术的高度。

怎么办？利用汉语本身的特点，可以稍稍把它们美化一点点，这叫增色译法，稍稍增加一点“文”的成分，因为“言之无文，行而不远”。既然汉语它本身有这个优势，应该因势利导地利用它，否则翻译文学本身的功能就无法更好地实现。

以诗歌翻译例如莎士比亚十四行诗的翻译为例。翻译莎士比亚作品可以有各式各样的风格。目前的许多莎士比亚十四行诗译本诚然都各有长处，但在修辞风格上、在文体上绝大多数都是纯白话译诗，这显然是不足的。大家想想，那种纯白话译诗是真正的莎士比亚十四行诗吗？莎士比亚，四百多年前的诗人，相当于中国明朝汤显祖的同时代人，怎么会写出300年后才在中国出现的现代白话诗？！至少在莎士比亚时代，真正的英国诗人都写格律严谨的英语诗歌，不写白话英诗。除非是蹩脚的诗人无法驾驭起码的诗歌写作规则而写出蹩脚的英语诗歌时，才退化成了白话英语诗。强行把古人现代化的做法也可以存在，但是不值得提倡。当然，在别的许多非文学领域，例如哲学、伦理学、法律学、医学、科学技术等，翻译文字使用浅显易懂的白话是值得鼓励的，因为这些领域的主要价值在于含义，而不是表达含义的语言形式或语言符号本身。含义要被明白，用浅显易懂的语言最经济实惠。所以将它们翻译成白话文是对的。然而文学、尤其是诗歌，其主要价值则不仅仅在于含义，而且还在于，有时甚至更在于，其独特的语言形式。大家可以参阅我在1989年以前所写的若干有关诗歌翻译的文章。（见辜正坤《世界诗歌鉴赏五法门》，收入辜正坤主编《世界名诗鉴赏词典》，北京大学出版社，1990年。）

那么使用什么样的语言形式来翻译文学作品、例如诗歌作品呢？

多种形式都是可以容忍的。但是有的形式可能包含的审美功能更强烈一些。对于英诗汉译而言，我认为，甭管采用哪种形式，应该让汉语译诗本身念起来是美的。如果原诗很美，译诗也应该很美，尽管不可能完全是同质的美（因为语言形式改变了就不可能有完全同质的美），但至少在审美程度上或强度上，译诗的审美功能与原作的审美功能有相似性。换句话说，如果大家都知道莎士比亚的十四行诗是很美的，而你翻译出来的汉语莎士比亚十四行诗在不违背原意的条件下也让人感到它很美，那么你就在这个方面获得了成功。这样的理论阐述也许还需要用具体译例来加以进一步证明。下面我们就来证明。

莎士比亚十四行诗第 29 首（Sonnet 29）是大家很熟悉的一首诗。根据上面的道理，我打算用稍稍带一点文言的形式来翻译它。可不可以用现代白话文？当然也可以，我也用现代白话翻译过。但是 400 年前的诗应该是古诗了。古诗用古体，门当户对，是不是就完全对应？也不一定。古体的古雅程度至少有三种情况。有晦涩难懂的古，有中等程度的古，有浅显易懂的古。从古诗的格律角度来看，也有至少两种情况。有格律严谨的古体，如律诗、绝句、词律、曲律等；有格律宽松的古体，如五古、七古、或乐府民歌体等。综观这种具体情况，我选择了一种折衷性质的词曲风味体来翻译莎士比亚十四行诗。这种形式的特点是：(1) 绝不照搬旧体的格律，但是可以根据需要，灵活地继承旧体诗词曲的某些音韵使用技巧；(2) 绝不照搬旧体七律、五律、七古、五古的建行形式，但是可以灵活利用词曲体伸缩自如的建行形式，例如其诗行的长短形式；(3) 在词汇风味方面，不照搬晦涩的古诗、词曲用语，但是可以灵活采撷若干浅显易懂、优美规范的诗词曲文言用语。根据这三条原则，我就既可以打破原来过分严谨的的旧体文言诗词曲格局，也可以融入某些现代表达情趣，使传统古体诗词曲在译诗中获得新的生命，同时也打破了现行的白话体过分口语化、严谨程度不够的缺陷。换句话说，词曲体风味译诗，是传统词曲体诗歌与现当代白话体诗歌的一种融合形式，一种过渡形式。它试图走一条中庸之道，抛弃二者的极端性特点，在过度严谨和过度放纵之间找到一种协调，使延续三千年的传统诗歌美感链条与诞生于最近的百年新诗（白话体诗）美感链条能够有机地结合起来。这种诗体不是真正的词曲体，也不是真正的白话体。它虽然首先以一种翻译诗体的面目出现，其实，整个中国现代文学的新诗体中，它也应该占一席之地！有时我甚至认为，它应该是现代中国诗体的主要发展方向的标志。

Sonnet 29

When, in disgrace with fortune and men's eyes,
I all alone beweep my outcast state,
And trouble deaf heaven with my bootless cries,
And look upon myself and curse my fate,
Wishing me like to one more rich in hope,
Featured like him, like him with friends possessed,
Desiring this man's art and that man's scope,
With what I most enjoy contented least:
Yet in these thoughts myself almost despising,
Haply I think on thee, and then my state,
Like to the lark at break of day arising
From sullen earth, sings hymns at heaven's gate;
For thy sweet love remembered such wealth brings
That then I scorn to change my state with kings'.

第二十九首

奈时运不济，又遭人白眼，
恨世道难处，独涕泪涟涟，
呼唤，徒然，叵耐这聋耳的苍天！

又顾影自怜，只叹命乖运蹇。
我但愿，愿常怀千般心愿，
愿有人才一表，有三朋六友相周旋。
愿有如海学识，有文采斐然，
私心儿偏把自家的长处轻看。
妄自菲薄如我啊，真堪叹！
忽念转君处，喜境换情迁，
正曙染星淡，如云雀翩跹，
离浑浑人寰，讴颂歌一曲天门站。
但记住您柔情招来财无限，
纵帝王屈尊就我，不与换江山。
（辜正坤译）

这就是浅显易懂的带有词曲风味的译诗。从音美的角度看，它不用莎士比亚原来的韵式：ABABCDCDEFEFGG，而用了传统的一元韵式，押 /ian/、/an/ 韵："眼、涟、天、蹇、愿、旋"等，响亮、悦耳。当然，也可以用莎士比亚的原来的韵式译，那是容易办到的。因为多元韵式比一元韵式要稍稍容易一些，如果你能用一元韵式译，当然就能够用多元韵式译。多元韵式意味着频频换韵，频频换韵有助于扩大押韵词的范围，减少了押韵的难度。为了让读者了解莎士比亚押韵格式的原貌，我总是在译文的脚注里或在别的什么地方，通常注明莎士比亚原诗的韵式，以便读者对莎士比亚原作的音韵格式有较准确的把握。大家一眼就看得出来，一元韵式符合中国读者的审美情趣，很容易上口，让中国读者立刻进入诗的音美感受领域，减少了理解成本，是很值得尝试的。

从遣词造句的角度看，"时运不济"，"遭人白眼"，"顾影自怜"，"命乖运蹇"这类的用语，都是中国读者熟知的用语，在大多数情况下，跟白话一样的浅显易懂，但是却比白话更凝练、更工整、更有节奏感，因而也承载着更多的审美信息，读起来明显更具诗味。有的人认为滥用四字词会使文章陈腐，这表面上有一定的道理，但实际上是废话。因为说这话的人要记住："滥用"才会使文章陈腐；用得好，用得贴切，则会使文章生辉。四字词之外的单字、双音节词或多音节词等被"滥用"了，会使文章更加陈腐。我们常常抱怨有的人写的文章通篇口水话，往往就是因为这些人在运用汉语四字词方面缺乏应有的造诣。

He is a great man worthy of the name. 可翻译成："他是一个名副其实的伟人"。"名副其实"就是一个四字词，用在这儿，又简洁，又贴切。可是却有人偏偏翻译成："他是一个其名声和成就都一致的伟人"。这样的译文就是没有发挥四字词的优势，所以显得别扭、罗里罗嗦。

实际上世界上任何一种语言因素被"滥用"了都会使文章变得陈腐，不独独四字词才是这样。就汉语而言，从一个人如何灵活运用四字词（尤其是成语之类的用语）方面，我们可以窥见他的汉语功力。《古文观止》或萧统《文选》中的大多数作文大师，在运用四字词方面，往往都极为出色。像《滕王阁序》、《岳阳楼记》、《前赤壁赋》、《后赤壁赋》这些赢得千古赞誉的美文，其中的四字词比例，至少高达百分之五十以上！[4] 所以，我们要特别留心，四字词是中文的一个典型特征，也是一种优势，在这方面印欧语系语文就比较欠缺类似的特点，因为印欧语系语文存在太多的冠词、介词、助词，尤其是时态、语态等繁琐的因素，很难产生工整的固定结构、例如四字词组合结构，研究翻译的人要特别注意这类中西语文句法结构差异带来的问题及解决办法。

当然，我也不是主张莎士比亚的十四行诗只能译成上面这个风格。我是翻译标准多元互补论者。我主张多种风格并存，为了弥补一种译文本身可能存在的偏颇性，白话译文也理所当然地应该得到鼓励。实际上我们现在的翻译界里就有多种译文存在，比如莎士比亚十四行诗集就有十几种译本。不过这些译本几乎全部是白话文译本，没有一个是格律相对更为严谨的译本，例如词曲风味的译本。我的译本里的译诗也绝大多数是白话文，里边只有几首是词曲风味体。只不过在措辞上，我的白话文译本更追求语言凝练、有节奏感，韵式上贴近中国的传统诗歌，语汇上更注意继承古代和现代的诗歌语汇遗产。

有一个问题值得在这儿略加讨论，这就是：近年来，越来越多的人感到白话体译诗是一种比较容易的体裁，对译者文学素质的挑战性显然不如词曲风味体译诗那么大。这是为什么呢？追溯起来，问题很容易得到解答。这就是五四以来的白话文运动，把我们近三千年来的诗歌欣赏这个传统的联系给打断了。传统诗歌受到压制，白话诗崛起。用白话体写作或翻译的诗人在传统诗歌方面的修养常常不足。白话诗崛起之后，很快发现自己需要新的格律，于是有些人想创立新的格律，却不成功。其实古代诗歌在这方面已经达到登峰造极的地步。白话诗抛弃这个传统，拒绝遗产，想要另起炉灶，想要与古代诗歌保持一定的距离，表明自己是新鲜的诗体，结果无异于作茧自缚，盲人骑瞎马地折腾了几十年，始终没有取得突破性进展。搞得连大力支持白话新诗的毛泽东也说白话新诗几十年来“迄无成就”，即使给他 200 块大洋，他也不愿意看。这是什么原因？原因就是白话诗太白话了，从很文的诗倒退回去，强行把诗改成完全的话。从某个方面看，这种尝试也并非毫无意义，白话诗作为一种新的体裁，拓宽了人们的创作空间。同时，白话诗降低了写诗的技术要求，可以在诗歌写作的普及方面起到一定的促进作用，让普通老百姓也可以进入这个领域。

另一方面，我们也没有必要把古文与白话文完全对立起来。古文有深奥的浅显的古文之分，白话也有晦涩的和浅显的区别。从明白易懂这个层面看，其实古代的很多诗也是白话味相当浓厚的诗，比如白居易的很多诗、元稹的很多诗、元朝明朝的许多曲子（小令）

等，实际上就是高档次的白话诗。可是，五四前后的某些学者，总觉得这个白话程度还不够，非得把诗弄得跟口语一模一样，说是要“我手写我口”，这就走到极端了。诗歌是高级的语言艺术产品，是歌曲一样的东西，怎么会跟白话口语完全一样呢？诗歌是一种非常特殊的文学形式，或者用西方人的观点说，它是一种 deviation from the norm（是对常规性东西的偏离）。

诗歌与口语关系也是这样。人人都会口语，口语就是一种 norm，一种规范（常规性的东西），大家说惯了、听惯了的东西。你的诗歌如果口语完全一样，一点没有偏离口语，它就不是诗、不是歌。如果说出来的话就是诗，那就不用专门写诗了，天天说就行了，叫做出口成诗。诗有些独特的东西，有一种 abnormal（不规范）的东西，它跟 normal（规范）的东西刚好不一样。所以，白话诗运动实际上走过头了，走过头了也就是走偏了。当然，我不是说，白话诗歌不该存在；我是说，白话诗可以成为一派，成为一种风格，一种重要的风格，但是不能独尊。我们不能因为有了白话诗就不让古体诗存在。

那么，五四时代的一些学者为什么有了白话诗就排斥古体诗呢？那是受了西方人思维模式的影响。西方人的主流思维模式叫作二元思维模式，二者择一，认定真理只有一种，道路只有一条，标准只有一个，上帝只有一尊……，要么 A，要么非 A，拒绝兼容两种或多种可能性。当时的某些激进西化学者认定白话诗是真理，于是古体诗就不是真理，不是真理的的就成了摒弃的对象。结果从那以来，全国所有的报纸刊物基本上都只登白话诗，不登古体诗。当然，也有例外，谁例外啊？像毛主席、朱总司令、周恩来总理等就例外。他们还写古体诗，还有些学术界的大人物也在写。但是 1949 年以来全国发表的全部诗歌中，古体诗歌绝对占不到百分之一！毛主席提倡白话诗，可他自己还是觉得写古体来劲。他曾说白话诗“几十年来，迄无成就”，对白话诗评价很低。

当然，毛主席也可能把话说得太极端了，其实有些白话诗写的也是挺美的。我收集了近百年来的大量白话诗，主要以写得精美为选诗标准，编成了一个集子《中国二十世纪纯抒情诗精华》，由作家出版社出版了（1991 年）。我认为那里面的白话诗，写得就很美。从纯审美的角度看，它们还是比较成功的。但是整体说来，它们毕竟是无法与三千年来的古体诗词曲抗衡的。至少在遣词造句的丰富多彩和格律严谨方面，白话诗与古体诗相比还差得远。我想，毛主席是从整体成就来看这个问题的，因此他认为白话诗并不成功。

那么为什么白话诗难以取得预期的成就？因为它违背了中国语言文字本身的发展规律。古典诗歌这种传统形式，是几千年慢慢自然演变、进化、凝缩出来的一种形式，你怎么能够一下子将它全打翻了呢？合理的处理办法是让二者同时存在，古体诗、白话诗，两者都可以是花朵啊！作为当代中国人，我们应该像古代中国人那样心胸开阔一点，不要搞一花独放，而要搞百花齐放，那才是春。

在翻译领域也是这样。大家看到的是铺天盖地的、清一色的白话文翻译，文言的翻译、或者说带点文言味的翻译几乎绝迹。当然很多人现在也想试着做一下，但是由于汉语功底不够，做出来当然就有点别扭。人们读了这些别扭的译文却误以为古文就是这样别扭的。其实古文不别扭，是人们掌握古文的能力有限，没把它表述好。因为自从民国提倡白话文教育以来，近数十年来的两、三代人都失去了系统接受古文训练的机会。只有极个别的学者还执着于古代文化，没有丢掉这个传统，他们成了当今中华民族极其宝贵的文化财富。想想这是个多么惨痛的教训。好在现在国学热正在升温，在 30 年内，新的国学大师还是会产生的。如果说我们在座的诸位在国学方面已经是成为残废了，那至少要让我们的后代、我们的儿童不能成残废，我们一定要让我们的孩子成为比较全面发展的一代人，既懂西方的也懂中国的，既懂文言的也懂白话的。鲁迅曾经喊过“救救孩子”的口号，他认为“古久先生”倡导的“仁义礼智信”之类的东西是吃人的东西；

时过90年了，我们现在也要喊“救救孩子”，因为那些反对“古久先生”的人矫枉过正了，把传统中国文化踹得稀烂，造成后辈盲目抛弃祖宗留下的文化遗产，拿“物竞天择、适者生存”这种弱肉强食的思想来戕害我们的孩子，使他们连简单的文言文都读不懂，更不用说文言写作了，因此我们要大喊：“救救孩子！”

在翻译领域，凡是缺乏文言文训练的译者，其白话译文也可以比较好，但是无法进入最高层次。这个道理很简单：古文有数千年的语汇积淀，现代白话文才只有数十年的语汇积淀。二者不可同日而语。就像英美的学者、译者都精通西方古代文化一样，中国的学者、译者也应该至少精通中国古代文化，并且还要相当熟悉西方文化。知识和眼光势必会影响我们翻译的对策和技巧，至少使我们在理解翻译现象和研究翻译现象方面有所收获。

下面我再举一首莎士比亚的十四行诗，比如说第66首，并结合它来稍稍讨论一下翻译问题。

Sonnet 66

Tired with all these, for restful death I cry,
As, to behold desert a beggar born,
And needy nothing trimm’d in jollity,
And purest faith unhappily forsworn,
And guilded honour shamefully misplaced,
And maiden virtue rudely strumpeted,
And right perfection wrongfully disgraced,
And strength by limping sway disabled,
And art made tongue-tied by authority,
And folly doctor-like controlling skill,
And simple truth miscall’d simplicity,

And captive good attending captain ill:
Tired with all these, from these would I be gone,
Save that, to die, I leave my love alone.

大家注意，莎士比亚十四行诗的最后两行往往是点睛之笔，按理说，是应该押全韵的。但是这首诗的最后两行却没有押上全韵。gone 和 alone 发音明显不同啊。可是莎士比亚还认为自己是押了韵的。也就是说，他认为 gone 和 alone 是协韵的。gone 和 alone 也押韵吗？这叫什么韵？学过英诗格律的人知道这叫 Eye Rhyme。你想莎士比亚是大家，居然在押韵方面也这么为难，逼得连拼写同而发音不同的单词也一样算押韵了，没有办法，如前所述，这是由于英语本身的某些缺陷造成的。

难耐不平事，何如悄然去泉台！
休说是天才，偏生作乞丐；
人道是草包，偏把金银戴；
说什么信与义，眼见无人睬；
道什么荣与辱，全是瞎安排。
少女童贞可怜遭横暴，
堂堂正义无端受掩埋；
跛腿权势反弄残了擂台汉；
墨客骚人官府门前口难开；
蠢驴们偏挂着指谜释惑博士招牌；
多少真真话错唤作愚鲁痴呆；
善恶易位，小人反受大人拜。
不平，难耐，索不如一死化纤埃，
待去也，又怎好让爱人独守空阶？
（辜正坤译）

大家注意，这首译诗押的什么韵？[ɑi]、[ɑi]、[ɑi]、[ɑi]，一韵到底，是不是？从用语风味来说，它显然有文言风味，但从明白易懂方面看，它跟白话诗实质上没有什么差别。它只不过比纯粹的白话偏离一点儿。而恰恰是那种偏离的成分构成了诗歌所需要的那种特殊风味，对不对？比如第一行“难耐不平事，何如悄然去泉台”，你如果一定要把它弄成口水话，说“我真的受不了这一切了，我还不如去死啊”，听起来是很通顺，可那和诗歌语言是有距离的。何况原文 Tired with all these, for restful death I cry，刚刚 10 个音节，行末用了倒装，口语会说成 I cry for restful death, 通常不会说成 for restful death I cry！正如“两个黄鹂鸣翠柳”的“鸣”字，在口语中就不会置于“翠柳”之前，而很可能说成“两个黄鹂鸟儿在柳树上叫”；“叫”，动词，和“在”搭配放到句末。这就是诗语和口语的明显区别。诗歌是一种特殊的文学形式，如果跟说出来的话一样，往往还不是真正的诗，还需要提炼、需要浓缩、需要打磨、需要修饰。

此外，“难耐不平事，何如悄然去泉台”这行诗里实际上包含了两行五言诗，节奏感很鲜明。但节奏太铿锵了也容易单调，故中间用“何如”两个字缓冲一下，使五言意味稍稍减轻。下文的“说什么”、“道什么”也是一种类似的节奏缓解法，使句式多变，防止整首译诗变成规则的五言诗体。其实，这首译诗中交错组合地用了二言、三言、四言、五言、六言、七言、八言等多种句式，使它们互相协调。译诗还注意使用排比手段来增强语势，如：“休说是”、“人道是”；“说什么”、“道什么”；“跛腿权势”、“墨客骚人”等。译诗的许多用语都明显借用自传统诗词曲、尤其是曲的用语，用来表达莎士比亚当时想要表达的愤懑情绪，是很方便的，因为元明曲中表达类似情绪的用语非常丰富。

诗歌不同于别的东西，它每个字的位置安排、每个用语的语气是很独特的，须经过巧妙经营才造成某种美。古人绞尽脑汁才把这样的东西折腾出来，我们要好好学习继承，不要轻易把它们埋葬，留下惨痛的教训。

我再举一首莎士比亚十四行诗集中的第 129 首。这是一首色情味很浓的诗。莎士比亚的诗有很多是很色情的。但因为许多教科书把莎士比亚推崇为欧洲人文主义的代表，于是总喜欢说他雅得不得了，不愿意强调他的俗的一面。实际上莎士比亚有时候是非常俗的，个别时候，甚至俗不可耐。他是雅俗两方面兼而有之。我的博士论文写的是莎士比亚，在研究的时候，我发现他的作品、包括那 154 首十四行诗，里面有很多都是脏话，特别脏。什么脏话啊？下流的话，好多用语是写性交的，在熟知伊丽莎白时代英语的学者眼里，是不堪入目的。翻译莎士比亚的时候，前辈译家们是怎么处理的啊？谁都不敢把那些脏话明目张胆地翻出来，就翻成一个别的什么东西代替了。后来的读者看这些代替语当然不知道莎士比亚在说什么，误以为他那些话深不可测。实际上它们就是脏话。梁实秋先生的译文稍微要忠实一点，但是文采上他还不够。其他还有一些先生呢，像梁宗岱先生的译文，也是把脏的这一部分掩盖了，不翻出来。为什么要掩盖呢？因为和传统中国人的审美观和伦理价值观相冲突。翻译出来不讨好，还不如不翻，或故意误译。不过，对于现当代中国读者来说，也许故意掩盖已经不必要了。因为随着改革开放的深入，当代中国人的伦理价值观已经发生了很大的变化，可以容忍这样的文学现象了。其实莎士比亚的诗为什么对伊丽莎白时代的大学生影响很大？据说那时年轻的大学生们常常在睡觉的时候，枕头下都要放一本莎士比亚的十四行诗抄本。为什么？因为那里面跟色情相关的东西多啊，比较符合那些年轻人当时的心理需求。不过，莎士比亚的许多用语虽说是脏话，但是听起来那些字眼表面上并不脏，它们是意思脏。所以我们翻译的时候，就要把握好度，要注意双关，不能把他的用语翻译成赤裸裸的脏话，也不能翻译出来之后，让人根本看不出那里面有脏话的意思。而是要隐隐约约、若即若离、语在此，而意在彼。这样才可能真正地忠实于（近似于）他的原作。

Sonnet 129

Th' expense of spirit in a waste of shame
Is lust in action, and till action, lust
Is perjured, murd'rous, bloody, full of blame,
Savage, extreme, rude, cruel, not to trust,
Enjoyed no sooner but despised straight,
Past reason hunted, and no sooner had
Past reason hated as a swallowed bait,
On purpose laid to make the taker mad.
Mad in pursuit and in possession so,
Had, having, and in quest, to have extreme,
A bliss in proof and proved, a very woe,
Before a joy proposed behind a dream.
All this the world well knows yet none knows well,
To shun the heaven that leads men to this hell.

第一百二十九首

损神，耗精，愧煞了浪子风流，
都只为纵欲眠花卧柳，
阴谋，好杀，赌假咒，坏事做到头；
粗野，残暴，背信弃义不知羞。
才尝得云雨乐，转眼意趣休。
舍命追求，一到手，没来由
便厌腻个透。呀，恰像是钓钩，

但吞香饵，管叫你六神无主不自由。
求时疯狂，得时也疯狂，
曾有，现有，还想有，要玩总玩不够。
适才是甜头，转瞬成苦头。
求欢同枕前，梦破云雨后。
　　唉，普天下谁不知这般儿歹症候，
　　却避不的偏往这通阴曹的天堂路儿上走！

（辜正坤译）

先看开头那一行半：The expense of spirit in a waste of shame / Is lust in action.

有位先生的翻译是："生气浪费在广漠的沙漠里就是色欲在行动"。这是什么意思？有的读者说："哎呀，这是哲理吧"。其实这是句脏话。为什么是脏话呢？这个"expense"在普通英语词典上是"花费、浪费"的意思，"spirit"是"精神"的意思。用当代的眼光看，无论如何不是脏话。但是在莎士比亚那个时代的英语里，这句话就有脏话的意思。有的人把莎士比亚喜欢用的脏话 (bawdy words) 编了成词典，如《莎士比亚脏话词典》(Eric Partridge, *Shakespeare's Bawdy*, third edition, Routledge, 1990)。你一查这类参考书就知道，"spirit"是"精子"的意思，翻译成"生气"，肯定不妥。"waste of shame"，是指每次做爱虽然觉得好玩，事后却又非常愧疚：我怎么又沉溺 (waste) 到这里边来了？自己骂自己，觉得有一种 shame 的感觉。"lust"本来就是"色欲、性欲"的意思。"in action"的 action 不是指普通的行为、动作，不是简单的"色欲在行动"，实际上是指疯狂的性交。当然，我也不主张把这行句子赤裸裸地译出来。我换了一种说法，翻成"损神，耗精，愧煞了浪子风流"，莎士比亚是不是这个意思啊？译成"生气浪费在广漠的沙漠里就是色欲在行动"，在字面和句法结构上比较忠实于原作，但意思表达得不到位，用的又是稍嫌拖拉的白话，不自然，怎么能够把莎士比亚真正想要表达的东西表达出来呢？这种白话译文对有的读者来说，比文言文还难懂啊！莎士比亚可是个文豪啊，这文豪怎么能写这种有点别扭的东西呢？如果莎士比亚懂中文，他跑到中国来看了两种译文，我想他也许会说："唉哟，辜正坤啊，我就是你这个意思，我不是他那个意思。"不过，就翻译标准而言，我也不完全反对上面这种在字面和句法结构上比较忠实于原作的译诗。原作的某些特定形式负载着一定的审美信息，在某些条件下，可以复制、摹拟，但是复制、摹拟者必须注意到：(1) 汉语结构本身的兼容程度；(2) 汉语读者本身对异化句法结构的接受程度；(3) 特别重要的是，照搬过来的句法结构是否会损害原作的深层含义。译者必须在权衡这三大因素后，采用有利于最佳近似度的妥协翻译对策。

另外，"阴谋，好杀，赌假咒，坏事做到头"，这个"做到头"是对应的 extreme。Extreme，指的就是走极端。翻译的时候，要灵活，可以把下一行中某个用语或意群根据需要挪到上面来。"心狠手辣，背信弃义不知羞。才尝得云雨乐，转眼意趣休。舍命追求，一到手，没来由便厌腻个透。呀恰，恰像是钓钩，但吞香饵，管教你六神无主不自由。求时疯狂，得时也疯狂，曾有，现有，还想有，要玩总玩不够。适才是甜头，转瞬成苦头。求欢同枕前，梦破云雨后。唉，普天下谁不知这般儿歹症候，却避不的偏往这通阴曹的天堂路儿上走！"为什么用"避不的"而不用这个"避不得"啊？因为元曲里有这个"避不的"用法。我这里是故意模仿元曲的那种味儿，加深意蕴。你如果坚持要用"避不得"，我也不反对。按照基督教的观点，明明知道这样纵欲是要下地狱的，但是玩的时候还是情不自禁，觉得像天堂。你念到这儿的时候，你才了解这个真实的莎士比亚。这个莎士比亚也是个色鬼啊，有关他的传记也常常把他勾画成好色之徒。他沉迷在这种色情游戏中，之后又后悔不迭，发誓下次再也不干了，无论如何不能再这样干了。可下次他又做了，无可奈何啊！他就是这样的一个人。你看他把那种在欲海中欲罢不能、难堪透顶的情状描绘得入木三分，淋漓尽致。真正的诗人就是善于把大家都知道却不能巧妙说出来的东西说得特别精彩。莎士比亚就有这本事，所以人家说莎士比亚会写诗，你就不得不承认。

翻译莎士比亚的这类诗的时候，我们总要到中西文化的相似点、或相关点上去找同类角色。莎士比亚抒发的这种情怀容易使我们想起元代的大戏剧家关汉卿。关汉卿也是一个情场老手。他的名作《不伏老》真是写神了。关汉卿的人生观要敞亮、潇洒得多。他自诩是什么“捶不扁”、“炒不爆”、“响珰珰的一粒铜豌豆”！他都一大把年纪了，还照样乐而不疲地往烟花柳巷走。他声称他这“铜豌豆”是捶都捶不扁的那种玩意儿，表面上看来，他追求性乐的干劲和莎士比亚不相上下，但是他对色情本身的看法却又和莎士比亚大不相同。关汉卿强调及时行乐，就是阎王来了他也不在乎，他有真正的乐观主义精神。而这种精神恰恰折射出中国传统文化的某个方面——快乐而安宁的哲学——尼采曾这样评价中国哲学。而莎士比亚却有强烈的负罪感，老惦记下地狱的恐怖，这也折射出西方文化的某个方面——追求死亡和痛苦的哲学——尼采曾这样评价西方哲学。所以，在翻译莎士比亚的时候，我们要找找文化参照物。注意到莎士比亚和关汉卿是异中有同，同中有异。我们要在区分不同方面的同时，很注意把握住类似的情绪；一旦把那种情绪找对了，就容易把它的某种相似的东西结合过来，通过适当的翻译对策和手段，采用适当的语汇加以模拟、表达，切忌简单、机械地采用一般的白话翻译。

我们想想莎士比亚属于什么时代的人啊，1564 年生，1616 年死，那离我们也有 400 年了，那不是戏剧大师汤显祖所处的明朝吗？他也算是汤显祖的同时代人，那不也是古代吗？莎士比亚到了中国来，那时也是个古人啊。可现在莎士比亚这个古人老写现代白话诗呢？他能够在四百年前写出三百年后才会产生的中国白话诗么？！这是不可能的！他那时到中国来，也肯定是和那些古代的诗人、词人一样嘛。他能不能也写几首古雅一点的诗啊？

以上用莎士比亚的诗作为例子，我发挥了一些观点，仅供大家参考。这些观点当然不止适应于阐释、翻译莎士比亚的作品，也可以用来阐释、翻译其他西方作家、诗人的作品。

汉语本身的艺术性、文采性特别见于有三千年历史的古代诗文。古代的诗文是个巨大的词汇宝藏。现代白话文兴起只有几十年、不到一百年的时间，它所积累的词汇相对少得多，但是如果它不排斥古代文化中积淀的词汇，它就会被大大地丰富。通过灵活运用古代文献中的词汇，你的文章或诗歌就会获得很大程度的增色效果。

下面这首诗 The Wild Honey Suckle，是个美国人写的，很美。*Highlights of American Literature* 一书的编者认为它是英语中最美的一首诗，这有点夸张，但它确实不错。既然它那么美，我们当然指望它的汉语译文念起来也是美的。从音韵美的角度看，中国人也许很难体会到它的美。因为一般中国人没有受到那种音韵的熏陶。它本来用的是多元韵式：ABABCC DEDEFF GHGHII JKJKLL, 分四节，每节末尾两行同韵，相当规则，也很悦耳。这首诗很短，考虑到中国人的审美习惯，无须频频换韵，所以我使用了一元韵式，尽可能使它念起来音韵响亮，也有一点元小令的风味，让人产生美的感觉。这只是我 20 多年前的尝试，效果如何，请大家指正。

The Wild Honey Suckle

Philip Freneau

Fair flower, that dost so comely grow,
Hid in this silent, dull retreat,
Untouched thy honeyed blossoms blow,
Unseen thy little branches greet:
    No roving foot shall crush thee here,
    No busy hand provoke a tear.

By Nature's self in white arrayed,
She bade thee shun the vulgar eye,
And planted here the guardian shade,
And sent soft waters murmuring by;
　　Thus quietly thy summer goes,
　　Thy days declining to repose.

Smit with those charms, that must decay,
I grieve to see your future doom;
They died – nor were those flowers more gay,
The flowers that did in Eden bloom;
　　Unpitying frosts, and Autumn's power
　　Shall leave no vestige of this flower.

From morning suns and evening dews
At first thy little being came:
If nothing once, you nothing lose,
For when you die you are the same;
　　The space between, is but an hour,
　　The frail duration of flower.

野忍冬花（野杜鹃花）

（美）佛瑞诺 作

艳花，似这般娇滴滴任招展，
无言，厮守着冷落荒原。
少攀折，你随意绽出甜花蕊，
无人顾，你柔枝仍作寒暄颜。

喜无有游荡脚踏碎你玉容花面。
更无有忙碌手令你把热泪轻弹。

是造化安排你身着素衫，
好令你躲开那俗眼尘凡；
又为你栽植出轻荫一片，
还送来做伴流水声潺湲。
悄声儿去也，你夏日芳枝，
到头来妙龄须老花自残。

叹只叹万般媚态终须朽，
忍见你眼睁睁来日遭劫难！
终须朽也——纵然是别样群芳，
别样娇容，盛开在伊甸。
恨无情霜欺，金秋肃杀，
此花当零落，便留下残骸也难！

想当初，朝晖夕露，
托出你体态玲珑面，
来也空空，去也空空
但芳消香残，惟留花魂不变。
怅妍红易褪浮生短，
呀，只在一瞬间！
（辜正坤译）

下面顺便列出一些汉译诗，它们都和我所讲的观点密切联系。因为没有时间展开讲解，请大家根据上面所讲的道理自行索解。

The Dover Beach

Matthew Arnold

The sea is calm tonight.
The tide is full, the moon lies fair
Upon the straits; — on the French coast the light
Gleams and is gone; the cliffs of England stand,
Glimmering and vast, out in the tranquil bay.
Come to the window, sweet is the night-air!

Only, from the long line of spray
Where the sea meets the moon-blanch'd land,
Listen! You hear the grating roar
Of pebbles which the waves draw back, and fling,
At their return, up the high strand,
Begin, and cease, and then again begin
With tremulous cadence slow, and bring
The eternal note of sadness in.

多佛海岸

（英）马太·阿诺德 作

苍海静入夜。
正潮满，长峡托孤月；
看法兰西岸，灯火明灭。
英伦峭壁森森，光熠熠，
崖下风烟一时绝。
凭窗立，觉夜气清和透心冽！

远望，月洗平沙千万里，
排浪一线翻霜雪。
听！涛吼如咽，
潮卷砾石声威烈，
又回首，怒掷高滩侧。
才至也，又消歇，
慢调如泣轻吟处，
愁音万古声声切！
（辜正坤译）

Wandrers Nachtlied

Johann W. Goethe

Über allen Gipfeln
Ist Ruh,
In allen Wipfeln
Spürest du
Kaum einen Hauch;
Die Vögelein schweigen im Walde.
Warte nur, balde
Ruhest du auch.

1

一切的山之顶，沉静，一切的树梢，全不见，些儿风影；
小鸟们在林中无声。少时顷，你快，快也安静。
（郭沫若译）

2

微风收木末，

群动息山头。

鸟眠静不噪，

我亦欲归休。

（钱锺书译）

3

浪游者之夜歌

一切的峰顶

沈静，

一切的树尖

全不见

丝儿风影。

小鸟们在林间无声

等着罢：俄顷

你也要安静。

（梁宗岱译）

4

群峰一片沉寂，

树梢微风敛迹。

林中栖鸟缄默，

稍待你也安息。

（钱春绮译）

5

群山之巅，
一片静谧。
所有的树顶，
你听不见，
一声叹息。
林中鸟儿无语，
只等着，很快的，
你也休息。
（宁敏译）

6

一切峰顶的上空
静寂，
一切的树梢中
你几乎觉察不到
一些声气；
鸟儿们静默在林里。
且等候，你也快要去休息。
（中学课本译）

7

游子夜歌

（德）歌德 作

千峰顶上
惟余静，
万树梢头

不闻声，
风影，难寻；
林中宿鸟喧声息。
稍候，俄顷
你也要安宁。
（辜正坤译）

8
游子夜歌
(德) 歌德 作

千里群峰
呈静容，
万树梢头
不见吹送
半抹微风；
百鸟归林默无语。
君且待，片刻钟，
必也梦乡中。
(辜正坤译)

Harmonie du soir
Charles Baudelaire

Voici venir les temps où vibrant sur sa tige
Chaque fleur s'évapore ainsi qu'un encensoir;
Les sons et les parfums tournent dans l'air du soir;
Valse mélancolique et langoureux vertige!

Chaque fleur s'évapore ainsi qu'un encensoir;
Le violon frémit comme un coeur qu'on afflige;
Valse mélancolique et langoureux vertige!
Le ciel est triste et beau comme un grand reposoir.

Le violon frémit comme un coeur qu'on afflige,
Un coeur tendre, qui hait le néant vaste et noir!
Le ciel est triste et beau comme un grand reposoir;
Le soleil s'est noyé dans son sang qui se fige.

Un coeur tendre, qui hait le néant vaste et noir,
Du passé lumineux recueille tout vestige!
Le soleil s'est noyé dans son sang qui se fige...
Ton souvenir en moi luit comme un ostensoir!

和弦黄昏曲

（法）波德耐尔 作

又是黄昏，枝上，有花动温情，
朵朵，似香炉，暗把馨香轻送，
芳气和音，流转处，暮霭朦胧，
慵倦，昏沉，听一曲圆舞凄清！

朵朵，似香炉，暗把馨香轻送，
提琴声咽，似哀心，吐诉悲情；
慵倦，昏沉，听一曲圆舞凄清！
愁且丽，长空，似祭坛般的苍穹。

提琴声咽，似哀心，吐诉悲情，
心何柔也，恨太虚晦暗，六合冥通！
愁且丽，长空，似祭坛般的苍穹，
残阳凝血，血中沉，自葬其身。

心何柔也，恨太虚晦暗，六合冥通！
愿收尽，往昔光辉，不留半点遗痕！
残阳凝血，血中沉，自葬其身……
长忆侬，便似圣体在供，光明照我胸！

（辜正坤译）

这首诗歌有一个词难以处理，这就是最后一个词 ostensoir（圣体显供台），应该加一些注释读者才能明白。我在法国时，专门到教堂里看了看，种类繁多，不一定是个台，很像一个大灯盏（内可盛少量食物），光芒四射，极其华丽。

这首诗的格律惊人地严谨。全诗分四节，每节的 1 、 4 行和 2 、 3 行分别押韵，连环式地押：ABBA BAAB ABBA BAAB。为了增强这种效果，我在诗行内增加了若干内韵。

另外，这 16 行诗有若干行是重复的，形成含义上的回环和音乐上的回环。更让人惊叹的是，重复后的含义居然和变化了的上下文依然衔接得十分紧密。

诗歌主题思想亦很正大、庄重，寓意深远，宗教味很浓。

因此，可以说在音美、形美、意美方面，这首诗都登峰造极了。

上面给出的例子，基本上都有点词曲风味。其实我平时翻译的大部分诗歌还是白话体。这里也举几首白话体译诗，意在印证我以上的诗歌翻译理论，供大家参考。

A Lament (O world! O life! O time!)

Percy Bysshe Shelley

I.

O world! O life! O time!
On whose last steps I climb,
Trembling at that where I had stood before;
When will return the glory of your prime?
No more – Oh, never more!

II.

Out of the day and night
A joy has taken flight;
Fresh spring, and summer, and winter hoar,
Move my faint heart with grief, but with delight
No more – Oh, never more!
(Published 1824)

哀歌

（英）雪莱 作

I

啊，世界！生命！流光！
我攀登在你们最后的阶梯上，
回望来处，不禁胆落心惶；
敢问你们少壮的风华何日重归？
唉，去了，一去永不回！

II

无论在昼夜晨昏，
欢乐已飘然远引；
初春、盛夏与严冬在我羸弱的心庭
只鼓荡起愁绪，而那欢情怡味，
唉，去了，一去永不回！

（辜正坤译）

要特别注意对第一行的处理。原文 O world 中的 O，其开口度较小，并且不重读，因此在英文中虽然重复了三次，我们并不觉得十分累赘，反倒觉得比较自然。但如果照搬过来，在汉语中也译成“啊”或“哦”，加以同样的重复，则明显会有累赘、滑稽的感觉。为什么？第一，“啊”在汉语中是一个含义强烈的叹词，往往会被读者重读，连续重读三次，当然会有累赘的感觉。其次，原作只有六个音节，如果译成“啊，世界！啊，生命！啊，时光！”则会拖长成为 9 个音节，明显比原作多出了 3 个音节，也会产生累赘的感觉。处理办法是以一个“啊”代三个 O，以双音节词“世界”、“生命”、“流光”三个单音节词 world、life 和 time，共 7 个音节拟对原作 6 个音节，取得某种如奈达所说的动态对应 (Dynamic correspondance) 效果。

When you are old

William Butler Yeats

When you are old and grey and full of sleep,
And nodding by the fire, take down this book,
And slowly read, and dream of the soft look
Your eyes had once, and of their shadows deep;

How many loved your moments of glad grace,
And loved your beauty with love false or true,
But one man loved the pilgrim Soul in you,
And loved the sorrows of your changing face;
And bending down beside the glowing bars,
Murmur, a little sadly, how Love fled
And paced upon the mountains overhead
And hid his face amid a crowd of stars.

当你年迈时

(英）叶芝 作

当你年迈时，嗜睡而又雪染双鬓，
打盹于炉火旁，你且取下这诗书，
慢慢品读，梦回当年，你的清目
曾有的幽韵，那深邃的眼波低横。
多少人曾为你的丰采时刻沉醉，
爱你的美，无论是假意还是真情，
但惟有一人爱你圣洁虔诚的心灵，
爱你风韵渐消的脸上积淀的酸悲。
炉火熊熊，照见你佝偻的腰身，
你凄然低诉，叹爱神飘然远徙，
徜徉漫步在头上的山巅峰际，
把他的面影藏匿于天上的繁星。

（辜正坤译）

这首译诗的特点是中西韵式交错使用。原作韵式是 ABBA CDDCEFFE。译诗要照搬原韵式，是很容易的。但是我考虑的结果是适当保留原作多元韵式的某些特点，也注意维护中文诗歌的一元韵式特点。这也可能吗？可能。我在译诗中押了四个韵，即换韵四次，但同时，我还用了多处内韵。更重要的是，我让其中的鬓、横、情、灵、身、星六个发音相近的韵从头贯穿到尾，成为其中的主旋律，所谓群山万壑，必有主峰。这样的处理，当然也只是尝试，不是定规。

这首诗歌可以完全用原作的 ABBACDDCEFFE 韵式译吗？当然可以。下面是我的尝试。

当你年迈时

(英) 叶芝 作

当你年迈时，鬓发霜侵而又嗜睡，
打盹于炉火旁，你且取下这诗章，
慢慢品味，梦回当年，你的目光
如此妩媚，脉脉的眼波何等深邃。
多少人曾倾慕你丰采照人的时候，
爱你的美，无论是假意还是真情，
但惟有一人爱你朝圣者的诚心，
爱你风韵渐消的脸上堆满的悲愁。
你佝偻的腰身，伴着炉火熊熊，
你凄然低诉，说爱神已飘然远徙，
留下行踪，在头上的山巅峰际，
借星汉灿灿，隐没了他的清容。

（辜正坤译）

但是，鉴于多元韵式会弱化押韵感，所以我在完全搬用原作韵式的同时，还增加了内韵，以弥补多元韵式可能带来的减韵效果。这些内韵字是：旁、味、媚、美、身、踪。它们都出现在诗行中间，起到与前或后相同韵脚呼应的音韵美作用。

演讲时间快到了，我再简单讲几句汉译英方面的体会。

汉译英和英译汉同一个道理，也有增色，减色现象。如果说英文诗翻译成汉语的时候，中文译者有可能会不知不觉地增强其文采的话，那么把汉语文章翻成英文，则情况刚好常常颠倒过来，也就是说，汉译英时，译者容易在文采上趋向于减色。在很多情况下，不是汉译英译者想不想减色的问题，而是非减色不可。你不信？从《古文观止》里随便找一篇文章，其中的大量词语，你根本无法原汁原味、不增不减地翻译成英语。比如大家熟知的王勃的《滕王阁序》："南昌故郡，洪都新府。星分翼轸，地接衡庐。"光是"星分翼轸，地接衡庐"这八个字（八个音节）所包含的内容，你就无法不增加很多的词汇才说得清楚。译成白话汉语，这八个字的大意是："天上的方位属于翼、轸两星宿的分野，地上的位置连结着衡山和庐山。"总之，这八个字翻译成英文，必定比白话汉语还要罗里罗嗦，绝不可能像原作那么凝练、整齐、对仗工稳、音调和谐、意蕴深远。达意尚且很困难，更无法兼顾文采了，因此译者必定在文采上减色，最多只能把意思翻出来。而要把意思说全，八个音节的汉语增三倍译成24个音节的英语，估计还是说不清楚，肯定还要加注解。比如："翼轸，两个星宿的名字，分别属于二十八宿。在古代，人们往往将天上的星宿与地上的区域相对应，称'某地在某星之分野'。据《晋书·天文志》，豫章属吴地，吴越扬州当牛斗二星的分野，与翼轸二星相邻。衡庐：衡，衡山，此代指衡州（在今湖南省衡阳市）。庐，庐山，此代指江州（在今江西省九江市）。"用了这么一大堆解释性话语，即便译者对原作简洁、铿锵的文采不故意减色，其色亦势必自减，终至荡然无存。人们常常引用这篇文章中的名句："落霞与孤鹜齐飞，秋水共长天一色。"这么美的句子如何翻译？我在为北大的翻译硕士生们上“英汉对译理论与技巧”这门课程时，出于练习需要，勉强译作：A lonely wild duck hovers together with the evening glow (rosy clouds)；the endless autumnal waters merge into the boundless sky in one color. 自己并不满意：原作才十四个字，十四个音节，我翻译成三十四个音节，把大意翻译过来了，但是在审美方面哪里赶得上原作啊？以音美、形美、意美三标准衡量，最多在意美方面有所贡献，其余两种美就基本上顾不上了。减色减得太多，没有办法。如果打分的话，我看最多是50分！中国古代的美文大多是这样的文献。其中频频出现的排比式的结构，你根本就没法到英文里面找到理想的类似表达。无论英国人、中国人，你都翻不好，不是你水平不够，而是英语本身它提供不出类似的审美结构因素，无论你增添多少英语词汇，在文采效果上、味道上却反倒不得不减、减，减，减得译文成了口水话、白话，那种妙不可言的原创的纯诗的东西在一种新的文字符号中消失了。

又如范仲淹的《岳阳楼记》多美啊，“上下天光，一碧万顷；沙鸥翔集，锦鳞游泳；岸芷汀兰，郁郁青青。而或长烟一空，皓月千里，浮光跃金，静影沉璧，渔歌互答，此乐何极！……”你根本没法翻。首先，那个节奏感你是绝对翻不过去的，就是纯粹的语义，那种词汇表达的多种意韵、情韵你也无法较好地传达。没法传达，你也只能够大体把那种 general idea 翻过去就完了。所以你在翻译过程中会不知不觉地丢掉很多东西，就文学艺术中的诗歌艺术而言，这减掉的往往恰恰是最关键的因素，你还自诩你是忠实于原作的，你怎么忠得了、实得了啊？我们最多只能够做到近似，而近似还未必是文风的整体近似，实际上很多时候只是含义上的近似而已。这就是很多年前，我在翻译标准多元互补论中阐述过的观点。因此，结论是：在通常情况下，由于中英语文的特殊结构，就文采而论，相对说来，英译汉增色的可能性大，汉译英减色的可能性大。

在许多情况下，这个观点可以延伸、适用于广义的中西语文及相应的翻译领域，不仅仅限于中英两种语文。为什么会这样？因为两种语言文字系统存在根本的区别。你把这个原理真正理解透彻了，那么你的翻译思想（理论）自然就与你过去的翻译思想不一样了。你的翻译对策和技巧也自然就不一样了。这方面还可以举许多例子，我就不再详细说明了。苏轼有一首非常感人、非常美的词《江城子》，是纪念他的亡妻的，比弥尔顿的《悼亡妻》写得更感人。我很多次想把它翻成英文，却总觉得无论如何也难以企及原作那么漂亮。

悼亡妻·江城子

乙卯正月二十日夜记梦

苏轼

十年生死两茫茫。
不思量，自难忘。
千里孤坟，无处话凄凉。
纵使相逢应不识，
尘满面，鬓如霜。

夜来幽梦忽还乡。
小轩窗，正梳妆。
相顾无言，惟有泪千行。
料得年年断肠处，
明月夜，短松冈。

A Dream of My Deceased Wife(1)

–To the tune of Riverside Town

Su Shi

Your death ten years ago yawns like an abyss over my life,

All the time, your image constantly comes to my mind.
Alas, in no way can I bare my heart to you, my wife,
Since your tomb is one thousand miles away left behind.
We recognize each other not, even if we meet one day,
For my face is dust-laden, and my hair grows grey.

Last night in dream I come back to our home town,
By the small window you make up and dress your gown.
Wordless, we face each other with tears streaming down.
Oh, thinking of your pine-covered grave the moon shines upon,
I know, each year my heart-broken sorrows shall never be gone！

(Tr. Gu Zhengkun)

(1) Original note by Su Shi: the poem is composed as a remembrance of a dream that took place on the night of the twentieth day of the first moon.

The translator's note: The dream the poem described happened around 1075 in which the poet saw his first wife, Wang Fu, who died in 1065.

原词一元韵式，英译却不宜采用一元韵式。原因已经在前面阐述过。

我本来希望再列出若干散文译文讲解增色—减色（或增词—减词）翻译理论。现在时间有限，我想有兴趣的听众可以看看我的书。关于翻译理论，可以看看我的《中西诗比较鉴赏与翻译理论》（清华大学出版社）和《译学津原》（文心出版社）。但是，中西语言文字之间差异造成了一种什么样的中西文化之间的差异，这个基本原理我在另外两本书里面有系统阐述，一本叫作《互构语言文化学原理》，也是清华大学出版社出版的。还有一本是《中西文化比较导论》，北京大学出版社出版的。现在《互构语言文化学原理》，早就脱销了，但是《中西文化比较导论》有修订版，还可以买到。诸位不妨读读，有心得之后我们可以再进行深入讨论。

注〔1〕 辜正坤主编：《世界名诗鉴赏词典》，北京大学出版社，1990 年，第 29 页。

注〔2〕 现代汉语词汇中，双音节词占绝大多数。但是古文中，单音节词占多数。古代汉语中单音节词占绝对优势。发展到现代汉语，单音节词只有 2000 多条，数量比较稳定，而多音节词有 5 万多条，还在不断增加。

注〔3〕 见辜正坤《互构语言文化学原理》（清华大学出版社，2003 版）。又见《福建侨报》（1999 年 6 月 26 日）：前不久，美国费城心理学家公布了一例用汉字汉语治疗疾病的试验，引起医学界、心理学界、语言学界甚至信息科学界的极大关注。

费城有一位名叫米尼的少年，因脑外伤不幸患上了一种叫“失读症”的病。

语言中枢在大脑的左半球，左半球受损，就可能发生失读症。科学家们经过调查发现，中国和日本患失读症的人要比欧美国家少得多，这是为什么？科学家们经过多次实验发现，欧美人使用的是拼音文字，他们记认字音和字义使用的是大脑左半球，而且仅仅是左半球。但中国人、日本人使用的是汉字，对大脑的利用却全面得多，左半球记认字音字义，右半球记认字形（连字义），而且左右两半球均匀协作，这就是为什么中国与日本人失读症患者少的原因所在。

据此，费城心理学家做了一个假设：能否用学汉语和汉字来纠正失读症呢？

他们首先教米尼学汉字、汉语，接着试验正式开始了：在一张纸上，上行写英语句子，下行写同样意义的汉语句子，要求米尼看着汉字读出英语句子来。结果，米尼毫不费力地把英语句子读了出来，试验成功了。要知道他以前单看英语是念不出来的。在不断“提醒”下，米尼慢慢地恢复了英语的阅读能力。

现在美国一些专家提出用学习汉字、汉语的方法来提高西方儿童的智能和老年人的健康水平了。又见《汉字文化》2006 年第 3 期：1970 年 3 月到 6 月，美国宾夕法尼亚大学心理学系的劳津 (P.Rozin) 等进行了一个奇妙的教学实验，这个实验也可以说是“汉字—英语”教学实验。被试者是 8 位小学生，年龄 7.5—8.8 岁之间，在校学习基础英文近 2 年，仍不能掌握英文字母的发音。个别施教也无济于事。实验前经测验证明，均不能阅读“辅音—元音—辅音”组成的 6 个简单音节 (pip、zif、wat、lag、ren、gub)，也不能阅读由 4 个单词组成的同韵单词表：cat(猫)、fat(肥胖的)、mat(席子)、sat(坐)。智力测验结果是，智商在80—107之间，为中等水平，并非低能，但患有“失读症”。

被试学习的材料是30个汉字，其中有名词、动词、形容词等。实验的方法步骤如下：第一，将30个汉字分为7个学习单元，依次分期学习。但是，学习每个汉字时，都用英文发音，如汉字“母”是按“mother”发音。即把每个汉字译成英语，看的是汉字，说的是英语。第二，句子阅读测验，学完30个字，则独立阅读用30个汉字组合而成的6个新的英文句。如：“好哥哥不给人红车。”这个句子要读为“Good brother doesn’t give man red car.”第三，阅读3篇短文，每篇短文阅读后，要回答问题，以检查对短文内容的记忆和理解程度。

实验结果如何呢？每个被试者只用2.5—5.5个小时，就完成了上述实验过程，学习的进展是很快的。句子测验的结果是：6个句子包含40个项目（汉字），全部被试者平均用了1分40秒，就顺利通过了测验，平均错误数仅为3。短文测验的结果是：3个短文共有137个汉字，8人被试的总字数为1096个，总的错误数只有50。

这个实验结果于1971年在《科学》杂志发表后，引起广泛的关注，并在其他类似实验中得到证实。于是在西方出现了“汉字能治病”的传说。

注〔4〕比如《滕王阁序》总字数928字，其中的四字词达526字。四字词几占总字数的60%。

问：辜教授，您好。我们经常做国际商务会议的口译，那么，在做比如说德国、英国还有美国人的翻译的时候，他们一般都是比较商务化的东西。我们现场翻译出来的东西是很直白的。要想做到一方面把主题表达清楚，另一方面按您刚才所说的翻译的更中国化一点，让下边的中国听众听的有色彩一点，应该注意哪些方面？

答：很好的问题，这就切中刚才我们讲的问题了。不同的翻译对象、翻译材料，涉及不同的翻译目的。商务方面的翻译主要目的是要达到一种商务性的目的，因此它不必要刻意追求像一般文学作品要达到的那种艺术效果。它应该追求把商务信息尽可能准确地传达给对象，因此在这个时候，含义的翻译传达是第一位的，其他形式方面的、文采方面的要求是第二位的。这就设计出了一个翻译标准。那么你接着想想，什么样的含义被传输过来之后大家容易接收啊？语句通顺，符合我们的或者对方的逻辑思维模式的含义容易被接收。如果一种意思传达过来很符合中国人的说话习惯，整个语序、条理很符合传统的中国人应用语言的那种方式，那么中国人接收起这种信息来就非常轻松。这样的语言刚刚出来两个句子，第三个句子该怎么说，内容大概会是什么，听众有预期心理，你不说出来他就已经听懂了，因为他是顺着你这个说法而来的。反过来，如果你的译文没有进行这种逻辑上或者语句结构上的调换，把它调换得符合中国人的习惯，那么听众听到的是一种比较异化的、别扭的东西，听众有可能会本能地加以拒斥。当然有时，异化的东西也吸引人去注意，但是在大多数的情况下，人们还是愿意听与自己的预期心理相吻合的东西。你就说德汉翻译吧，德语常常把动词放在最后，宾语、间接宾语都出来了，关键的动词却姗姗来迟，你当然不能搬用德语的这种语序，你的翻译一定要考虑到，你如果是翻译给中国人的，就要符合中国人的习惯，中国人习惯于把动词一般总是放在什么位置上？中国人总要把时间状语、地点状语放在什么位置上？这都是有约定俗成的习惯的。放在什么位置上啊？那非常明显，汉语的动词往往跟在主语之后，这是第一。

第二，汉语的时间状语、地点状语，往往是放在一个句子的前面或者是主语之后。而西文呢，什么英语啊、德语啊、法语啊，往往是把时间状语、地点状语放在后面的时候比较多，或者放在靠近谓语动词的地方或者句子中间，它放在前面的也有，但不是主流趋势。而汉语则几乎绝大多数的时间状语、地点状语都尽量靠前、靠近主语前后。明白这种结构式特点，你就可以很快进行转换，比如句法结构转换。一转换过来就符合了中国人的思维习惯和信息接收习惯，那你就很好地发挥了尽量准、快、经济地传输商务信息含义这个功能。这很重要，这就是一个标准。这样的话，你翻译的时候对方听起来就觉得很舒服。要有意识的把它中国化。但是这个原则也不一定符合别的英译汉翻译，商务英译汉一般是这样。

商务翻译里又分若干种类。如果你做的是广告翻译，那又不一样了。不少广告需要你把广告词弄得花里胡哨的，对吧？那个就不一定非要符合汉语语法才行啊，有时啥都不管了。在特定的条件下，是可以大胆发挥的。因为广告的功能就是广而告之。有的广告比较诚实，有的广告则是陷阱一样的东西，让人上当，对不对？说的不好听一点，有些广告就是说谎。当然，我们从事翻译的，要有职业道德，不能说谎。可是也有一类广告是无害的谎言。它只是表达一种信息：我这儿有某种商品，快来买。观众不完全相信广告上的话，广告者也知道自己的话是夸张了的。说者和听者之间，有某种默契：就是，我知道你在说谎，我也不想揭穿你，我只希望你这个谎说得很圆，在电视上表现出来，很有艺术感，大家各得其乐。在这种情况下，翻译还要不要含义忠实啊？不一定要啊。在这种情况下，功能派翻译理论是颇有市场的。

如果是汉译英广告翻译，情况当然更不同。老板告诉你说：给我翻译一个什么什么广告。他会给你一个广告词，或你广告的大意。这时你的翻译就不一定要机械地尊重它的原来的措辞了，你得琢磨出你自己想出的方式。你先得考虑广告对象是什么人，是英国人、美国人，还是德国人？不同的民族听到同一个词感觉不是一样的。对这个民族特别具有煽动性的词未必对那个民族也具有煽动性，要依据具体情况而定。你得先调查一下什么样的词针对什么样的民族最管用，找到这个词，你就有机地塞入你的广告词（当然大意和总方向还是原来的），那你的广告可能就能够获得很大的成功。你可千万不要老老实实地按照原来拟定的广告词翻，词法、句法、语气，你都得动大手术，怎样具有说服力，就怎样来。这就要求你对广告对象的文化、比如西方文化具有深层次的了解才行。你如果精通了中西文化比较，那你一定能够在这个广告翻译领域如鱼得水，八面来风。商务广告翻译那可是一门艺术，跟一般的翻译全然不一样，以功能为主。作为译者，你理所当然地应该了解那个商品购买层的审美习惯、语言习惯、心理习惯，然后切中要害，一打就准，这就是某些人希望的广告翻译。但是，这个原则你不能拿来翻译莎士比亚，那你就要犯罪，对吧？你也不能用这个原则翻译别的诸如哲学、物理学、法学、医学的文献等等。不同的对象、不同的材料、不同的场合、不同的历史阶段，也就是说，时空条件一变，那翻译的标准也是要发生相应的变化，因为翻译的功能和目的是多方面的。

问：我想问一下，您有商务翻译方面的课程吗？或者能不能给推荐几个？

答：我没有专门开设这种翻译课程。不过我现在给北大翻译硕士班讲课时，讲各种基本的翻译技巧，还讲一些经典文本，如何翻译、如何校正，我提供了一些翻译材料，这里边也有些是商务类的，但只有一点，不多。因为翻译技巧的基本原理跟文本本身没有太大的关系。不是说你要做好商务翻译，就只能光是翻译商务方面的文献才做得好。这不一定。比方说英译汉的翻译，你的英文足够好，你的汉语足够好，你的翻译眼光、视野也不凡，理论也搞通了，其实你翻译什么东西都翻译得好。因为翻译技巧方面的原理是相通的，所以，你不必非得一头扎到商务翻译里才行。你把莎士比亚的剧本都翻译得好，你说你翻译不了商务的东西吗？没有的事。无论搞哪一行翻译，它体现的都是语言文字本身的应用技巧问题。你驾驭语言文字的技巧一旦练出来了，不管搞哪一行翻译都可以。就像奥运会上的那个游泳冠军一样，他为什么能得八块金牌啊？都是在游泳池里边转悠出来的嘛，他怎么得不了呢？他如果既是个游泳冠军，又是个举重冠军，又是个射击冠军，我就服他了。你弄来弄去八块金牌还不都是游泳的。

商务的翻译、文学的翻译，哲学的翻译，都是文字技巧本身的应用，不能截然分开，这里面规律性的东西是存在的，只要你把道理吃透了，技巧那些理解透了，你就把新的材料用新的手段去对付就行了。当然，商务翻译材料也有一些特殊性，但是这花不了多少时间来熟悉。关键是你的基本翻译技巧、能力上去了，翻什么都不会太困难。

鲍川运　美国蒙特雷国际研究学院高级翻译学院教授，曾于徐州师范大学外语系、南京大学外文系和北京外国语大学联合国译员训练部就读和任教。1985 年毕业于北京外国语大学联合国译员训练部，后赴日内瓦联合国欧洲总部任同声传译，1990 年受聘于蒙特雷国际研究学院，历任教员、中文系主任、院长。国际口译协会（AIIC）会员，清华大学翻译文摘海外编委，联合国等国际组织合约同声传译。

不积跬步，无以至千里；不积小流，无以成江海。学习翻译尤其要脚踏实地，不断累积，不断提高，终身学习，没有捷径。

鲍川运

中译英的一些问题与思考

鲍川运

今天，我跟大家讲中英翻译的问题与思考，既涉及到笔译，也涉及到口译。我会给大家举一些翻译中的例子，包括口译、包括笔译，主要是讲中译英中的一些困难。

我先以一个口译中的小事故开始来这个讲座。

有一次，我在国际民航组织做翻译。国际民航组织设在加拿大的蒙特利尔。这是一次年会。中国代表在会上就国际民航组织提出的一个项目提出一个问题，说资金从哪来，项目资金从哪来？他就说，资金总归还是羊毛出在羊身上，意思是项目资金最后还是要会员国分摊。大家知道，中国的成语是很难翻的，特别是在那种特别短暂的瞬间，口译立刻就要做出一个决定，是直译好呢？还是意译好？我们一般的原则是，在翻这种成语的时候，先直译一下，然后再意译一下。但是作为同传来讲，没有那么多时间，有时候就很难。当时翻译听到中国代表说“中国有句俗话”，就很快地译了出来：“There is a Chinese saying…”。中国代表又接着说，羊毛出在羊身上。翻译完全懂代表指的是什么意思，于是就脱口而出，按照意思把它译过去：“The cost of the project will have to come from the member countries anyway”。说完了，全场哄堂大笑，中国人真有智慧，俗话中都把我们民航组织项目费用分摊的事说了。大家一笑，中国代表感到，大家都听懂了我这个俗话，于是就接着往下说，羊要不肥，毛也不壮。结果一下子让翻译犯难了，因为他前面没有提到羊的事情，所以没有办法，只好从头再补。好在翻译很有经验，用短暂的时间，没费什么事就赶快把它补上去了。

一个小故事，说明了中译英里面可能发生的各方面的问题，今天我们就把问题一个一个地讨论一下。

从中译英的现状来看，做中译英的总的来说有两类人。一类是英语为母语者，我们说是 B to A Translation，属于非母语翻入母语，从中文译入英文。现在，世界上学中文的人越来越多，在美国、在世界各地出现了越来越多的汉学家。所谓的汉学家，当然是造诣比较深的，但也有的刚学了中文，学了一些翻译的，这些人也做中译英。不过做中译英的绝大多数还是中文为母语者，也就是中国人自己来做。为什么是这样，我想从中译英的翻译量和难度两个方面来看，这是不言而喻的。这种情况我们就叫 A to B Translation，也就是从母语译入外语。

关于 A to B Translation，最近国际上有过一些讨论，主要是对它的必要性和可行性进行了讨论。国际上，特别是在欧洲，一直以来遵循的基本原则是，一定要译入自己的母语。这个要求在欧洲来讲是可以的，特别是欧洲主要语言，因为这些语言，无论是译出，还是译入，母语人才不难找到。但是从亚洲语言来说，特别是中文，如果要全靠英语为母语的人去译，是不可能的。所以在中国，这种原则无法适用，必须还是要依靠以中文为母语的英文非母语者，译入你的外语。既然是译入外语，就会产生各种各样的问题。

首先是中式英文的问题。首先我想澄清什么叫中式英文。它有各种各样的定义，我这里列了一个，即“在使用英语的时候，英文受汉语思维方式或文化的影响而生搬硬套，是不符合英文表达习惯的、具有中国特征的不规范的英语”。对于中式英文，网上或者一些报刊经常有一些报道，但是我觉得对中式英文的理解和定义是错误的。比如说“注意安全”，被译作“Take Notice of Safety”；“小心落水”，是“Please Fall into the Water Carefully”；“一次性产品”，翻成“Single

Sex Product”等等。这些经常被当成中式英文的例子，但从翻译的角度讲，我觉得不应该把它归类为中式英文。这些应该说是不算是英文。做出这样翻译的人，要么是不懂中文，要么是不懂英文。中式英文虽然在语言或结构上反映的中文的特点，但至少和原文在意思上相差不大。所以这种情况，我们还不能够把它升格为中式英文。

那么，什么叫中式英文呢？通常来讲，高度对应式的翻译就是中式英文。高度对应式的翻译，即为词性的对应，结构的对应，中文句子结构表达特点比较明显，形成一种非母语者翻译的特点，所以我们可以称之为中式英文。比如说，“缺少资金的问题很严重”这样一句话，译为：“The issue of lacking financial resources is very serious”。这里的意思是清楚的，语法也没有什么问题，但它是按照中文的结构，对应地译过来的。这句中文有两个特点，一是“缺少资金”这个动词短语，另外是“问题”。中文经常有这种总结词，“……的问题”，“……的原则”，“……的形势”等等。译文将“问题”译了出来，将“缺少资金”这个动词短语用英语动名词的形式译了出来，一个字都不少，语法使用正确，但是读起来让人觉得啰嗦。为什么啰嗦呢？因为译文考虑的是中文的结构，而没有考虑英文的行文习惯，没有做相应的调整。

中文的动词功能很强，适用频率也比较高，如果对中文的动词，在英文中都相应地采用动词或与动词相近的词性处理，翻出来的译文读起来就不够简洁。再举一列，“随着改革的深化……”，有人译为：“With the furthering of the reform…”。当然这样说也可以，也可以接受。但你一看到这种用法，你就会知道它中文的原文是什么样的一种情况。

那么中译英应该达到什么标准呢？也就是英语为非母语者将中文译入英文，就是从母语译入外语，应该达到什么标准。我看可以有两个标准。一个是意义上的标准，一个是语言上的标准。在意义上的标准，它的把握，应该和一个英语为母语的人做中译英的标准是一样的，不是说中国人译成英文的准确度就不如英文为母语的人译入英文。意义的标准是一样的，都要达到准确。

从语言的角度来讲，是不是能够达到和英文是母语的人一样的标准，这就不一定了。所以对于我们来讲，如果要译入外语，它的标准就是要做到 functional，就是说能够满足沟通的目的，让人能够看明白、听明白，不出现明显的语法错误，不出现明显的搭配的、语言上的错误。但是，在文体、修辞、语域和语感的把握等方面来讲，可能做不到像母语者那样的程度，尤其在文学翻译方面。但是在口译、文件翻译等一些非文学的翻译方面，中国人还是可以做得很好的，要不然的话，我们的外交就没法搞了，这么多的文件也没法译了。

汉译英像任何翻译一样，都有源语的干扰，就是 source language interference。英译中，它有干扰；中译英，它也有干扰。中译英的干扰实际上更大。为什么呢？先说英译中。有人给我扔一个球，我一把抓住了，人家说，“A good catch”。如果你英文听懂了，让你把这句话译成中文，肯定会说，“抓得真准”。你不会说“一个好抓”，你不会受到这种干扰，因为你对中文的掌握达到母语程度，可以自然地排除原语的干扰，形成符合中文习惯的句子结构。但反过来，在中译英的时候，你可能就会受到干扰。比如说，人家扔了你一个球，你说抓得真准。如果对英文的习惯表达方法掌握不扎实，也许就会根据中文的结构来译，不一定会想到 a good catch，而可能说“You catch very well”，或者其它形式的表达。这句话虽然很简单，但体现了中英文之间的一个重要区别。中文使用动词的频率很高，而英文中动意的表达，往往可以通过非动词形式，如名词。英文作为第二语言，你不掌握这样一种母语程度的操纵能力，所以受到的影响更大一些，自然地要寻找一个动词形式，将这个意思表达出来。对外语的掌握不足以克服源语的干扰，这就是为什么会出现这么多的中式英文。

我来跟大家分析一下汉译英的错误类别。基本上来讲，我们可以把它分成三大类，一个是语法错误，第二个是结构错误，第三个是语感错误。这三类错误也和一个人的英语学习过程和阶段有着密切的关系。

大学低年级学生应该说是这三类错误都有的。现在几乎所有的大学外语专业都有翻译课，当然在英语课里边也有一些翻译的作业。最初，学生们会有些语法错误，例如时态问题、主谓语不一致等。这些问题在大一、大二应该解决，特别做笔译。口译当然就不好说了。做口译，即使很有经验的口译，有时候还是会出现一些时态的问题，或者是主谓语不一致的问题，就是母语者有时也会出现这样的问题，这算是口误。

但是从笔译来讲，大一、大二基本上应该消除这种基本的语法错误，至少应该把时态译对。但是遗憾的是，这种事情还是经常出现。我前两天翻了翻一本英文刊物，发现里边还是偶尔有些基本语法问题。有些东西，特别是时态问题，源语的干扰太强了。就说这个“了”，昨天我把书还了，昨天我们开会讨论了等等。“了”本身有很强的一种完成时。语法概念稍微不太强的话，很容易把它译成完成时，再加上一个具体的过去时间。“昨天我已经把书还了”，很可能顺嘴就说成“I have returned the book yesterday”。“2009 年我们通过了……”，也就可能成为“We have adopted... in 2009”。所以，这种问题出现的比较多。

第二类问题是结构。结构是一个大问题。大学毕业之后应该解决了基本的语法问题，不过结构的问题还是经常出现的。现在这么多的中式英文，译者中应该许多人是大学毕业，甚至是英文专业毕业。许多学生大学英文系毕业了，甚至也上过一些翻译课，或者甚至是翻译专业毕业的，结构的问题仍然解决不了。为什么呢？主要是在大学里，并没有形成正确的翻译观。所谓的翻译观，就是能够从翻译的角度去看语言，而不是从语法的角度看语言，无论是中文还是英文。英译中我们先不讲，只说说中译英。目前绝大多数的翻译课在中译英的教学方面，恐怕还是一种语法教学，也就是说，根据汉语的结构，按照对应的结构把它翻过去，主语就译成主语，动词就译成动词，或者动名词、介词短语也可以译成英文中的介词短语。译出来的句子语法是正确的，但是基本上是对应的，既然是对应的，中文结构的痕迹就很明显。为什么会出现这种现象呢？主要的原因是中英文之间在结构方面有很多相似的地方，语法成分也有相似，英文中的所有语法成分，中文中都有，所以许多句子是不用调整就可以对应地译过去。

第三类是语感问题。语感的问题，是一个一辈子的问题。不是说毕了业，大学毕业、研究生毕业或者经过高翻学院的训练就能解决的问题。语感的培养需要长期的熏陶，经过很多年的积累、体会、分析。

关于语感的问题，我这里有几个例子。

我看过一个英文小册子，在一次大会发言的英文翻译。发言的第一句话是："现在，我向大会做报告。"英文的翻译是这样的："Now，I would like to make a report to the congress"。这句话从语法上来讲没问题，完全正确。我们看看语感上有什么问题？这里主要问题是，作为领导人，在大会上做报告，不是想做不想做的，这是责任、义务，工作的一部分。所以，在这个地方用 I would like to 就显得显得不够庄重、不够严肃。本来，中文讲得很庄重、很严肃的一句语，译出来之后感觉是没有把做报告当成一个职责：我现在有空，给你们做个报告吧。实际上直接用一个将来时就行，"Now I will make a report to the congress"，就可以了。这个问题有时候是忽视了，也有语感不强的问题。

第二个例子取自一个杂志的翻译园地。有一篇中译英的翻译练习，原文是一篇散文，讲的是中国申奥过程中的故事。有一句话是这样说的："以他的经验、地位和语言能力，他担任国际奥委会会员是当之无愧的。”英文的翻译是：“With his experience，his position and his language proficiency，he was well qualified to serve on the International Olympic Committee”。大家看，从语法上、词汇上，基本上都是对应的，语法没有什么问题。但是在选词方面来讲，感觉上是对中文的词义理解不深刻，近乎于直译。什么叫地位？中文里“地位”这个词可以指许多东西，但不一定就是“position”，你可以不担任任何职务，但是你还是有地位的。他当时可能不是什么局长、部长，但是他有这样的一种地位，所以不能译成“position”。英文的 position 可能是“地位”的对应词，查字典，可能给你一个词是 position，但它在这里的意思不是这个 position。英文的 position 基本上的含义是要有一个职务。所以，这个地方显得不合适。英文中有一个词，叫 stature，也许可以比较好地表达这里的意思。

再举一个例子。不久前我看到一篇用英文写的关于翻译教学的文章，里面有一句话是这样说的：“After the completion of the course demands，students must...”。看了之后我就在想，一个课程有什么“demands”呢？再想想，作者可能说的是“课程要求”，也就是“学生在完成课程要求后，应该……”。为什么能译成“course demands”，显然是个语感的问题。“要求”的确可以译成“demand”，但是放在这里就不合适了。如果说大家什么时候形成这样一种感觉，一看到这个词，你觉得挺别扭，就说明你有语感了。这里怎么译好呢？实际上可以说是 course objective，是一种课程的目标、要求，也可以说 course requirements，但是不是一个 demand。

这些问题的根源还是在于两种语言的相似之处。我们讲，两种语言有不同之处，但是也有很大的相似之处。不同之处倒好办了，因为你知道如何处理。正是这种相似之处给我们造成了很多的问题。

首先是结构，结构的相似。主、谓、宾的主干结构，基本一致。另外，中文几乎具备了与英文所有词性对应的词性，如介词、代词、动词、名词都有，所以在翻译中间就会很容易出现这种对应。中文所有的词性，英文都可以以比较对应的词性表达。所以，它有这样结构上的相似。再一个就是词汇的对应。

语言的相似能造成翻译的问题，主要是表层结构的相似，结构的相似和词汇的对应。按照表层结构，基本上是语法结构，译过去了，语法没有问题。这个比较好掌握，因为语法是有规则的。但是译入语不是自己的母语，能够做到语法不错，但不一定能做到译得得体，符合译入语的行文习惯。词汇也是如此，表面上是对等的，查查字典，是这个词，但译过去，含义不对。英法翻译也经常遇到这样的问题。一个字，拼写完全一样，但是不能直接拿过去用，否则就会出现意思错误，他们称之为“假朋友”，看似相似，实则不对。

我先讲讲词汇的问题，然后再讨论一下结构。我们经常跟学生讲，翻译一定要看上下文，不要一看这个字就译，特别是中文译入英文。我想我们每个人都觉得自己懂中文，但是许多学生经过一段严格的翻译训练经常会说，我现在发现我英文也不行，中文也不行。就说中文来，我们常常不能完全理解它的含义。为什么这样讲呢？因为我们平常对于中文的理解就是一个表层的理解，我们常常停留在一个表面的，感性的理解程度。但是做翻译，只有感性的理解是不够的，必须要达到操作的层面，不仅有感性的认识，而且知道在某一个上下文，这个词在表层意思之下，到底是什么意思。比如说前两天下了暴风雪，给一些地区造成灾害。温家宝总理坐高铁去视察，在路上对救灾工作提了三点指示。其中一点是科学组织。我想我们听到这里，都应该明白，可是“科学组织”到底包含什么，恐怕我们还要想想才能说出来。不做翻译，可能也就不多想了，也不会去问科学组织到底是什么意思？大家都懂。但是真是要你翻译的话，这个科学组织怎么翻？可能就觉得又不懂了。当然，对英文有些语感，或者受过一些翻译训练的人恐怕不会把它译成“scientific organization”。你要是有语言的感觉的话，你会觉得这个词不合适。这个时候你就要想了，它到底什么意思？然后根据这个意思才能译。所以，这就不能对应地翻译了。

有些词译成英文让人明显感觉不对，但有些词可能就比较难以察觉，比如刚才讲的“课程要求”，译成“course demand”，就是一例。

我们做中译英时，总的原则是不能见字生义，要根据上下文对词的真正意义进行判断。但是如果再细分一下，我们可以从两个方面讨论中文词汇的译法。

一种是一词多义的词汇，即在词典中明确列出来的意思。例如“文化”这个词，汉语词典中除列出这个词的主要定义外，还有一个意思是指一个人的文字能力。例如我们说两国之间的文化交流是“cultural exchanges”，但如果说我们村那些老太太正在学文化，这就不是 culture 的意思了，而是指她们学学读书识字。这些词义比较明确，想一想，不会出太大的问题。

另一类的词汇量比较大，也比较容易出问题，就是中文的词典定义比较一致，没有明确列出一词多义的意思，但用的频率很高，用的场合也多，超出这个词原始的意义，扩大了语义范围，本来有具体含义的词，达到泛指的意思，需要在不同语境下，考虑采用不同的译法。例如“谈判”。查查汉语词典，谈判只有一个定义：就重大问题进行会谈。英文的对应词自然是“negotiation”。但是这个词用泛了，有时候所指的并不一定有具体的含义。比如说你打电话给一个朋友，今天下午咱们见个面怎么样？不行，不行，下午我有一个谈判。这种话我们好像经常听到，“有一个谈判”。要是译成“I have a negotiation this afternoon”，人家一听，Wa…，that is a big deal. 那你好好准备吧。实际上，他就是一个 business meeting，或者就是一个 meeting。在这样一种上下文的情况下，语言的这种广泛使用，使它已经失去了这个词原始的具体含意。所以，这种情况需要加以调整，不需要按照字面去译了。不能总是我有个 negotiation，中文听起来似乎挺自然，但英文听起来就有点太正式了。

又如“考察”一词，也是这个情况。部长，也许是局长、处长去美国考察了，或者到南方去考察去了。考察的中文意思似乎是比较清楚的，但是如果按照许多汉英字典提供的第一个对应词，译成 inspection，不免就会引起一些好奇心。检查什么，调查什么？实际上这是词汇在使用中扩大了含义，具体词汇成了一种普通的词汇了。这种考察，无论谁去考察，可以就直截了当地讲 He is on a business trip，甚至可以说 He is on a trip，或者 He is traveling，等等。

科学这个词现在用得太广了。本来是很“科学”的，现在越用越不“科学”了。大到研发航天飞船这样的科学，小到具体做一件事情是否科学，无处不有。按照现代汉语词典的释义，科学的意思涵盖两个方面：(1) 反映自然、社会、思维等的客观规律的分科的知识体系；(2) 合乎科学的。英文的释义也比较相同。可是科学这个词的第二个释义用得非常广泛，以致于泛指做某一件事情是否合理。例如，在饭桌上一个人可能说另一个人不会吃螃蟹，你这种吃法不科学。还有前面我们提到的总理关于“科学组织”救灾的指示，恐怕也不是指使用某种科学技术去组织救灾，尽管这里不排除科学技术的使用。所以这里根据上下文，可能用 proper 或者 effective 更准确些。科学发展观，关于这个词的翻译也是讨论了很久。对它的意思，确实需要正确理解，是通过科学谋求发展呢，还是采用科学的方法进行发展呢？显然，应该是第二个意思，但即使如此，这里“科学”的含义也是很广的。根据科学发展观所包含的内容，它指的更多的是一种考虑到方方面面，合理而又全面的发展观。我觉得目前的译法：scientific approach to development 可能比较容易接受一些。还有人建议说译成 balanced approach to development，就是说科学发展观不是说是什么是科学的，而是说整个的做法，发展的方法等等是科学的，不能只看 GDP 的增长，还要看到环境、社会等等各方面的问题。这里可以看出来，“科学”不是说一个 scientific 可以替代的，不能够做词汇、词性的对应翻译。

最后再谈谈“素质”这个词。如果说“我们公司需要高素质的人才”，我们可以说“well trained or highly qualified staff”，这个意思比较好确定。但是如果说“我们公园欢迎高素质的游客”，显然这个“素质”的含义就变了，再说“well trained”“highly qualified”显然不对。其他通常表示素质的方法，如“well educated”“good quality”等也不行。这里我们就要考虑它到底是要求什么样的高素质。这里的高素质不是教育程度，学位的高低，而是简单的公民素质，不随地吐痰，不插队，不大声喧哗等。那么这种高素质实际上是 good manner，就是 good mannered tourists。

所以我们经常说，中文虽然是我们的母语，但并不能想当然地认为对中文就完全理解了。理解就是说怎么样能够理解得深刻、怎么样理解得正确。平常谁也不去注意这个词怎么译，觉得懂了，但是想一想可能不一样。

我们来谈谈中译英常采取什么样的策略。首先要了解这两种语言最核心的区别在哪里。在句子结构上，它有一致性；在词汇上，有很高度的对应性。相似之处造成翻译上的困难。不过，中文和英文之间的主要区别我们还是要掌握的，我觉得就是一个动意的表达的问题。

这里有两个概念，一个是动意，一个是动词。所谓动意就是表示动作的意思。语言中间，一句话里面总要由一个或数个意义单位组成，我们称之为意群，每个意群里边有一个表示动作的意思。这个意思在汉语中基本上都用动词来表达。比如，“我们支持他们加入……”，这里“支持”、“加入”、“申请”都是动词，表示了动意。可以说中文中动意的表达基本上都靠动词。有几个动词就基本上能表达几个动意。但是在英文中，动意可以用动词，也可以用非动词的形式，它不一定都用动词来表达动意。这是最主要的一个区别。所以我们在做汉译英的时候，如果采取比较对应的方式，你可能试图把中文的每一个动词都想译成动词，这样英文中就会出现很多动词，或者动名词。我刚才举的例子，缺少资金的问题，the issue of lacking，这里“缺少”是动词，非要把这个“缺少”当动词译出来，就变成了动名词“lacking”。

中文和英文另外一个主要区别是修饰语的位置。汉语是前置修饰性语言，只要是修饰的东西，基本上都放在前面。比如说介词的修饰、形容词的修饰，都放在前面，关于……，至于……，它都放在动词的前面。形容词的修饰，比如中国共产党十一届三中全会，北京大学中文系三年级三班，前面一大串的修饰语。而英文的修饰语的位置比较灵活，可前可后。这里我给大家讲一个翻译中的小故事，很有意思。

有一次联合国大会期间，有一个国家的元首去世了。按照惯例，一个国家的元首去世，联大要默哀一分钟。这位元首去世，联大主席按照惯例，宣布全体起立，宣布国家元首的称号、姓名等，然后默哀。中文同声传译一般是 3 人一组，每人 20 分钟一轮。这一天，主席刚开始宣布该国家元首的名字，该接班的那位口译刚带上耳机，没有听到名字。大家知道，英文是把名字放在前面，先报名字，然后一大串的职称说出来，而中文是职称先在前面，最后才说名字。这位口译带上耳机一听，那边已经开始念职称了。他很有经验，知道有人去世了，没听到名字也不慌，先把职称一个一个地译出来，最后把话筒一关，问旁边的同事：“谁呀？”同事顺手递个纸条，他接着就把名字报了出去。歪打正着，就是充分利用了中英文之间的差别，他可以把职称先说出来，说到最后，问一下，把名字补上去。这是一个中文的特点。

所以，汉语是前修饰，英文的修饰语位置比较灵活。但是这种差别给我们的翻译造成了一些结构上的问题。

中文和英文的另一个区别是结构词的使用。汉语中结构词用得少，并列结构比较多。中文用很多的短句，功能很强。一个动词短语，或者一个短句，可以扔出来，它就表达一个意思。然后具体怎么样转折，就再往下说。比如说，张老师今年 67 了。这是一句话。如果我不说了，这句话就是一个完整的句子。如果我要再说，这句话可能是一个主语，可能是一个宾语，可能是各种各样的成份。张老师今年 67 了，可是他还在工作，或者是他决定退休了。所以，前面那个成份很灵活，中间可以没有任何的结构词，但它前后的意思是很清楚的。

而英文多用结构词，语法结构很强。也就是说，英文的任何一句话，一个完整的句子，它都有一个结构词。什么叫结构词呢？就是连接词、介词这些结构词。要么它就是一个独立的句子，用句号或者是分号。这种结构上的不同，对我们的翻译也有影响。我们在中译英的时候，出现频率比较多的词是什么词呢？“and”。因为你在处理并列句的时候，往往看到表层的结构，有时不一定多考虑一下句和句之间有什么联系、关系，想到这是一个并列的句子，就把它加一个“and”，两句话并列在一起了。当然这样译也没有什么错误，在很多情况下是可以这样做的，但是如果说你的结构不灵活，你对中文结构之间的意思没有一个理解的话，你的翻译就会出现很多的这种并列结构，就形成了一种语言特点，反映了某一种原语的影响。

现在我们分别讨论一下两种语言的区别和应对的策略。

我们来看一下动意的表达。我们看这一句话：“法国投票支持了安理会反恐怖主义的所有决议”。这一句里，“投票”是一个动词，“支持”也是一个动词。一般来讲，我们在中译英的时候，主干结构第一个动词没什么大问题，因为主干结构基本相似，所以第一个动词出现的时候都没有什么大问题。最容易出现的就是第二个动词。

因此，我们大家平常写英文或者讲英文，或者做翻译的时候，请大家注意，要特别注意第二个动词的表达，这里往往会出问题。France voted，这是“投票”，这个动词可以。“支持”，当然你可以用各种表达了，你可以说，“France voted to support...”。但是比较常见的表达方法是说“France voted in favor of...”或者“France voted for...”。英文在表达第二个动意的时候，常常采取非动词的形式。“voted for the resolutions”，其中“for”是一个介词，引导一个介词短语。也就是说，这句话里，表达第二个动意的时候，用的是非动词的形式，是介词短语。

再看这一句话：“总统批准增加拨款500万美元解决沙漠部队的饮水问题”。“批准”是一个动词，“增加”又是一个动词。一般来讲，我们在做中译英的时候，在处理第二个词的时候，很容易用不定式，因为英文的不定式最接近于中文的动词形式。我们可能会说，“The president approved to increase...”。你可能会这样说，这就是没有考虑到英文的搭配。所以，在处理第二个动词的时候，就要考虑到是不是可以不用动词的形式，经常动一动脑筋。这个地方，我们可以说“The president approved an additional $5 million...”，“additional”是一个形容词，但表达了“增加”这个动意概念。也就是说，英文的动意的表达，除了动词外，还可以用介词，用形容词表达。

这些例句比较说明问题，既说明了两种语言的差别和处理的策略，又指出了培养语感的方法。语感如何培养？我觉得重要的一点还是要了解两种语言之间的区别。要是不注意到两种语言的区别，英语的许多特点，对你来说好像都是熟视无睹。虽然看到了，但没有往心里去，对语言没有敏感度。所以，如果对两种语言的区别有很强的意识，就增加了语言的敏感度，增加了语言的敏感度，语感就提高了。

刚才我们说的是动意的表达，汉语中的动词怎样处理，如何在英文采用不同的方法表达动意，不一定都采用动词。

现在我们谈谈中文的修饰语前置问题。如果前面修饰的东西很多，我们怎样处理？

我们看这句话：“安理会第123次会议决定对该国实施经济制裁”。“安理会”和“第123次”都是前置修饰语，而“会议”是这句话的主语。按照通常对应式的翻译，我们会译成“The 123rd meeting of the Security Council...”。我一有机会，就会观看一些记者招待会的实况。我发现在遇到这样的情况时，翻译们绝大多数会按照中文的词性，进行对应的翻译，到目前几乎没有看到任何人做结构上的调整，基本上就是按照这种所属关系，把中文的主语找出来，译成英文的主语，然后将修饰语调整一下，速度很快，也很熟练。这样译没有太大的问题，说得过去。但是它说明一个问题。说明翻译在按照语言规则翻译，是机械性的对等，对语言尚未形成意义层面的认识，过多地停留在语言的表层结构。之所以能译过去，是因为两种语言在词性上的一致，语法手段比较相同。虽然译过去了，但思路没有打开。

这句话可以如何处理呢？“安理会第123次会议……”，句子结构很有中文的特点。中文前置修饰语的特点是从大到小，从高到低，从粗到细。既然是从大到小，摆在最前面的往往是最适合在英文中作主语的东西。这句话我们不用“第123次会议”作主语，而用安理会作主语，就成了“The security Council decided at its 123rd meeting to impose economic sanctions against this country”。我们用中文的修饰语作主语，而将中文实际的主语译成地点状语。这样一调整，英文的逻辑性更强，安理会是一个做出决定的机构，而某次会议是做出决定的场合。这样的调整，不仅仅是一个技巧或策略的问题，而是一个思路的问题。

再举一例。不久前我看中央电视台英文频道的节目，有位专家在谈四川地震救灾的问题。他本人是学英文出身，英文也说得相当流利，但他说了一句话，我记了下来：“The effectiveness of our rescue work would be improved，could be better”。这句话一点都没错，不过我就在想，他为什么会这样说。把它翻译过来，这句话就是“我们救灾工作的效率还可以更好一些。”这样一看，我们就可以看出中文的思维对英文的影响。英文老师经常告诉学生要养成用英文思维的习惯，实际上这个做法是相对的，不是绝对的，不是说哪一天你突然就一下子变成全用英文思维了，它是一个相对的过程。有些东西可以做到英文的思维，一些简单的东西可以做到，但是一涉及到实质性问题的讨论的时候，对大多数的英文为非母语的人来讲，实际上很大程度上是一个大脑的翻译过程。就拿这句话来讲，“我们救灾工作的效率”，这里“效率”是中文的主语，如果叫大家做笔译的话，可能许多人会按照对应的方法，将“效率”译成英文的主语，这就成了“The efficiency of our rescue work”。那么如果按照刚才我讲的这种方法，打开思路，打破这个思维的框架，我们就把这个前面的修饰语当英文的主语先译出来，“Our rescue work would be more efficient”。当然，这里不一定用“rescue work”，“工作”可以经常译成“effort”。

这些例子我觉得很有意思，说明我们的思维方法，并不是什么很难的事情，只不过观念和想法没有到位。现在非常重视翻译的训练，翻译怎么训练？是训练出熟练的对应式转换能力呢，还是培养翻译一种思维的能力？这是很重要的问题。

下面谈谈中文的并列结构和并列结构的处理。中文有很多的并列结构，但每个句子的地位是不一样的，也可能表达不同的意思：可能是一个让步，可能是一个原因，可能表示一个结果等等，所以我们要进行必要的分析。比如说中文的第一句话，它的作用就很灵活。我们有一次做一个模拟贸易谈判，美方代表全是外国学生，根本就不懂中文，完全依赖于翻译。中方既懂英文又懂中文。大家讨论中国纺织品出口配额增加问题。第一节讨论完毕，达成一致。第二节由中国代表主持会议。这位中国学生就说了："我们要求增加纺织品配额 20%，我们很高兴双方达成了一致。下面我们进行第二个问题的讨论。"大家看这三句话，意思很清楚，语言结构的中文特点很明确，句和句之间没有结构词，只有标点符号，但句和句之间又有重要的语义联系。就像我刚才讲的，中文的头一句话，它的功能特别灵活。像这样的话，在中文中是经常出现的。这头一句话，实际上是把第二句话的内容先说出来了，也就是说，我们很高兴双方已经就什么什么达成了一致。在中文里，这个句子放在前面是可以的，因为第二句对它作了说明，第一句也为第二句作了铺垫。但是译成英文时出了问题。翻译在译的时候没有认真思考，就直接将第一句话作为一个独立的句子译了出来，而且还忘了改变时态。他说："We request an increase of 20% in the quota"，他准备接下来说，"and we are very happy that we have reached an agreement"。可是没有想到，没等他说完，对方就打断了他的话。因为对方听到了头半句，判断不出来什么意思。我们刚才不是已经谈好了吗？怎么你们又要 request？怎么这个问题又提出来了呢？马上把他打断了。这里很有意思的一点就是中文的结构。中文的第一句话，虽然在结构上是个独立的句子，但在全文中，从意思上看，它不是主句。如果不加以调整，把它译成主句，人家当然以为你又把刚刚议定的事情再提出来。如果通过英文的结构词，将这句话变成从句，即次要信息，对方就知道你这句话没说完，知道你的主要信息在下面，这样就不会打断你的翻译了。这反映了中文的一种特点和翻译的策略。不能简单地按照中文结构做对应的翻译，要考虑到上下文。在这种情况下，如果把句子颠倒一下，说："We are very pleased that we have reached an agreement on…"，对方可能就没有任何的疑义，谈判就继续进行了。

我曾经写过一篇文章，英文叫 Interpretation：A Bridge Or A Barrier，口译是桥梁还是障碍？现在有很多的关于谈判的训练，但都没有考虑到翻译的因素。实际上，如果把翻译的因素加进去，谈判实际上常常不是直线进行的。它可能因为翻译的问题，曲线进行。像刚才这个例子，本来是很好的，大家听了就过去了。结果对方一打断，这边又解释，就稍微弯了一弯，再接着前进。不影响大问题，但是耽误了时间。

我再讲一讲几个我认为在翻译中比较重要的问题。

我们国内有一些英文的杂志，像《今日中国》、《北京周报》，还有《中国画报》等等。而且还有一些其它杂志也要办英文版。英文的杂志越来越多，翻译的需求也越来越多。当然无论是翻译，还是直接用英文写稿，翻译和作者绝大多数还是中国人，英语并非母语。既然母语不是英文，就会出现一些问题。外国专家经常说的是，中文翻译译的东西太 heavy，太累赘了，东西译得太多。具体分析一下，到底为什么 heavy？说到底，还是在于源语的干扰没有摆脱掉。

动意的表达，首先是这个实词。在英文中，实词用得很少，特别是在动词方面。主干结构的动词是要用，一个短句必须要有一个动词，但是只要意思再往下延伸的时候，结构就发生了变化，动意的表达手段呈多样化。

比如说前置性的修饰语，如果说我们的处理我们都按照中文对应式的翻法，前面什么什么的经济，什么什么的委员会，什么什么的会议。如果说我们都用“of”关系来表达，把所有的前置性都放在前面，就形成一个实词，这些名词堆在一起的状况。如果再长一点，这个句子就显得头重脚轻。而从英文的习惯来讲，它能够把这实词分开就分开。所以，如果按照刚才我们的说法，我们调整一下，不要用这种“of”结构，我们把它改一下，用名词修饰语作主语，这样既减少了修饰语，又增加了结构的灵活性，这个信息就显得不太 heavy，不是那么累赘了。

动意的表达，不一定都是采用动词来表达。采用形容词、采用介词等等，实际的效果也是使信息均开，不要让实词挤在一起，挤得太多。

另外，中文独立短句很多，每个短句都有动词词组。如果把中文每个句子都译成英文的句子，英文的结构势必显得臃肿。所以要理解句和句之间的关系，把貌似独立句子的中文短句，变成英文的短语，使结构变得简洁。

既然是从母语移入非母语，肯定会在译文中出现母语的语言特征。如果是有意的，我们则可以称为翻译的异化，目的是在翻译的时候保持一点本族语言的一些特点，帮助读者了解本族文化和语言。异化实际上是跨文化交流和语言与文化相互影响的重要手段。

一般来讲，外语向母语翻译，它的异化比较强，比较多。比如像我们英译中，有很多的异化，很多外来的词汇进入了中文的语言，就这样译过来了。像市场准入，从 market access 译过来的。以前没有市场准入这个词，就是硬从 market access 把它翻过来。当时听起来觉得怪怪的，现在就很自然了。

那么，母语向外语呢？同化比较强，或同化意识比较强。像我们在做中译英的时候，经常担心外国人看不看得懂，听不听得懂啊？总是考虑读者能否像理解自己的语言那样理解翻译。所以有这样一种同化趋势。

无论是异化，还是同化，都是翻译的一种策略，是翻译有意识地做出的一种选择，换句话说，是翻译的操纵性。外交部一位老领导在一次会议谈到翻译的作用，说（外交部）的翻译的责任之一，是为领导把关。领导如果出现口误，翻译有责任在翻译的时候做出适当的更正。这就把翻译的作用提到一个很高的高度。用学术的语言说，就是提高了翻译的操纵性，当然这里“操纵”一词是中性的。翻译是一项社会活动，翻译是社会的一分子，因此，翻译的操作性是不可避免的，在任何国家都是如此，只不过程度不同而已。

刚才讲的是翻译在有意识的情况下做出的选择。但是翻译还会经常出现无意识的操纵。就是翻译没有这种能力，心有余而力不足，自己无法控制，或自己觉得译得不错，但结果是错的。这也是一种无意识操纵。有人往往满足于东西译成英文了，至于效果如何，就不管了，或者也没有能力把关。翻译的质量不过关，还不如不译，以免造成更大的损失。

文化的相互影响靠什么？它是通过翻译来相互影响的。能够产生影响的翻译，是好的翻译，是让对方看了或听了感到信任的翻译，采取的手段是经过深思熟虑的有意识的异化手段，而不是自己无法掌握而拼凑起来的中式英文。

所以，翻译在文化交流中的作用是很重要的。最近我注意到一种趋势性的变化。刚才我提到，母语移入外语时，同化的趋势比较强，总是考虑要让外国人听懂看懂。但是现在似乎有些转变。从文化交流的角度说，既然是交流，就是相互影响。如果我把你的东西译入母语，容许这么多的异化，直接进入我的语言，为什么我们就不能给你点异化呢？既然英文有这么大的这种生命力，可以接受各方面的一些词汇，为什么我们的词汇就不能接受啊？我想，有这样的一个主体思想在里边，现在就在一些会议或文件，采取直译倾向比较强，特别是中国文化色彩比较浓的概念。

当年苏联解体，俄罗斯改革的时候，西方的报纸谈到俄罗斯的改革开放，不用 reform and opening-up，而是用两个俄文字，一个是 glasnost，一个是 perestroika。当时记者报道俄罗斯的改革开放，直接把这两个词用到英文里。也许都是拼音文化，英文报刊就很容易接受了。尽管有的时候分不清哪一个是改革哪一个是开放，但这两个词经常一块用，大家都知道怎么回事情。这是一个很好的异化的例子。

从英文到中文的异化和外文到英文的异化情况来看，似乎有一个重要的现象，就是异化的表现不反映在语法上，而是通过词汇来反映，特别是名词概念。像刚才我这个 glasnost 和 perestroika 的例子，就是简单的名词概念。

大陆和台湾两岸隔绝了50年，最后开放相互交流的时候，发现两岸的语言虽然各有许多不同的词汇，但语法上基本上没有区别。所以，任何语言都是如此。词汇有极大的生命力，可以产生新的词汇，可以变，有的走了，有的留下来了。但是语法很难改变。有人说，有一句话叫Long time no see，好久不见了，这句话不就已经在语法上改变了吗？可是这个还是没有进入英文的主流。只是一些比较懂中文的，或者是对中国感兴趣的，或者是知道的这个表达方法的，有时候开玩笑讲一讲，正式场合不会用的。但是，具体的概念可以通过异化手段表达。

当然，异化不能作为翻译的一个借口。翻译得不好，我是异化，不能这样说。刚才我们已经说了，异化是一种翻译策略，是翻译有意识做出的选择。所以，要保证语言结构本身是地道的，要采用符合英文习惯的结构，但是某些观点、概念，可以保留原语的特色，比如说“三个代表”译成“three represents”，就译过去了。现在很多书、报刊中也出现这个用法。研究中国问题的人要了解一下到底是什么意思，他就要去学习。这些是可以接受的。但是英文中直接用汉语拼音表达，困难要更大些。一些驻中国的外国记者，写报道时喜欢直接用汉语拼音，但是新闻报道，时事性强，过了一阵不说了，人们也就忘了，词汇留不下来。

当然，异化翻译是否能够成功，还在国家的政治经济实力。国家强大了，别人就对你感兴趣，母语文化的地位也就随之上升，别人也就愿意研究你的语言和文化，母语语言和文化对外的影响也就越大。

总的来讲，无论是做中译英，还是英译中，对语言要建立一个打破成规的认识，摆脱表面的理解，深入到意义的结构，这样很多翻译的问题便迎刃而解。有了翻译意识，就会提高对语言的认识，提高对语言的敏感度，从而提高语感。

问：我们英译中翻译的时候，应该遵循哪些原则？

答：无论是英译中还是中译英，我们都有一个结构上的处理问题，就是说要采用符合你译入语言的习惯的结构。我们可以用简单的几个字概括英译中和中译英的原则。英译中的过程是拆句，拆句子结构，形成中文的短句，而中译英则是合，中文的数个短句合成英文的一个句子，中文原来的句子在英文中即成为短语，或从句。就是这样一个很简单的道理。就像我们刚才讲的，英文是一个结构性很强的语言，短句或短语之间的衔接靠语法衔接手段。如果去分析一下它的意思，这一句话里边，它有几个不同的意思，每一个意群可能就相当于中文的一个短句，所以我们在译的时候，一般把它拆散，把它变成中文的短句。中文的短句功能很强，所以英译中我们基本上是拆，倒不一定是要打乱它的顺序。有时候是要打乱一下顺序，因为它有一些修饰语，原来放在后面的，现在要把它放到前面，因为中文的特点是修饰语前置。但总的来说，英译中的原则是在保留原文意义的基础上，将原文意群，拆成中文短句，按照中文的行文习惯，将它表达出来。

问：翻译的形式与内容如何把握？

答：翻译既有形似，也有神似。所谓形似，就是说与原文的结构是一样的。神似当然就是说意思上与原文保持一致。一般来讲，这两者应该是一个统一。我们既要有形似，又要神似。之所以要变通，改变结构，就在于两个语言有不同的语言特点的情况下进行变通。但是，如果说能够对应地译，而中文译过来又完全可以接受的，这就没有必要变通。比如说 He is a student. 他是一位学生。这就是完全字对字地译过来，完全可以对应的，而且译出来的中文也可以完全接受的，这样就没有必要去调整。所以一般来讲，结构如果能够保留就保留。在没有办法保留的时候，以意义为主，对结构进行改动。

问：口译需要做到一心多用。对于初学者而言，平时应该如何训练口译能力？

答：一心多用，我们在学术上叫多任务处理，multi tasking。边听、边译、边记笔记，当然这里头就有一个分神的问题。法国的一位教授 Daniel Gile，提出一个模型，叫 Effort Model，我觉得这是个很好、很实用的理论，它可以说明很多的问题。也就是说，翻译的过程中有各种不用的任务需要处理，而一个人的的精力、注意力是有限的。就像一瓶酒，分给 3 个人喝，你要多喝一点，其他人就得少喝。如果在做口译时，你在听的时候要用 80% 的注意力去听，那你只有 20% 的注意力去记。或者你在记的时候，有一个词一下子卡住了，一下子注意力就转过来了，你就听不到讲者后面说的话了。所以，就是这样一个关系。

那么怎样能够解决这个问题？从专业训练来讲，

就是强调减少每项任务所需要的注意力。就是说，在这里就有一些相当程度的自动化的问题，这就是为什么专业的翻译训练需要两年。这两年就磨磨磨、练练练，让你达到相当程度的一种自动化。

什么自动化呢？比如说数字，也许很少人真正地去练这个数字，觉得到时可以应付一下。实际上，这里涉及到很多的训练。你看到口译在台上或者在箱子里做得那么熟练，有点像表演似的，那真是台上10分钟，台下10年功。不是说10年功吧，但需要付出很大的努力，做很多的练习，才能达到这种反应程度。就拿数字来讲，很多人不把它当回事情。但是你要是不练习，不做一些规律性的练习，到时候想到数字也会卡壳。那么一下子这个注意力就拉过来了，其他的事就顾不过来了。

还有术语，每一个行业都有一定的术语，而且这些术语不是那种大词，都是一些小词，构成词组，形成语义比较专门的词组。比如说讲到环境，它有一套术语。讲到电信，它也有一套术语。比如说sustainable development，可持续发展。你要是把它翻成永远发展，意思可能也说得过去，但是这就不够专业性。Sustainable development是可持续发展，是一个固定的译法。但是这两个词如果分开，它们各自又有很多的意思，有很多不同的译法。但两个词放在一起，它的语义范围大幅地缩小了，它就译成可持续发展。这类词汇，在每一个专业里边都有相当一部分。对这些词汇要做到脱口而出的，想都不用想。这是在学生训练中间，往往会忽视的。大家都觉得好像训练就是我听，然后就记，然后就译。实际上有很多前台工作需要做的，就包括这种专业词汇的反应能力，我们叫terminology readiness。一个通过口译去练习，一个通过你自己做一些练习。你可以建立一个glossary，把这些词组录一下，自己录音。比如说环保，我准备200个术语，我认为应该是脱口而出的，当然这些必须是有固定译法的，不是根据上下文灵活确定译文的词汇。你就把它们准备好，列出来，然后你自己念，把它录下来。每个词之间留一两秒钟的空，就留下刚刚能够听到、反应出来、说出来的那点空。把它做一个磁带，做一个录音，然后你就听。即使是你自己念的也没有问题。你就放录音，跟着译，看看能不能够做到就在那1秒钟的空档里将正确地译文填上去。200个词汇，不停机器，一直说下去。能做到这一点，那你对这个领域的基本词汇就有了词汇反应速度了。

还有数字，中译英的数字，或英译中的数字。弄一本电话号码，或者十位数、百位数、千位数、万位数，弄它几组。十个数字一组，你弄上个二、三十组，把它录下来，平常去做练习，放出来听。你不可能全记住。所以每一次听你都觉得好像是新的似的，这样跟着原文译，练速度，练反应，找出规律。

除了基本的词汇，还有一些基本的句子结构。英译中，中译英，一听到这个结构，我就知道怎么处理，而不需要等到后边。我怎么样去断句、切句，把它断成短句来翻译。这些都是属于是叫做自动化的部分。

你要是把这些部分解决了，就会发现，你处理每项任务的时间，所需要的精力，就大大地减少了。

实际上，业余翻译和专业翻译的区别，除了准确度外，很多是熟练程度不一样。很多业余翻译在工作时常常顾此失彼，就是因为反应的程度跟不上。你常常觉得，这个词我一下子想不起来了，没有办法，结果就卡在那个地方了。所以，要是把这些问题解决了，注意力自然就提高了。提高分神能力，减少各项任务所需要的注意力。

问：您是否觉得年龄对于学习口译是一个重要因素？我已经工作很多年了，还适不适合再去接触口译？

答：关于年龄问题，很多人有一个误解，觉得口译到了30多岁、40多岁就不能做了。当然，不同的体制有不同的做法，例如外交部的口译本身就是外交官，做到一定的年龄就不在一线做翻译了，就转去其它司局做外交官。在许多其它的国家，口译本身是一个职业，做到年龄很大才退休。例如联合国的退休年龄是60岁，所有口译都做到60岁退休。退休以后有的又返聘，回来做自由职业者，因为有时候一个大会对于翻译的需要量很大，需要上百个翻译，本身的口译不够，就再聘请些临时口译。有的人做到60，甚至70岁，所以，翻译职业年龄不是问题。

至于什么时候学，我们大概八、九年前有一个学生，他在美国一个很不错的一个环保评价公司做，已经做到 partner 了。他后来有一天觉得生活有点枯燥，要换一下生活方式，结果 50 岁的时候来考口译专业。他考跳级，直接进二年级学习，学了一年，他现在是两边住，半年在上海，半年在美国。半年做口译，半年做他的环保。所以，年龄也不应该是问题。

问：处理中文短句的时候有哪些需要注意的地方？

答：短句是中文的特点，数个短句凑在一起，英文称之 running sentences，老是逗号，逗号，总也完不了。一般来讲，按照语言的规律，任何语言都不可能说有一句话没有任何意义上的停顿，或者没有意群，所以要判断。如果五、六个短句出来的话，这五、六个短句中间肯定有一个或几个意群。一个短句可以是一个单独的意群，但也许两、三个短句形成一个意群，所以我们可以根据意思给它断开，不能按照中文的标点符号来确定句子的长短。好几个中文的短句放在一起，只用逗号连接，可能是因为原文作者写的时候语言不规范，没有用句号，全用逗号。再一个，也可能意思上比较模糊。有时候我们可以判断出来在哪里断句，比如说把两、三个短句先译出来，然后另外再接着译，可以采用这样的一种方法。当然，非常重要的一点，是一定要清楚中英文的行文习惯。中文习惯用短句表达意思，每个短句里都有动词，而英文习惯用短语，短语往往是非动词形式，所以，中文的短句译入英文，不能对应地保留句子结构。

施晓菁　北京外国语大学原联合国译训部第一期学员，联合国多年译员、国际会议翻译协会（AIIC）会员。曾在外文局《今日中国》杂志社担任多年法文翻译、英文编辑，现从教于美国蒙特雷国际研究学院高级翻译学院。译著包括《骆驼祥子》及多本词典，担任过多场重要国际会议的口译。

祝愿“大家讲堂”越办越好，希望能看到更多的翻译学习者到这里来听到更广博的翻译讲解，也希望此书能让大家有所收获。

施晓菁

交传技巧初谈

施晓菁

Before I start talking about consecutive interpretation，I think it is necessary to get our concepts clear. First，let's define translation and interpretation，often known in abbreviation as “T&I.”

There is a difference between interpretation and translation. Translation is 笔译，interpretation is 口译。中文好像没有人会把两者混淆，但是我们也有一个总称叫翻译。实际上，翻译分口译和笔译两种。有时有人问：“你是翻译吗？”“是。”但是是笔译还是口译就不清楚了。English has no general word to cover both，except maybe the term “transcode.” Sometimes people say “we want an oral translation.” What is an oral translation? Strictly speaking，it's a contradiction in terms，but it shows you the difficulty with the English concepts. So you have to be careful to know exactly what you are talking about.

Next，there are several different kinds of interpretation. One is consecutive；one is simultaneous，交传和同传；another is called “whispering”，口语叫“咬耳朵，”就是坐在人家身边，前面说什么，口译员就小声地给旁边的人翻译，象咬耳朵一样。It's called “whispering” in English. 这种情况可能为一个人提供翻译时就会采用这种口译方式。

今天要讲交传，也叫即席口译，或者即席翻译。交传是发言人说一段话然后停下来，身边的翻译把话翻译完，讲话人再继续说，一段一段交叉地翻下来，所以叫交传。同声传译则不一样，需要一套设备才能进行。往往译员坐在后面的箱子里，有的时候甚至坐在三层楼上，还得拿望远镜看舞台呢！译员戴上耳机，听众也都戴耳机。翻译有个话筒，演讲人也必须用话筒，他说的话通过话筒传到译员的耳朵里，译员就一边听一边译，译文通过话筒又传到听众耳朵里。一般来说，译员要比讲话人慢几个字或长一点，因为翻译必须先听明白才能开始说话，总是有一个间隔，但基本上是同步进行的。这就是同声传译。

Now let us think about the kinds of situations which need consecutive interpretation.

First, high level diplomacy. We see this all the time on the television: a big table，这边坐一排人，那边坐一排人，每边都坐着一位翻译。最有意思的是，经常这一排坐的全是男官员，唯一个女性是翻译。如果镜头停的时间稍微长一点，你会看到翻译在拼命地记笔记。So that is high level diplomacy, particularly of a bilateral nature. 双边会议或对话通常是用交传。

Then you have different kinds of conferences. 使用几种语言的会议可能用交传，但这种情况现在很少了，基本上只是双语会议才用，因为这需要花更多的时间。例如有四种语言，一个接一个轮流翻译，整篇讲话又不连贯，时间也拖得很长，很不划算，效果也不一定很好。所以多个语言的会议不采用交传。Using several languages with consecutive is both disjointed and drawn out, but for bilingual meetings it's fine. In consecutive interpretation negotiations, the interpretation can be very quick and short, back and forth, for discussions, the interpreter will sit beside the speaker and interpret in longer sections. In training seminars it is the same thing, but there can be more action，讲课人指着这个图表或那个幻灯片，翻译就要跟得紧一些，一小段一小段，甚至一句一句地译。不同的会议采纳交传的形式、方式可能不一样。

Next，you have legal situations. There is a lot of that now，because there are many more international court cases. 跨国界的诉讼案子越来越多了。我在美国的时候，做过一个台湾厂商的案子，他生产塑料袋，卖到美国。美国人到超市用塑料袋装东西，塑料袋破了，东西砸伤了买者的脚，他就起诉超市，说塑料袋质量太差，要求赔偿。超市就起诉了台湾厂商，准备打官司。被告的在台湾，起诉的在美国，律师们了解情况就得通过打长途电话。那边不会说英文，这边不会说中文。怎么办呢？请了个翻译，开了个“电话会议”。还有，外国人出了车祸，需要出庭，讲不了中文或讲不了英文，就要请个翻译，this is called court interpretation. It is also consecutive，not simultaneous.

Then you have medical interpreting. Maybe you are an American，who has really a serious illness. 美国有几家很有名的大医疗中心，例如 Stanford Medical Center，天天接待很多国外人来看病，西班牙文、中文、韩语、日语……，都要配一位翻译为病人同医生交流，都用交传。这个工作非常重要。可以想象，如果把部位或者症状说错了，后果有多么严重。

还有我们比较熟悉的旅游翻译，escort interpretation，也叫 guide。除了旅游，还有商务或其他办事的情况也需要一个翻译陪同，这个叫 liaison interpretation，可以叫联络翻译。不同的地方有不同的名称。这些都是交传。

还有电话翻译。奥运期间就有这种服务，游客迷了路或者是出了什么紧急情况，打热线电话，需要一位翻译帮忙。美国很多大公司或机构同专门提供电话翻译的公司签了合约，警察局、消防队、大保险公司等等都有。比如有人给家电公司打电话说，刚买的洗衣机坏了，要求修理或索赔，但他不会讲英语，公司就赶紧打翻译公司，翻译就被联系上，通过电话连线提供沟通服务。电话翻译在过去十几年才兴旺起来，这也是交传。

中文和英文作为一对语言，叫 language pair，在翻译市场上要求双向进行。This language pair must be bi-directional，that is，you must be able to interpret in both directions，Chinese into English，and English into Chinese. 这就要求两种语言的水平特别好。以前很多翻译都是单向的，只往母语翻，不往外语走，比如说中文翻译，我只往中文走，听英语就往中文翻译。但是现在不行了，因为人家不愿意花钱再雇一组翻译往相反的方向译。You have to be bi-directional. 所有的亚洲语翻译都必须是双向的。

Here are the skills you need to be able to interpret well. First，you need to listen and understand. This applies to both foreign language and mother tongue. 你可能会说："母语有什么了不起？我从小就听，没问题，一定听得明白！" But you would be surprised，I would say eighty percent of the time people do not listen **carefully** enough，even in their mother tongue. 原文没有听清楚，你还翻什么呢？所以首先要聆听原文，明白原文，吃透原文。So listening and understanding are very important.

Second，you need analysis. 分析的意思是主要能够抓住重点。讲话的人可能说了一大套车轱辘话，翻译就必须把车轱辘话排到一边，总不能跟着他说"well，now，you know，I don't know，well I guess"等废话吧。必须分析什么是最主要的意思，分清主次，把逻辑和时间顺序理清，因为中文和英文表达的顺序不完全一样。例如时间，英文可以用时态把顺序倒来倒去，而中文的时间顺序一般是最先发生什么，后来发生什么，最后发生什么，按先后次序排列的。So you must be able to reorganize and prioritize，and for that you need analysis.

Third，you need memory. Probably everybody's going to say："我记性不好。"其实每个人的记性都挺好的，只是需要练习，学会怎么样去记东西。你没有仔细聆听，当然你记不住。你如果没听明白，你也记不住，如果对事情原来有所了解，你肯定能记得住。未必是百分之百，但重要的东西你肯定记得住。当然，说的太长了，十几分钟、半个小时，那不一定记得住。但几分钟应该记得住，而且应该能抓住重点。如果再加上一些小笔记，那更应该记得住，百分之九十的内容都应该能复述出来。So，you must have confidence in your memory. Memory skills can be learned and practiced.

Fourth，you need to be able to split your attention，就是一心多用，或者一脑多用，要能一边听一边做笔记。你可能会觉得这好做，但尝试了就知道不是那么容易，因为往往在注意聆听的时候，就不知道该怎么写笔记了；但是一想到写笔记，注意力一分散，就没有仔细聆听，就不知道该记什么了。有的人以为同传才需要分神，其实交传也需要。交传译员必须学会同时能做好几件事情，英文叫multitasking：又能听，又能分析，又能做笔记，可能还在考虑这个词儿应该怎么说，这些任务都同时在脑子里进行。还必须能跟得上演讲着，不断地又听又记。你不能说："唉，你慢点，我还没记好呢，等一等……好了，你现在可以说下去。"

最后要能够复述，就是一面看笔记一面翻译，render from your notes. 有的时候记了一大堆，但是准备复述的时候就发现看不懂，想不起来原来的意思，也连不起来了，不知道该说什么了。这就是因为前面讲的四项没有做好。

Rendering back also displays the interpreter's public speaking skills。译员复述的时候必须口齿清楚，有条理，用词妥当，速度适宜，让听众听得明白、听得顺耳。大家想树立一个好的典范就可以看电视新闻节目，观察主持人的演讲，和主持人相比。有的人说话很罗嗦，一堆口头禅，什么"哦，那个，这个，实际上就是说，也就是说，我意思是，是不是……"有的时候说话很快，吐字又不清楚，再加上那么一大堆毛病，别人很难听明白，也听得很不舒服。翻译应该引以为戒。Public speaking skills have to be practiced，no one is born with them.

那么怎么训练自己的演讲技巧呢？可以把自己说的话录下来，听一听。比方说，今天回家后，看着自己的课堂笔记，把录音机打开对着录音机叙述一下今天施老师都讲了什么内容，把自己的话录下来，然后再放回去听一听。然后给自己做个评价。主次分明吗？意思清楚吗？声音如何？用词如何？流利不流利？有口头禅吗？速度怎么样？等等。也可以给家人听，问他们听得清楚不清楚。如果自己都觉得不好听或不明白，那么别人会是什么感受呢？

最后一个技巧是记笔记，note-taking。开始学交传的时候，很多精力要放在怎么样记笔记，因为交传有一个很独特的记笔记的方法。虽然记笔记是一个辅助工具，是帮助你翻译好原文，可是还是要花功夫来学会，而且要花很多时间来训练才能记得又快又准。

那么现在我来讲交传的记笔记技巧。首先要弄清楚，交传的笔记是起什么作用。**Notes are to trigger the memory, not to replace it.** The word “trigger” has many meanings. One of them is 扣扳机。What does pulling the trigger of a gun do？ It sends the bullet out. Trigger 还有一个比喻的意思，就是“引发“出别的东西，或者是“启发”。So notes are used to trigger the memory. 我看笔记的时候，应该能想起脑子里已经记住的意思，可以回顾刚才听过的内容，就能翻译出来。如果脑子里没有东西，就是看着笔记也想不起来、说不出来，就像枪里没有装子弹一样，你怎么扣扳机也没有用。所以首先要有这个子弹，首先脑子里要有刚才讲话的意思、有理解的内容，然后看到笔记里的词或符号就会一下子全都回顾、联想起来。但是一般开始学记笔记的时候很难做到这一点，这时会把笔记看得很重，像救命稻草一样，忙着写一大堆东西，可是到复述的时候，就发现最初其实没有听明白，没有理解好，要么干脆复述不出来，要么讲很多东西但条理很乱。这说明“一脑多用”还是不行，想记笔记的时候就不能注意聆听，注意聆听的时候就不能够记好。所以说，笔记不能代替记性和理解。**Notes are to trigger the memory, not to replace it.**

Another role related to the former point is that notes are to remind you of the **order of information or an argument.** 人家先说什么，随后说什么，最后说什么，为什么这么说。这种逻辑顺序很重要。这就是所谓的“意思”。顺序搞错了，逻辑就出不来了，把因果关系搞反了是很严重的意思错误。时间顺序讲错了也是意思错误。这里，笔记就可以提醒你，但是，只是提醒而已，不是代替，因为你脑子里本来应该都明白了，只是需要笔记稍微提醒一下就可以了。

那么到底应该记什么呢？First，your notes are used to put down hard facts，就是记一些具体的东西，例如数字、日期、人名，或者一些事实、事物，比如一会儿讲煤碳，一会儿讲石油，一会儿讲铁矿，一会儿讲钢材……这些都需要记下来。Next，your notes jot down the order of an argument： you write down the link words “but,” “in order to…,” “however” to remind you of the order of the argument； the actual meaning should already be in your head. The specific content behind the “but” is not necessarily fully in your notes, because it’s in your memory. The notes are just to keep you on track.

At this point you might ask，so what’s the difference between consecutive notes and lecture notes? Aren’t they all to remind us of something？ We have all taken many notes in our lifetime，大家到了成年，笔记记了十好几年了。听报告也好，听讲座也好，都记了大量的笔记。上大学的时候都是靠自己手写老师的讲课，或者是老师的板书，都要记下来然后还可能补充一些内容。These are called lecture notes. Why do we take lecture notes？当然主要是为了复习啊，可能三个月以后要考试或要写报告，就得复习课上讲的内容。可能有同学没有来上课，我把笔记借给他看，所以我记笔记的原则是越全越多越细越好，不然三个月以后复习时就看不懂了。I have to come back to them later，so I want them to be as complete and as detailed as possible，for me，and maybe for others too.

However，consecutive notes are totally different. First，consecutive notes are for right now，for immediate use，not for later. 谁也不会要求你在会后把交传的译文再重复一边，所以说，笔记只是为了当时用。既然是马上要用就不用写那么多了，反正都听明白了，脑子里都记住了，马上可以完成翻译任务就行。Consecutive notes record the highlights and the topic words，not the whole text，so by definition they are incomplete. The notes are incomplete，but the meaning up in your head is complete. I don't have to write it all down，because I understand，I can remember，I have a good memory，and I have confidence in it. My incomplete notes help me to produce a complete interpretation. This is the main difference between lecture notes and consecutive interpretation notes.

Next，consecutive notes are for personal use，就是给我本人看，别人看不懂没有关系。既然是给自己看，我愿意怎么写都行，我愿意画个图也行，我愿意用自己发明的符号也行。只有一个前提，就是必须回过头时能够认出来，能够提醒我，有便于我复述。笔记也有自己看不懂的时候，也许是字写得特别小，也许写得太乱、太草，结果回过来自己也看不清。这些问题必须通过反复练习才能纠正。

人们经常问，我到底记什么、记多少呢？这个就要每个人在练习中自己慢慢琢磨和体会才能弄清楚。有的人记的多，有的人记的少；有的人只需要记动词就够了，有的人需要动词和名词，有的人有名词就够了。除了具体事实以外，还必须把连贯词记下来，如 but，otherwise，maybe，consequently 等。这些词能提示你不同内容之间的因果关系，对意思、逻辑、连贯非常重要。最重要的是自己必须能看得懂，能够全面复述、还原。

既然交传的笔记和普通笔记不一样，那就得学会新的记笔记技巧。Consecutive note taking relies on a number of techniques.

1. Consecutive notes use page space differently. 普通笔记通常是横着写，每行都填满了。交传笔记是竖着写，so page space is used differently. And space expresses meaning，the position on the page expresses meaning，我怎么写、在哪里写都是表达一定词语关系或一定意思的。这点下面我还会讲。

2. Consecutive notes use abbreviations，symbols，arrows，lines，pictures，whatever you want. 一般在刚开始学笔记的时候，大家对这些缩写都特别感兴趣，想学会很多不同的缩写，标志和符号也是越多越好。但是真的要用的时候，也许一个都想不起来！其实，不用那么多，应该简单一点。每个人有自己记事的方法，有的人爱写字，有的人爱画图，人跟人不一样。所以记笔记没有一个非常固定的写法，但是有几个大原则。所以我们教交传笔记的时候就教大原则，然后你自己慢慢去练，去体会，就能练出适合自己的记笔记方法。

So now，let's talk about abbreviations. Usually abbreviations are for English words，or French words，or any phonetic language. However，you cannot abbreviate a Chinese character. In English，you can abbreviate a term，for example，the United Nations，can be abbreviated to "UN." But if you have 联合国，how do I abbreviate that？"联国"？"联合"？都可能产误解。还可能觉得"联"字笔画太多，来不及写，就只写个偏旁"耳"，那就更难还原了！"国"字只写个外面的框"口"，这个马马虎虎还行，但一定要写得够大，不然回头一看忘了这个"口"是什么意思。所以汉字是很难缩写的，你不能缺个点或少个撇，那就成错别字了，很难还原。如果翻译的内容比较多，需要记很长的笔记，回头再复述时，这些"短缺"字可能要把自己搞乱了。Abbreviations are for non-ideogram languages，就是非象形文字，英文很多地方可以缩写。比方说 department，可以

缩为“dept”；还有 cooperation 可以简写成“coop”；development 可以写成“dev.” Many long English words can be abbreviated by cutting of the endings. There are other ways of abbreviating，for instance，you can use Chinese characters，too. 汉字有几个字已经进入了交传的惯用笔记法，比方说这个大方块“口”就是“国家”的意思。如果说复数或许多国家，可以中西结合，加个“s”成“口 s”就可以了。发展中国家 developing country，我选 developing 的第一个字母，“口”里面加个“d”；developed country 发达国家，也叫工业化国家 industrialized country，就用第一个字母“i”也可以；或者 developing country 就把最后的字母“g”放到“口”里面，和 developed country 的“d”区别开来。这个自己可以决定，练熟了以后就不要随便改了，不然把自己弄混了。This “口” can also be used for “state,” or “nation.”

还有一个汉字也进入交传笔记，就是“人”。这是多好的一个字啊，可以代表 people，person，individual。变成复数就写“人 s”，外国人喜欢把复数写成“人人”(多数人)。但是我们中国人就得注意了，写的不好就变成“从”了，所以复数一般就不这么写。但是外国人可以，因为他不知道有“从”这个字嘛。也可以在“人”下画一道线，画几条也行，线越多表示人越多，如 a few people，or a crowd. So you can use characters, You can also use symbols.

正规翻译学校都要求学员至少念过大学，一定要受过多学科的教育，这样除了有比较丰富的百科知识外，还可以充分利用各种科学的符号，如水 H_2O，二氧化碳 CO_2，氧气 O_2。现在环保是一个热门领域，各种情况都可能出现这方面的内容、词汇，如二氧化硫 SO_2，氮 N_2。其实，这些化学知识都在中学里学过了，统统可以拿出来利用。数学里的大量符号就更有用了，比如说 =、>、<，都可以用来表示非数学的概念，代替大量的汉字。你可能以为现在当翻译了，和数学绝缘了？才不是呢，你可以把数学的东西统统拿

出来：plus or minus 就是“+”“－”，比如“十多个人”怎么写？“+10 人”就可以了嘛！

Arrows 箭头也是很形象、很方便、很有用的符号。一种东西往上涨，比如“人民币上涨”就写“RMB ↗”。美元下跌成“USD ↘”。上下箭头，还有往前往后指的箭头都非常有用。可以指实实在在的上升或下降，或往前后移动，但也可以代表一种比喻的意思。比如说，从封建主义发展到资本主义，可以这样写“封→资”就够了。这里箭头就已经包括“发展到”的意思了，或者可以写成“feud → cap”。“五年后”可以写成“5yr →”，“过去十年”写成“← 10yr”。

我刚才说了，交传要竖着写，这叫 verticalization。你要是查字典还不一定能查到这个字呢！这是我们翻译独有的术语。什么意思呢？就是把内容摘要竖着记下来。平常我们是这么写：这是一张纸，我们记笔记就是往横的方向写，把全纸张写满，越多越好，越全越好：

一、……………………………………………

    1……………………………………………

        i）……………………………………

可是交传笔记不这么写。交传是竖着写，一张纸分两半，可以用手折，可以画一条线，每一半不太宽，就在这一栏里竖着记笔记。而记的是关键字或重点词组，叫 unit of meaning。每一个重点词组要另起一行，几行就是一个 sense group。每段之间要用横线断开，不然一口气记下来就不知道从哪里开始到那里结束。横线表示一个意思段，但不一定是句号。对意思段的理解人跟人不完全一样，有的人意思段很短，有的人较长，笔记的分段也就不一样了。这没有关系，但一般要找一个折中长短，最适合自己以后完整地复述原意。意思段太短了可能造成理解不全、复述比较琐碎、缺乏连贯性，但分段太长了又可能记不住连贯性。这就需要花比较大的功夫来练习，慢慢找出最适合自己的长短。其实，记多记少都没有很大关系，只要能够让你复述还原，意思完整准确就行了。

下面讲 indentation，就是所谓“内缩”。这是另外一个重要交传笔记技巧。大家知道，写文章的时候，如果另起一段就必须往里缩两个字，表示新段落的开始。这叫“内缩”。我有个毛病，看书的时候如果整页没有分段落，就不想看了，感觉很累；但是如果段落太碎太小了，我就觉得断断续续也不连贯。这个大原则也适用与交传笔记。我们平常熟悉用内缩来表示文章中新段落的开始，但是在交传笔记中内缩有更多的意思。举个例子，一次新闻发布会上有这么一句话，“总理说，天气好，适合春游。”我们作翻译就记笔记：“总理说”，我们记“**PM** ",”请注意，这可不是直接引述的开引号，只是单独用来表示“用嘴发出声音”的意思，可以代表“说”，或“讲”，或“声明”等，后面就没有闭引号了。已经记下了“**PM**"“天好”，然后就是“春游”，怎么记？可能一时“游”字笔画太多来不及写，就可以记“outing”或“trip”。

记笔记时，不用固定的或具体的语言因为里面又有箭头又有符号等，称不上哪个语言。如果汉字想不起来，可以用符号、画图、缩写、拼音，都可以，如果英文出的最快就用英文，总之哪个来的最快、最方便就写哪个。记笔记时，来不及去想怎么写，怎么记。有你想的工夫，人家不知道都说到哪里去了，你也没听见、没有理解、更没有记录。那么上面这句话就竖着写 verticalization，用内缩 indentation 来摆关系：

PM "

　　天好

　　　　outing

“天气好”这一行是缩进去的，outing 再往里缩，说明 outing 是跟天气好有关系的。如果我把 outing 写到行首，就表示新的一层意思开始了，outing 变成一个主语了。“内缩”是表示意思的一个方法，spacing represents meaning. 句子的主次、词语的关系靠空间来表达。如果再往下说：“The outing was very far away and they went by car”可以这么记下来：

outing
    far
        car

这一段与前面讲总理说话没有关系，就用一条横线把段分开。就是把 sense groups 用横线分开。Use lines to separate sense groups. 在意思段里，从左边往右边内缩，就像楼梯一样的形式。

So，to sum up，when you practice note taking，always first listen carefully，必须仔细聆听。Second，you must understand. Obviously，to understand，you need to listen. 你不好好聆听，你就听不明白；听不明白就没法记笔记。大家知道死记硬背是很困难的，几分钟以后就记不住了，就是因为没有理解。So listen，understand，remember，have confidence in your memory，and then note **the minimum for you**. 写多了你的注意力就全集中到记笔记上，而不是在聆听和理解上。Then when you read back from your notes，you must be able to recall，看着自己的笔记必须能回顾刚才的内容，然后去大声复述、还原。That’s to render. You must be able to render the complete meaning using the correct language，in a clear voice，with a good accent，at a good pace. For high quality consecutive interpretation you must be able to do all these things naturally and fluently.

Thank you.

徐存尧　译审，五十年代毕业于北京外国语大学，曾在外交部担任多年外事工作，并为中国外文局教育培训中心教授，在美国工作多年，具有丰富的为国外媒体写作和改稿经验。

翻译之辛劳，如刘禹锡《浪淘沙》中句：“千淘万漉虽辛苦，吹尽狂沙始到金”。愿与大家共勉。

徐存尧

关于翻译的随想

徐存尧

顾名思义，大家讲堂应该是大家的讲坛，所以，我希望在讲的过程中跟大家多一些互动，有什么问题，可以随时举手提问；讲到一个词或一个句子的译法时，也希望和大家一起讨论。

这一次大家讲堂的公告说，我的讲座会是一场翻译盛宴，可是，我没有什么好菜端给大家，无非是根据自己的一些心得，奉上小菜三、两碟。

今天讲座的题目是《关于翻译的随想》，可以译为“Random Thoughts on Translation”。Random 的意思是 without specific pattern, or purpose, or objective。

去年以来，“山寨”一词很盛行；先有“山寨手机”，今年初又有“山寨春晚”、“山寨货”，接着又有“山寨民主政治”、“山寨国足”、“山寨电视”、“山寨文化”，等等。“山寨”应该如何翻译？我今天的第一碟小菜就想说明，在下笔翻译之前，我们先要弄清楚这个词，或者这个句子，或者这个短语，有什么来历，也就是它的 background，然后再决定在具体的 situation 中如何翻译。

我想先以“山寨”一词来说明。上世纪 60 年代，香港狮子山下有许多小作坊、小工厂。这些设在小木屋里的工厂，或缝制成衣，或制作塑胶花。香港人把这些厂子叫做“山寨作坊”或“山寨厂”，它们对香港的经济发展贡献很大。等到香港经济发展了，这些小厂就从狮子山下迁到比较大的厂房，但是，大家还念念不忘当年时光。

据我了解，“山寨”一词就是这么来的。“山寨”这个词进入内地以后，意思有了变化，首先体现在“山寨手机”上。“山寨手机”是指在深圳等地许多厂子生产的冒牌手机。广东的网友解释说，“山寨”是指这些厂是地方政府管不了的，或者是不愿意去管的。显然，这个“山寨”跟《水浒》梁山的“山寨”是不同的，跟最近热播的电视连续剧《走西口》里风摆柳的“山寨”也是不一样的，而另有一种含意。

这就是“山寨”的 background，以及它在特定 situation 下的运用。

那么，“山寨手机”应该怎么翻译呢？美国记者在他们的报道中用的是“knock-off cellphones”，也有人译成“counterfeit cellphones”。因此，这儿的“山寨”有了转义。

“山寨春晚”是否也可以这样译呢？我上网查了一下，主办者有句口号：“人民春晚人民办，办好春晚为人民”。我首先想到可以译为 People's Spring Festival Gala。但是又一想，这个译法欠妥，因为如果你这里用了 people's，那么央视这台春晚难道就不是“人民的”了？据我所知，今年春晚收视率达到 95% 以上，是历年来最高的，因此，不可能不是“人民的”。我又考虑到这个“山寨春晚”是民办的，节目是来自基层的，所以就想译为 Spring Festival Gala run by people at the grassroots。但是，这又太长了，尤其是在写报道的时候，一再重复，读者会烦的。再有，这是 descriptive 的译法，是描述性、诠释性的，也不好。我又想，是不是可以译成 Spring Festival Gala at the grassroots 或 Grassroots Spring Festival Gala？似乎也不妥，因为如果有一天央视的春晚搬到基层去演，那就是 Spring Festival Gala at the grassroots，就是在基层演出的一台春晚。

我又想了很久，“山寨春晚”与“央视春晚”的差别就在于一个是民办的，一个是官办的。“民办”有很多词可以表达，如 non-governmental，unofficial，private，等等。所以我们有三个选择，但是，对这三者还得筛选。一，non-governmental，按惯例，这个词常用以指非政府性的/组织，如 non-governmental organizations。如果把这里的“山寨”译成 non-governmental，似乎欠妥。二，private，可以表达“民营的，民办的”，但是 private 也有“个人的、私下的”意思，用在这儿不合适。最后，想来想去没有办法，只好用了 unofficial 一词，把“山寨春晚”译成“unofficial Spring Festival Gala”。如果为外国报刊写报道，第一次提到，可以说“This Spring Festival Gala was sponsored by people at the grassroots”，下文再提到时，就可以说“the unoffical Spring Festival Gala…”。当然，这不是新华社、《中国日报》的译法，只供大家参考。

讲到这儿，“山寨”已经从狮子山下跑到广东变成“山寨手机”，再变成“山寨春晚”，没想到后来又遇上了“山寨货”。香港《明报》有一篇报道，说是春节期间，有些人就搞起了“黑小巴”。有一辆“黑小巴”，开到途中，车主就对乘客翻脸了，要他们把所有值钱的东西都拿出来。有位女工穿着一身名牌，还有名牌手包、手机等等。搜身搜到这位女工的时候，她说：“我没钱，一身都是山寨货。”

这个“山寨货”该怎么译呢？如果只指一只冒牌的路易威登手包，可以说“a counterfeit Louis Vuitton”，但是这位女工身上这么多的东西都是冒牌的，就应该有一个“山寨货”的通称。我觉得可以用“fakes”来统指这些冒牌货。所以，“山寨”一词在“山寨货”的译法上又有了变化。

后来，境外中文媒体又用“山寨民主政治”来指泰国前总理他信的支持者和反对者之间的示威活动。有位记者就说，泰国的这种民主政治叫“山寨民主政治”，在这里，“山寨”又有了不同的含义。英文中 democracy 本身就有“民主政治”的意思，指的是 government of the people，exercised directly or through elected representatives。不过，美国普林斯顿大学有一个中心，叫 Center for the Studies of Democratic Politics，因此，“民主政治”可以译为“democratic politics”。但是，这里的“山寨”非“山寨春晚、山寨手机、山寨货”中的“山寨”。根据泰国政治当时的 situation，我想可以用 chaotic 这个词。这样，泰国的“山寨民主政治”就可以译为“chaotic democratic politics”，因为当时泰国的政治形势确实是乱糟糟的。

再后来，因为我们国足的表现乏善可陈，有人在网上发起成立另一个国足，于是就有了“山寨国足”这个说法。“山寨”用于这个 situation，译法又该不同了。“国足”是“national soccer team”，那么“山寨”该怎么译呢？是不是可以译为“self-claimed national soccer team”？因为“山寨国足”是自封的国家足球队。

当然，还有很多“山寨”，有一篇报道把这些林林总总的现象称为“山寨文化”。“山寨文化”现在比较盛行，我的理解它实际上是一种非主流文化。主流文化是 mainstream culture，那么，山寨文化就是 non-mainstream culture。

以上这些，是借“山寨”一词来说明，下笔翻译之前，必须先想一想“what's the background and what's the situation？”这样，我们才能较好地把握译文的准确性。

我们来看一个英译中的例子：“Naw，we straight！”此话出自奥巴马总统之口，第一个字 naw 是 no 的意思，这句话是美国的黑人英语（Black English），语言学上称之为 Ebonics。虽然奥巴马是非裔，他在竞选过程中却很少讲黑人英语。今年 1 月份他就职以前，由于赢得了大选，心情比较好，就到华府一家快餐店去吃饭。我先看到境外中文媒体报道了这件事，说是奥巴马说“我们是好朋友”。我想看看奥巴马是在什么情景下说这句话的，于是就上了 YouTube。那天奥巴马没带领带，进了华府的一家快餐店，跟在座的黑人和白人握手，然后排队买快餐。买完快餐，奥巴马对服务员说：“Naw，we straight！”美国媒体报道说，这句话是 Black English，意思是“Naw，we are good to go buddies！”（“不，我们是铁哥们！”）而真正的意思却是“Keep the change！”（“不用找零了！”）可见英译汉也要考虑到 background 和 situation，要考虑原文使用的场合。

下面再看“we are ready to lead once more”这句话。境外中文媒体用这句话做大标题，译成“美国愿再成为世界领袖”。单挑这句话来看，译得没有问题。但是，我们必须了解这句话是从哪儿来的。这句话出自今年 1 月 20 日奥巴马的就职演说，而仔细研读奥巴马的整篇就职演说，就会发现一些问题。请看奥巴马就职演说中的这一段：

…that America is a friend of each nation and every man and woman and child who seeks a future of peace and dignity，and that we are ready to lead once more.

讲完这一段，他说了句“Thank you all，God bless America”，就结束了演说。翻译上面所说的那句话，我们必须看奥巴马整个演说的基调。八年前 George Bush 总统就职时，意气风发，不断讲 freedom，democracy，而奥巴马这篇演讲整个看来是比较低调的，连竞选时常说的 change（变革）这个词都没有用，而上面这段话提到美国是大家的“朋友”，在这样的基调下，译成“美国愿再成为世界领袖”似乎不太恰当。后来我又看到有的海外媒体把同一句话译为“美国准备再次带领大家”。我想这个译法好一些，口气谦逊了一点。我们是不是还可以改译成“美国准备再次为大家引路”呢？“引路”似乎比“带领”更谦逊。

以上所讲的，是希望大家在下笔翻译之前先考虑一下 background 和 situation。

我认为，从深层次讲，两种语言是无法互译的。作为翻译工作者，我们只能尽可能地译好，尽可能在译文中少丢一些原汁原味，要做到百分之百符合原文的意思，是不太可能的。

另一个例子是“不动摇、不懈怠、不折腾”，语出胡锦涛主席去年纪念改革开放三十周年的讲话。新华社的译文是“Don’t sway back and forth，relax our efforts or get sidetracked”。前两个短句译得挺好，但“折腾”译为“get sidetracked”，跟原文意思就相差比较大了。“sidetrack”的意思是 to get deviated from the main course，即偏离主方向，跟“不折腾”差别很大。在“不折腾”这个词出来以后，有一次国务院新闻办主任王晨主持记者招待会，现场的翻译把“不折腾”译成汉语拼音“buzheteng”。据说，以后国内再遇到“不折腾”，就都译为“buzheteng”了。这个故事说明这个词是不可译的。

下面我把国内外其他新闻媒体对“不折腾”的译法列出来，有很多种，我可能并没有收集全。第一个，译为 don’t flip flop；第二个，译为 don’t dither，dither 的意思是 to be nervously irresolute，就是踌躇再三；第三个，译为 don’t sway back and forth，跟新华社的“不动摇”一样；第四个是 no major changes；第五个是 avoid futile actions；第六个是 stop making trouble and wasting time；第七个是 no self-consuming political movements。顺便说一下，我觉得“政治运动”的译法不应该是“political movements”，而应该是“political campaigns”。Movement 是“运动”，但是这个“运动”的意思是 the activities of a group of people to achieve a specific goal，如“学生运动”可以译为“student movement”，“劳工运动”可以译为“labor movement”，因为不管是学生运动，还是劳工运动，都有广大学生或工人参与，为了实现某一目的而努力；而 campaign 除了“战役”、“总统竞选”之外，还有 a series of operations to accomplish a plan 的意思，“文化大革命”等运动正符合这一定义。第八个译法是 don’t make troubles。

我在国内网上看到一篇文章，认为最恰当的译法是 avoid self-inflicted setbacks；还说，没有经验的译者也会把“折腾”译成“make troubles”。有人说，季羡林老先生认为“不折腾”就是“don’t make troubles”；我自己也比较倾向于这个简单的译法。

我对“不折腾”的译法有过一些思考，但是最后都否定了自己的译法。我曾想到用 tamper，意思是 to interfere in a harmful way，但是由于 tamper 作为不及物动词，必须加上 with 再接别的名词，所以，我想译成 don't tamper with our central tasks（别干扰我们的中心任务）。不过，这跟“不折腾”显然是有差别的。后来我又想到另一个译法：don't fall to internal strife。Strife 意思是指 lack of agreement，从而造成这一 group 跟那一 group 之间的 tension，internal strife 也就有“内耗”的意思。但是我觉得这样译也不好，到现在我也想不出一个自己满意的译法。因此，我认为“不折腾”这三个字是不可译的；当然你可以这样译，也可以那样译，但是你译出来的东西肯定会丢掉一些原意。

我觉得，不管是有经验的译者，还是没有经验的译者，都无法译出“不折腾”真正的意思。如果将来有一天，牛津字典把“buzheteng”收入词条，这个问题就解决了。美国的太空人叫 astronaut，前苏联的太空人叫 cosmonaut，中国的太空人叫 taikonaut，而这个 taikonaut 已经收入牛津词典了。

“家庭联产承包责任制”是上世纪 80 年代大家就已经熟悉了的词，现在又出现在中央文件当中。汉英词典的译法是九个英文字：“household contract responsibility system with remuneration linked to output”。如果一篇文章里一提到“家庭联产承包责任制”，就译成九个字，读者能不烦吗？ 80 年代后期我在美国媒体做事的时候，碰到“家庭联产承包责任制”，先解释一下它是怎么回事，然后在下文中都用 family responsibility system；但是，相对于“家庭联产承包责任制”，family responsibility system 丢掉了“联产”和“承包”。最近我又看到海外媒体和学者对“家庭联产承包责任制”的新译法：“household（family）responsibility system that reinstitutes household（family）farming”。这个译法说明“家庭联产承包责任制”是重新实行以家庭为单位的耕作，用在文章中第一次出现这个词的时候，而在下文再出现时，就用 household responsibility system 或 family farming system。我认为，“家庭联产承包责任制”要想译得简洁、让外国人明白，就不得不丢掉一些原意。汉英词典的翻译把原意都说出来了，但是有的外国人不懂，他们只知道 collective farming 和 family farming。我觉得，外国媒体和学者使用的“that reinstitutes family farming”很好，但是跟“家庭联产承包责任制”却不能一一对上。因此，从深层次讲，这个“家庭联产承包责任制”也是不好译的。

外国人经常用很简洁的话来表达很长的意思，中文的“自从实行家庭联产承包责任制以来”，外国人只用三个字：“since agricultural decollectivization”。在国内是否可以这样译，请各位斟酌。

在以前的大家讲堂上，外交部的陈明明大使曾经说过“国家信访中心”应该译为“National Center for Handling Public Complaints”。这当然译得很活、很好，把意思译出来了。但是，2005 年国务院颁布了新的信访工作条例，讲到访民除了向信访中心提出 complaints 之外，还可以提 suggestions，还可以打电话到信访中心。这样一来，National Center for Handling Public Complaints 就不能全面概括这个机构的工作了，而如果译成 National Center for Handling Public Complaints and Suggestions，又显得太长。

“信访办”的翻译，陈明明大使提供的译法是 Office of Complaints。这个译法很好，很简洁，但是，有人译为 Complaint Office，这就欠妥了。“环保局”一般译为“Environmental Protection Bureau”，意思是“the bureau that protects environment”，那么 Complaint Office 岂不成了“the office that complains”吗？

下面再从几个英译汉的例子来探讨深层次上的不可互译问题。

第一句：国外学者说，“The Chinese Communist Party is a resilient party”。Resilient 如何翻译？有人说“弹性很足”，还有人说“百折不挠”。Resilient 的一个意思是 capable of returning to an original shape after being compressed，如橡胶等有弹性，还有一个意思是 capable of ready recovery from mistakes，misfortunes etc.。海外中文媒体的译文是“韧性政党”，这个译法不很贴切。去年 12 月，央视黄金时间播出连续剧《浴血坚持》，讲第五次反围剿失败以后，红军主力走了，陈毅等人在山上坚持打游击，直到抗日战争爆发以后，才从山里出来。中国共产党经过第五次反围剿的失败，到长征，到延安，如果那时候有美国人称我们的党是一个 resilient party，那就比较好译，可以说“中国共产党是一个浴火重生的政党”。但是现在跟当时的 background 不一样了，现在再用“浴火重生”就不恰当了。如果说某某人是一个 resilient person，意思是说这个人适应能力很强。但是，我们如果译成“中国共产党是一个适应能力很强的政党”，似乎也少了一点东西。所以从深层次上来讲，这个词不好译。我自己曾经突发奇想：如果有一天，我们领导人在讲话中说，“中国共产党是一个善于总结经验教训不断自我革新的政党”，我在翻译的时候，就想译为“The Chinese Communist Party is a resilient party”。

Hockey mom 这个词是跟麦凯恩搭档竞选的阿拉斯加州长萨拉·佩林说的，她在演讲中自称是“hockey mom”，当时听众报以热烈掌声，觉得这个词很贴心。该如何译呢？细究起来，hockey 有三种定义，一个是 ice hockey（冰球），第二是 field hockey（曲棍球），第三是 street hockey（街头曲棍球）。萨拉·佩林取的是 ice hockey 这个意思，因为阿拉斯加天寒地冻，盛行冰球。她这样说，是为了跟那些看孩子打冰球的母亲拉近距离。佩林女士制造的这个新词很难译。以前有 soccer mom 一说，人们译为“足球妈妈”，但是并没有译出原意，因为 soccer mom 是指 a typical American suburban woman with school-age children。这里的 hockey mom 不能简单译为“冰球妈妈”。所以，从深层次讲，这个词也是无法译的。

“Yes，we can！”是奥巴马在竞选时经常用来鼓动听众的一句话。有一家中文媒体译为“是的，我们能够”，可是，这样译，原话的煽动性就没有了。由于原文是三个字，我曾经想也用三个字译："我们行！"后来有人说这么译煽动性不够，建议改成"我们一定行"。我觉得"我们一定行"比较好，后来想也可以译成"我们准行"，但是，总觉得还是丢掉了一点东西。

美国国务卿克林顿在国会的听证会上说，今后美国外交要用"smart power"。我读到原话前看到的第一个译文是"智慧的强权"，当时很纳闷，不知其所云，读了克林顿讲话原文，才明白"智慧的强权"指的是 smart power。如何翻译 smart power？我在 CSIS 网站上查到了它的 background。CSIS 是美国有很有名的智库，全称是 Center for Strategic and International Studies，几年前它成立了一个 Smart Power Commission，说是美国在对外关系上要把 soft power 和 hard power 结合起来成为 smart power。这样我才明白 smart power 的来历。奥巴马在就职演讲中对 smart power 这个思想是这么表达的："Our strength grows by the prudent use of its power"，这进一步说明了 smart power 的意义。后来又出现了好多译法，如：明智的力量、灵巧的力量、聪明实力、巧实力，等等，其中"巧实力"这个译法得到大多数人的采纳。但是，上述所有译法都没有表达尽 smart power 的原意。实力本身并没有什么"巧"与"不巧"的，原词的意思应该是"巧妙地运用软实力和硬实力"，或者是"明智地运用实力"，但是，在翻译时如果要用三个字跟原文对应，就只好用香港《明报》的"巧实力"了。希拉里作为国务卿对日本的首次访问，就充分体现了她是如何运用 smart power 的。第一，参观明治神宫，表示对日本文化、历史感兴趣，这很讨日本人喜欢；第二，去皇宫拜见皇太后，表示尊重日本的天皇制，这又让日本人非常高兴；第三，跟当年被朝鲜绑架的那些日本人的家属开座谈会，表现亲民，体恤这些人的痛苦；第四，跟日本签了个条约，同意若干年以后把驻冲绳的八千美军撤到关岛。这些就表现出她的 smart power，而其中的内涵是无法译出来的。

我讲了这么多，主要想说明从深层次上讲，两种语言是无法互译的。但是，这不是说我们以后就不要做翻译了，而是说我们每一个做翻译的人，必须尽最大的努力把原文译到接近完美的程度。完美是不可能的，世界上任何事情都没有完美。美国人说："Perfection is an elusive goal"，意思是完美是可望不可及的。晚清名家严复先生曾经说过：一名之立，旬月踌躇。我想即使考虑了十来天，可能也只是接近完美。因此，我们每一个翻译工作者，都要有一种否定之否定的精神，接二连三地否定自己的前一个译法，而每一次否定都是一次升华，使译文尽可能接近完美。这是一个寻寻觅觅的过程，仿佛是辛弃疾词《青玉案·元夕》中"众里寻他千百度，蓦然回首，那人却在灯火阑珊处"。只有经历了"众里寻他千百度"这个过程，才能让翻译出来的东西接近完美。

要做到接近完美，就要理解中文跟英文结构的不同。外文局老局长林戊荪先生说英文结构像一棵树，我同意他的说法。这棵枝叶茂密的树，主句是树干，从句是较粗的枝干，还有细一些的树枝，树干、枝干、树枝都由相应的形式连接，这种连接，要么是从句、要么是短语、要么是介词，等等，而且必须符合语法，不能出错。中文结构比较松散，就像错落有致的灌木丛，远远看去也是一道美丽的风景。因此，最简单的原则是，英翻中时要善于把长句拆成短句，以符合我们的语言习惯；中翻英时，要善于把短句用各种连接形式组成长句。一句话，就是长句拆成短句，短句变成长句。

下面我们来看一些具体例子。第一个是《纪念白求恩》，这是外文局当年汇集全国专家，花了不少功夫，翻译出来的东西。《纪念白求恩》的第一段充分体现了中文结构松散的特点。

白求恩同志是加拿大共产党员，五十多岁了，为了帮助中国的抗日战争，受加拿大共产党和美国共产党的派遣，不远万里，来到中国。去年春上到延安，后来到五台山工作，不幸以身殉职。

这段中文最主要的特点是主语只有一个，有很多逗号，句号很少，结构松散。这篇文章一看就是毛主席自己写的，是他自己的文风；我念这段文章，觉得很上口。中文结构像灌木丛，但英文就不能这样了，要把很多短句组合成一棵树。请看这段的译文：

Comrade Norman Bethune, a member of the Communist Party of Canada, was around fifty when he was sent by the Communist Parties of Canada and the United States to China; he made light of travelling thousands of miles to help us in our War of Resistance Against Japan. He arrived in Yan'an in the spring of last year, went to work in the Wutai Mountains, and to our great sorrow died a martyr at his post.

请大家注意这段英文中的分号。我们可以用分号把两个或更多的相关句子连接起来。如：John ate toasted walnuts；he got sick. 这是紧密相连的两句话，不需要用 and 来连接。下面一句奥巴马就职演讲中的话也是用分号连接：Homes have been lost；jobs shed；businesses shuttered。这也是紧密连接的三句话，所以用了分号。上一段译文中用分号把毛主席的原文组合起来，衔接紧凑，顺序也有所颠倒。我曾经想改动一下这个译文，去掉中间的分号，但是改来改去还是改不好。譬如改成：

Comrade Norman Bethune, a member of the Communist Party of Canada, was around fifty when he was sent by the Communist Parties of Canada and the United States to China to help us in our War of Resistance Against Japan by making light of travelling thousands of miles.

这样改，一句话拉得太长，得喘口气才能念完。因此，这里的分号是神来之笔。这个例子充分说明，中文像灌木丛，译成英文时需要组合成一棵大树，每一个枝节都不能忽略，而且必须语法正确。

再看《孙子兵法》里的一个例子：

《始计篇》

孙子曰：兵者，国之大事，死生之地，存亡之道，不可不察也。

我引用的《孙子兵法》英文版是美国小说家 James Clavell 译的，他已经去世，有《贵族之家》（*Noble House*）等作品。他的译文如下：

Laying Plans

Sun Tzu said: The art of war is of vital importance to the State. It is a matter of life and death, a road either to safety or to ruin. Hence it is a subject of inquiry which can on no account be neglected.

原文的一些逗号在译文中变成了句号，又根据英文行文的需要，加上“hence”，把语气连贯起来，整个句子翻译得接近完美。如果要挑毛病，只有一点可挑，那就是原文中的“兵者”指的是战争，而不是“兵法”，不是 the art of war，译者可能在理解上稍有出入。所以，如果要改进的话，可以改成：“War is of vital importance to the State.”

再看《谋攻篇》中的一句：

故曰：知己知彼者，百战不殆；不知彼而知己，一胜一负；不知彼，不知己，每战必殆。

原文结构很松散。James Clavell 把《谋攻篇》译为“Attack by Stratagem”，比有人译为“Attack Strategy”要好。Stratagem 的英文意思是 a military maneuver designed to deceive or surprise an enemy，用在这里非常恰当。James Clavell 的译文是：

Hence the saying：If you know the enemy and know yourself，you need not fear the result of a hundred battles. If you know yourself but not the enemy，for every victory gained you will also suffer a defeat. If you know neither the enemy nor yourself，you will succumb in every battle.

译文简洁贴切，把中文的散句组织得很好，该停就停，该另起一句就另起一句。与别的译文相比，高下立分，大家可以细心体会。

希望大家能从《纪念白求恩》和《孙子兵法》的几段翻译中体会到中英文两种语言结构的不同，要把中文变成英文，我们应该把译文组织得天衣无缝，而且意思还要贴切。反过来看，英译中时要把长句拆成短句。我引用 Lee Iacocca 的《艾科卡自传》中的几句翻译来说明这个问题。艾科卡是上世纪 80 年代让克莱斯勒公司起死回生的汽车业巨子，我手里的《艾科卡自传》中文本是我国一位著名的老翻译家译的。下面我们来看例句。

You are about to read a story of a man who has had more than his share of success. But along the way, there are some pretty bad times.

各位要读到的，不光是我那段一帆风顺的成功史；一路走来，也有我倒霉的日子。

《艾科卡自传》全书由他自述，请另一人执笔，全书保持了口语特点。在翻译这句时，不要看到 you 就是“你”或“你们”，不要看到 but 就是“是”或“不过”，不要看到 pretty 就是“相当”。上面的译文没有这些虚词，很口语化，很上口。

I began my life as the son of immigrants and I worked my way up to the president of the Ford Motor Company. When I finally got there, I was on top of the world. But then fate said to me: “Wait. We’re not finished with you. Now you are going to find out what you feel like to get kicked off Mt. Everest！”

我是移民的儿子，凭苦干一直升到福特汽车公司总裁。爬到这个位置，可以说是上了天。可是命运却跟我过不去：“别忙，跟你还没有了结呢，你现在该尝尝从额菲尔士峰一脚踢下去的滋味！”

原文开头第一个小句译者并没有直译，只用简单的一句话“我是移民的儿子”就表达了。第二句开始的从句并没有翻译成“当我最后到达那儿的时候”。第三句的翻译更是精彩。什么叫忠实于原文？真正的忠实是忠实于原文深层的意思。对于这一句，译者并没有翻成“命运跟我说”，而是译出句子深层的意义。wait 也没有直译成“等一等”。译者把 Mt. Everest 译成“额菲尔士峰”，我们一般都叫珠穆朗玛峰。但是因为这是外国人在讲话，外国人不会说“珠穆朗玛”，译者最后加了一个注，说明“即珠穆朗玛峰”。

As you go through life, there are thousands of little forks in the road, and there are a few really big forks – those moments of reckoning, moments of truth. This was mine as I wondered what to do.

人生道路上有许许多多小叉道，也有一些大叉道，那是碰到要好好盘算的关口。当时我面前摆的就是这条大叉道，何去何从，我决断不了。

译者并没有把第一个分句译成“当你走过人生的时候”，而直接用“人生”两字。“those moments of reckoning，moments of truth”简洁地译为“盘算的关口”。最后一句话，如果译成“当我在考虑该怎么办的时候，当时面前摆的就是这条道”，就罗嗦了。

There are times when things seem so bad that you've got to grab your fate by the shoulders and shake it.

事情坏到家了，没有别的法子，你横下一条心，狠狠揪住命运的脖子，非把它晃倒不可。

这一句译得很妙。You've got to 本身就表明一种决心，译者用“横下一条心”，很贴切，而后半句又译得很形象。

这几个例子说明英译中的特点。当然任何译文都不可能是完美的，不管是中译英还是英译中，最后译者必须念一遍，顺不顺口，有拗口的地方，就是要改动的地方。

最后讲一个老生常谈的问题，翻译的标准是什么？在以前的讲座中，外文局的老翻译专家沈苏儒先生说，他还是认可“信、达、雅”。有人提出质疑，认为是一百多年前提出来的，现在应该有新标准，但是沈老先生说，至少他个人还相信这个标准。如果大家有更好的标准，可以提出来，我们来讨论。我也认为还是讲“信、达、雅”。“信”是翻译的前提；“达”是翻译的目的；“雅”是翻译的语体。说到“雅”，我想起一个故事，就是说，我们不能一味求雅，要雅到好处。我在美国的时候，有人问我："你最近干什么呢？"，我说："Entertaining my grandson"，对方就会心一笑。美国有个笑话，到了六十岁，你只能在家里 entertaining your grandson，到了七十岁，只能 sitting in front of your door，barking at every passerby。这里的 entertaining my grandson，要是译成很雅的"含饴弄孙"就不合适了。这句话里透着一种老去的无奈，而"含饴弄孙"却是很有乐趣的事，显得太雅了。所以，最好译成大实话，"逗着孙子玩儿呗"，一个"呗"字就透出了一种无奈。

现在言归正传，先讲"信"。大家都知道，"信"不是直译，不是死译，不是硬译，但是，有时候在适当的场合，硬译、死译也有它的魅力。请看例子：bear hug 译为"熊抱"。Bear hug 这个词是美国人常用的，意思是搂着对方，热烈拥抱。2006 年春天，胡主席访问美国，先到西雅图参观波音公司。去之前，网上就说波音公司的人要送他一顶棒球队员带的帽子，大家都在预测胡主席会有什么反应。当天，胡主席讲完话，一位波音员工就上去送他一顶有波音字样的棒球帽，胡主席接过来，往头上一戴，然后就对送帽子的员工来了个"熊抱"，博得美国人的满堂彩。在翻译 bear hug 的时候，找不到合适的词，不如直接译为"熊抱"。相似的还有 family violence，硬译为"家暴"也挺好。现在网上还出了个"冷暴力"，原文是 cold violence，指夫妻不和，互相不说话，在精神上虐待、刺激对方。再譬如，moonlight 作为一个动词，意思是 to work at another job，often at night，in addition to one's regular job。我的前辈在翻译此词时就直接译为"干月光活"，这样译很形象。上面是一些直译、死译成功的例子。下面再看一些不成功的例子。

譬如 subprime mortgage，报纸上一直译为"次贷"，是直接从 sub（次）和 mortgage（抵押贷款）翻译而来。有一位非金融经济领域里的学者解释说，这种贷款是比较低级的，是中产阶段以下的人去贷的款，所以叫"次"。我觉得这个解释不完善。硬译为"次贷"也不合适。什么是 subprime mortgage 的 background 和 situation？美国人贷款要看 credit score。在房贷领域用得比较多的是 FICO（Fair Isaac Corp.）公司给出的评分，这个分数从 300 分开始到 850 分。725 分以上是信用较好的人，725 分以下是信用较差的人。如果你的 credit score 很好，银行就向你提供利率优惠的贷款，英文叫做 prime rate loan。如果你的 credit score 较差，银行就只能向你提供 subprime rate loans，利率相对较高。实际上，prime rate loan 就是低息贷款，subprime rate loan 就是高息贷款，subprime mortgage 就是高息抵押贷款。

中央电视台有个栏目叫《高端访问》，英译是“Top Talk”。我问过美国人是否明白“Top Talk”的意思，他想了半天说：“是不是报纸上的头条新闻？”他的理解是，top 可能指报纸上的 top stories，也就是头条新闻。听了我的解释之后，他说为什么不译成“High Level Interviews”呢？后来我想，这个节目采访的对象既有总统，也有尖端的科学家，而 high level 一般指官阶比较高的人，译成 High Level Interviews 也不太合适。那我们是不是译成“Interviewing the Well-known”更好一些？翻译出来的东西，如果外国人看不懂，那样的翻译就是失败的。

再看另一个例子：State Exchanges。我们知道有 state visit（国事访问）、state affairs（国家大事），等等，但是什么叫 State Exchanges 呢？上网一查，原来与 State Exchanges 对应的中文栏目叫“中国外交”，于是我又去请教美国人，他说应该译为“Diplomatic Watch”。

我的主要意思是：在一定的场合下硬译是可以的，而且会非常生动，譬如说“熊抱”。但是也有硬译译不好的，需要视情况灵活掌握。总而言之，你翻出来的英文要让外国人看懂，翻出来的中文要让中国人读起来通顺。信、达、雅三者，信是前提，不求表面上的忠实，而是要开发深层的意思。达是目的，要让人看了你的译文不会产生歧义，不会误解。雅是语体，文字力求优美，译文的读者都是受过教育、有文化的人，作为译者，只能尽可能提高自己的中、英文水平，把文章译好。

英译中可能起于晚清的林纾先生。林先生不懂英文，翻译时要借助魏易先生。魏先生把英文的意思讲给他听，林先生就下笔。有时候，没等魏先生讲完，林先生已经译完了，而且译文很雅。当然，这样翻译出来的译文不可能完全符合原文，林先生那时候注重的是文字的雅，文字的优美。但是，他也有译得不太雅的书名，比如，把查尔斯·狄更斯的“David Copperfield”（《大卫·科波菲尔》）译为《块肉余生述》。块肉者，为人刀俎之肉的意思，也就是可以任人欺凌、摆弄的小人物。林纾先生的翻译是天马行空，不管是否符合原文，只求中文文字的优美。所以，中国一开始的文学性翻译就是求雅，追求文字的优美，此风就传承下来了。1945 年我九岁，稍通英文，很热衷看好莱坞大片。当时，上海专门有这么一些译家，把好莱坞大片的名字译得非常雅。举例来说："Gone with the Wind"，书名译为《飘》，电影译名为《乱世佳人》；“Waterloo Bridge”，不是“滑铁卢桥”，而是《魂断蓝桥》；讲述 Johann Strauss 故事的“The Great Waltz”译为《翠堤春晓》，取意于约翰·施特劳斯和他的女朋友坐车在早晨经过维也纳森林，看到一片清翠，引发创作灵感，谱写了名曲《维也纳森林的故事》。《翠堤春晓》的主题歌是“One Day When We Were Young”。如果去卡拉 OK 厅点这支歌，只能按译名《当我们年轻时》点歌。这完全是直译，失去了这首歌的味道，One day when we were young 这句话表达了对年轻时的怀念，惋惜韶华不再。所以，有一次我向一位女士建议，希望她演唱这首歌时，把译名改为《似水年华》。“Casablanca”现在译为《卡萨布兰卡》，一般人不知道这是摩洛哥的一个地名，而 1949 年以前都译为《北非谍影》；“Random Harvest”译为《鸳梦重温》，也很雅；海明威名著改编的电影“For Whom the Bell Tolls”译为《战地钟声》，如果译为“钟为谁鸣”或“丧钟为谁鸣”，都没有“战地钟声”好。还有很多这样绞尽脑汁、追求文字优美的例子：如“Bathing Beauty”译为《出水芙蓉》，“The Phantom of the Theatre”译为《歌场魅影》，“The Green Years”译为《黛绿年华》，“A Song to Remember”译为《一曲难忘》，“The Magic Bow”译为《剑胆琴心》，取意于意大利小提琴家帕格尼尼因为恋爱而仗剑与人决斗的故事。

现在似乎不太讲究文字优美。“The Bridges of Madison County”的中文译名是《廊桥遗梦》。我第一次看到这个译名，不知道什么叫“廊桥”，看了书，才知道是两边有挡板、上面有盖板的、可以躲避风雨的桥，有点像走廊。近来，网上又出现《麦迪逊之桥》这个译名，我觉得念起来很别扭。当年有位翻译界的老前辈，看了《廊桥遗梦》的中文版本后，跟我商量译这本书。这位老先生认为《廊桥遗梦》译得不够浪漫，有些风月笔墨，没有译出来。按老先生的意思，原书中描写的那些颠鸾倒凤、莺啼燕啭的风月之事，在译文中也应该译得缠绵悱恻。于是，老先生就让我先去了解一下什么叫“廊桥”。据说，云南少数民族地区有这种桥，当地叫“风雨桥”。我就跟老先生商量，能不能把书名译为“魂归风雨桥”，或者干脆译为“魂牵梦萦”。后来，由于种种原因，我们没有重译。

再看下面一个例子，书名是“A Time Of Change： A Reporter's Tale Of Our Time”，作者是 Harrison Salisbury，我的前辈把书名译为《天下风云一报人——索尔兹伯里采访回忆录》，译得非常好。所以，如果我们希望译得好一点，文字优美一点，希望得到有文化的读者的欣赏，必须在“雅”字上下功夫。

我们在把中文翻译成英文的时候，一定要注意“达”，也就是必须让外国人看懂、听懂，让外国人接受，不产生歧义。1986 年我第一次去美国教书，在加州一所大学教政治学，课程是“The Government and Politics of the People's Republic of China”，“The Foreign Policy of the People's Republic of China”和“Topics of Modern

Chinese History”。当时，改革开放不久，我又是第一次出国讲学，心里有点七上八下。所以，我用词力求忠实，以期政治上正确：“解放以来”是 since liberation，“粉碎四人帮”是 smashing the Gang of Four，“国民党逃窜台湾”是 the KMT fled to Taiwan。第一堂课下来，一位美国的教授问我：“What do you mean by smashing the Gang of Four？”用锤子把玻璃砸碎是 smashing，把茶杯往地上一扔、摔个粉碎也是 smashing，因此，他理解四人帮真的被碎为粉齑了。后来他对我说，应该用“the downfall of the Gang of Four”，或者“the defeat of the Gang of Four”。关于“since liberation”，这位教授不理解，究竟是谁解放了谁？在我解释之后，他说中华人民共和国成立于 1949 年，不如直截了当说“since 1949”。他的建议让我受益匪浅。后来一位来自台湾的教授也来找我，他说，有台湾来的学生听到我说国民党逃窜台湾，心里不舒服，他建议我讲得委婉一点，把“the KMT fled to Taiwan”改成“the KMT was defeated and moved to Taiwan”，或者“the KMT retreated to Taiwan”。从那时候起，我就懂得，翻译用词必须看你的受众是谁，你讲的话既要让人家听得懂，又不反感。

在美国、英国讲话，也有个政治上正确的问题。英国的哈里王子把跟他在同一部队服役的一个人叫 Paki，因为这个人是巴基斯坦裔英国人。英国报纸就批评他，因为把巴基斯坦人叫 Paki 有看不起人家的意思，应该称他为 Pakistani。2009 年，纽约商界为某位到访的中国官员举行盛大招待会，这位官员在讲话中提到美国大选是“一个黑人，一个女人，一个老人”之间的竞争。我不知道他的翻译是怎么译的。想必“一个黑人”不会译为 a negro，更不会译为 a nigger，一般都会译为 a black 或 a black man；“一个女人”一般译为 a woman；“一个老人”一般译为 an old man。但是在美国人听来，译为 an older man 更好些。此外，这三位都是参议员，用大白话说“a black，a woman and an older man”，似乎也欠妥。在外交场合翻译一定要注意分寸。我认为，译成“an Afro-American senator，a woman senator and an older senator”，更为得体。顺便说一句，“女参议员”千万不要译为“lady senator”，在美国，用 lady 作修饰词，会让人觉得有点瞧不起女性的意思，可以用 woman senator 或 female senator。同样，也不要称呼女医生为 lady doctor。Elderly 这个词也不要随便用，因为 an elderly senator 有此人老态龙钟、身体虚弱的含义。

我们常说“群体事件”、“突发事件”、“突发性群体事件”，我不知道有没有标准译文，我常看到的是译法是 mass incidents，emergency incidents，等等。在最近一期的美国刊物“China Leadership Monitor”中，出现了“anger-venting incidents”这种用法。这个刊物是斯坦福大学的胡佛研究所办的，专门研究中国领导层，请诸多美国名家写文章，其中有一位学者把群体事件写成加了引号的“anger-venting”incidents，或者称为“anger-venting”mass incidents。这个译法我觉得很好；因为在大多数地方的群体事件，都是因为有人出于某种不满，去 anger-venting。也许在国内不能这么译，但是，这位美国学者确实挖掘出了深层意思。这个译法是否“信”？很“信”。“达”不“达”？美国人一看就明白是怎么回事，我认为它把“信”和“达”完整地统一起来了。

奥运会期间在三个公园设立了“奥运期间的集会游行示威场所”，对此国内统一的译法是 protest zones。但有，有些外国人不懂，怎么你们国家示威还要有“zones”呀？难道你们国家不准上街游行？有些美国人建议译为 speakers’corners，而这个词汇外国人都懂，如伦敦海德公园，在指定地区人们可以站在木箱上演讲。当然，我们在国内把“示威场所”译为“speakers’corner”恐怕通不过，我想说的是，译文一定要让受众看懂，不要让他们产生歧义。

综上所述，“信、达、雅”是三者的统一。信，是要挖掘深层的意思；达，是译文要通顺，让受众看懂、接受；雅，是文字力求优美，但又不要刻意用典雅的旧文体。

America is a place where all things are possible，tonight is your answer. 这是奥巴马竞选演说中的一句话，报刊对这句话的译文是：“美国是一个任何事情都有可能的地方，今晚就是你们的答案。”译得非常忠实，但是念起来却不顺。如果译为“美国是个梦想成真的地方，今晚就是答案”，是不是更简洁、通顺?

我们再来看奥巴马就职演说中的一段话：

America. In the face of our common dangers, in this winter of our hardship, let us remember these timeless words. With hope and virtue, let us brave once more the icy currents, and endure what storms may come.

美国国务院信息局的译文是：

美利坚，在我们面临共同危难之际，在我们遇到艰难险阻的冬日，让我们牢记这些永恒的话。心怀希望和美德，让我们再次迎着寒风中流击水，无论什么风暴来临，必将坚不可摧。

译得不错，前面一部分对仗很好，说明美国国务院信息局有中文很好的人，连毛主席的《沁园春·长沙》都知道。译文发表一天后，国外网上有人抨击译者居然用毛泽东的话来译奥巴马的演讲，于是，美国国务院信息局马上就改，把“中流击水”一句改为“让我们再一次不惧严寒，勇为中流砥柱”。在我看来，这还不如先前的译文。其实，“中流击水”并不是毛主席发明的；东晋名将祖逖为了激励士气，“中流击楫”而誓。美国国务院信息局的这个译文，从第二句开始也许还能改动一下，仅供参考：

让我们心怀希望和美德，再次溯寒江逆流而上，迎风暴巍然屹立。

Icy currents 译为“寒江”是有出处的：柳宗元《江雪》一诗的结句是“孤舟蓑衣翁，独钓寒江雪”。改动后，最后两句也对仗了。

最后来看一个汉译英的例子，取自台湾一位老先生的文章，中文行文非常对仗：

凡事有定因，万物有定时，生有时，死有时，杀戮有时，愈合有时，哭泣有时，欢笑有时。

参考译文：

There is a reason for everything and a time for everything：a time to be born and a time to die，a time to kill and a time to heal，a time to weep and a time to laugh.

用两个 everything 是为了押韵，译文虽然不能在所有的地方都像原文那样用“时”做押脚，但是能押韵的地方就尽量押韵，如 kill 和 heal。

下面是一位台湾驻华盛顿的记者写他学英文的过程：

儿时在上海，初识英语。与之结缘，已愈半个世纪。然而，学习英语须穷毕生之力。前路漫漫，绝不可松气，更不可止步。

参考译文：

My first exposure to English was in Shanghai when I was a kid. And since then，I have been married to it for more than half a century. However，English learning is a life-long endeavor. There are miles and miles to go and one can't even take a breath，let alone stop.

总之，汉译英时也要注意挖掘深层含意，把松散的中文句子组合起来，这样，“信、达、雅”三者就都有了。

我的讲课到此结束，谢谢大家。

叶子南　浙江绍兴人，毕业于杭州大学（现浙江大学）外语系，后在美国加州太平洋大学获英语教学硕士学位。曾在杭州大学教授英汉翻译课，近十多年来任教于美国加州蒙特雷国际研究学院（MIIS）高级翻译语言学院。著作有《高级英汉翻译理论与实践》（清华版）、《英汉翻译对话录》（北大版）、Introduction to Chinese-English Translation（纽约版和台北书林版，合著），并长期为《中国翻译》的“翻译自学之友”专栏撰稿。作者多年来一直参与翻译人员的进修培训，是中国外文局笔译高级翻译培训项目的长期参与者。

言语不通化境通，
中西译事正兴隆。
篇章文字须深悟，
悟到深时自自工。

叶子南

英汉翻译的准确性

叶子南

今天我们讲翻译的准确性。

我选这个题目，是因为最近几年有机会看了些英译汉的译文，包括中国大陆、台湾和香港等地译者的译文，总的感觉是准确性是一个值得提一提的问题。从中国大陆来看，自80年代开始，尤金·奈达功能对等理论影响很大，大家都在追求一种跳脱原文语言形式的译法。这个大方向我觉得没错，就是说英文译成中文，中文译者要克服的就是英文语言形式的束缚，对此我没有异议，但实际操作起来却可能完全不同。如果授课老师对奈达的理论把握不好，那效果就会适得其反，就会创造出一大堆不够准确的句子。我想我们学翻译的人应该注意准确性的问题，所以我选了这个题目。

我有时对人说，翻译实际上不见得每次都要十分准确，有人说，你怎么可以这么说呢？但做实际工作的人都知道，有的时候，在有些文本中，在有些翻译目的的驱使下，译者并没有十分“准确”。本来可以百分之百的准确，但真正百分之百“准确”的话，好像效果反而不好，因此有的时候可能就会做一点让步，赢得几分可读性，丢失几分“准确性”。但目前翻译实践的现状却不得不让我们看看问题的另一方面，即翻译的准确性问题。

1、词语理解不准确

我想用一些例子来说明一下准确性的问题。

a. “Black Britons can’t bring centuries of white guilt to bear with the devastating impact that African-Americans have done for two generations. For the most part, we have been here for less than 60 years.”

前面那句可能比较麻烦，可是后一句“for the most part, we have been here for less than 60 years”我想这几个字高中生都认识，没有什么难的。有一个人是这么翻译的：“一般来说，我们黑人在英国的时间不到 60 年”。还有另一种译法：“在很大程度上，我们黑人在英国的时间不到 60 年”。什么叫“一般来说”、“在很大程度上”？放在这里怎么都不对劲，不知道这话是什么意思。只有存在“whole”，才可以有“part”。换句话说，当你说“part”的时候，它相对的总是有一个更大的“whole”。“Black British”就是这个全部，所有的黑人。“for the most part”是全部中的一部分，所以这句话的意思是“大多数的黑人在英国的时间不到六十年”。一些人觉得不对，认为“for the most part”是用来修饰“have been”的，因为通常来说，介词短语放在这个位置上总是用来修饰动词的。但是我看主要得看意思对不对，再好的语法分析，意思不对还是不行的。

b. “Nothing in this agreement is intended to exclude other forms of partnership and the cooperation between the two parties.”

这句不难译，一个学生译成：“该协议中的任何条款不排除双方在其他方面或其他形式的合作”。但译文的意思和原文不一样，原文没有说“不排除”，原文是说“is not intended to exclude”，至于有没有排除，并不是这里要讨论的问题。应该是“该协议中的任何条款均*不意在排除*双方其他形式的合伙与合作”。

c. “As the world’s only super power, America may look today as if global domination is an entitlement, but if you look back at history, it’s striking how fleeting supremacy is, particularly for individual cities.”

这也不是一个很困难的句子，一个译者的译文是这样的："美国是全世界独一无二的超级强权，今天美国可能会认为它独霸全球乃是天经地义的事，然而当我们对历史稍作回顾，便会惊觉霸权是多么的变动无常，尤其是一座座的名城。"我想，至少有两个问题，"America may look today as if "。译者说"美国今天可能会认为"，好像"look"这个动作是由美国做出的。我觉得不是美国可能会认为，而是一般人的态度。这个"look"要不要翻出来可另当别论，但这不是美国人的态度。

第二个是"便会惊觉霸权是多么的变动无常"这句。我想译者受到前面"super power"的影响，把"supremacy"和"super power"等同起来看了。这个"supremacy"的意思是"霸权"吗？这篇文章是《纽约时报》一个新闻记者写开封这个古城的，他想把开封和纽约比一下。开封本身并不是霸权，所以这个不对。"Supremacy"并不是"super power"，它表示"任何处于巅峰状态"的事物，可以是经济、政治和文化的。本句译文可能还有一些问题，但都是些细小的问题，可正是这些细节问题，使得译文不够准确。其实上面一句倒可以翻译成这样："美国是世上唯一一个超级大国，好像由它来主宰全球倒也名正言顺，然而你若纵观历史，便会惊觉，鼎盛繁华转瞬即逝，城市的兴衰更是弹指间的事"。

d. "Kaifeng，an ancient city along the mud-clogged Yellow River，was by far the most important place in the world in 1000. And if you've never heard of it，that's a useful warning for Americans."

有一个译文是这样的："开封，泥沙淤塞的黄河边上的一座古城，在公元1000年时曾是全世界无与伦比的首善之地，如果您对此闻所未闻，那这对美国人不失为一则有益的警讯。"看起来译文挺通顺的，但也有两个细节问题。一个是"by far"，它的意思是第一个和第二个距离非常远，也就是它遥遥领先，没法儿比。这也是准确性的问题。但是在实际翻译中，我认为这个译文还是可以的。我们不是任何时候都需要那么准确，因为翻译目的不同，不一定要百分百的准确。不过心里要知道，需要不需要这么准确和有没有理解是两码事。这个译文里还有一个问题："如果您对此闻所未闻"，汉语的"对此闻所未闻"指的是前面的一件事，不指前面的名词。这个"it"指的不是"by far the most important place in the world in 1000"这件事，而是指名词开封。英文的"it"很清楚指第三人称单数，指前面的那个可数的名词，应该是开封。这些小的地方我觉得都有必要注意一下。虽然都不是什么大问题，可以说无关宏旨，但都不同程度地影响了译文的准确性。

2、忽视语法结构造成的不准确

前面说的大部分是词语的问题，另一个比较严重的准确性问题是忽视语法结构造成的。下面是一些例子：

"The universal declaration of Human Rights，adopted unanimously by the UN General Assembly in 1948，represented an authorized articulation of the rights that member states are generally at large to protect and promote under the UN charter。"

有人译成："《世界人权宣言》是联合国大会于1948年一致通过的文献。它权威、清晰地阐述各成员国根据联合国宪章、条款必须保护和提升人权，这一点已达成共识。"翻译中有个技巧叫分句，就是将一个长的句子分成两句或更多句。但在学校学习的时候，我们大多是在单句的情况下，在没有考虑更大语境的情况下做分句练习的。然而分句不是什么时候都可以用，还必须看更大的语境。上面这个句子的核心是什么？我觉得这句话主要想说的就是"the declaration represents articulation of ..."，这是它最根本的架构，至于"adopted unanimously by the UN General Assembly in 1948"和后面的"the rights that member states are generally at large to protect and promote under the UN charter”，这两点都是第二层次的信息。上面的译文把一句分成两句，结果就把原文第二层次的意思放到了最主要的位置上，因此没有突出核心意思。有些时候我们是可以主次颠倒。汉语是很灵活的语言，我觉得放在前面不见得永远不行。可是假如原文是选自一篇比较重要的文章，比如此句，我就觉得这样翻译不是最理想的。同样的道理，把 adopted unanimously 单独处理成短句（这一点已达成共识）也有这个问题，更遑论 adopted unanimously 和“达成共识”意思也不能等同。

还有人译成“它代表了所有的成员国在联合国宪章的框架下”，但原文没有“框架”，一般正规文章当中，框架往往是“framework”。另外还有人翻译成“承诺保护促进人权的最高宣言”，而 authorized 是“经授权的”“权威的”，不是“最高的”。有的时候，如普通讲话的时候，这样改动一下也许可以，例如在一篇散文中我觉得不能完全排除这种可能性。但在这一类文章中，在重要的政治文章，重要的合同、法律文件中，我们一般不主张这样转换，因为很容易造成译文不准确。

此外还有人将这句翻译成“在 1948 年联合国大会上一致通过的《世界人权宣言》代表了对在联合国宪章下各成员国有责任需要保护和促进的权利的权威表述”。我觉得这个译法在结构上更接近原文，但还是有改进的余地，比如可以这样翻译：“在 1948 年联合国大会上一致通过的《世界人权宣言》权威性地表述了成员国根据联合国宪章有责任要保护和促进的权利。”这个译法保留了 the declaration represents articulation 这个原文的基础结构。在这类文本中，句法结构的对应也许是必要的。

目前有一个倾向，译者常会忽视语言结构的意义，翻译的时候喜欢把结构打乱。很多情况下结构应该打乱，但到底何时应该打乱结构，何时不应该打乱，还必须看文章的内容和文本的类型等因素，比较正规的文章一般不主张做太多的结构转变。本例就说明了这个问题。

我想借这个机会多说几句关于奈达的“灵活对等”。尤金·奈达是国际上很有名的翻译理论家，有人甚至认为他是20世纪最主要的翻译理论家。他的主要观点我可以简单地概括一下。他认为英文和不少其他语言的语法结构实在差异太大，如果一句一句照原来句子内的结构翻译，译文肯定没法儿读，因此他反对“语法翻译”。所以他说，你要翻译的是意思，不是翻译词语，不是翻译语法结构。他的这个看法在学术界有个名称，叫“灵活（功能）对等”。他觉得翻译时应该求得功能上的对等，而不是语言形式上的对应。我觉得他说的非常正确。他这个“灵活对等”基本上就是排除原文语言形式对译者的干扰，直逼语义。他说“你懂不懂这个句子，你真的懂了，那就用你自己的话说出来”。

我觉得翻译基本就是这么回事儿。“灵活对等”的理论将语言形式的作用降到最低点。不过，这个“灵活对等”的理论如果使用不当，就会造成上面的结果，会忽视语言结构的意义。近来，对“灵活对等”的批评声浪很高，这固然与奈达理论本身的问题有关，但我们理论使用的不当也有责任。我们没有真正领会他理论的精神，于是把它套来就用，结果翻译时天马行空，还美其名曰“灵活对等”。刚才举的结构问题的例子，都说明我们对语言结构的敏感性不够强。还有些反对他的观点我也不很赞成。有人认为他是80年代的人，现在是21世纪了，他的理论过时了，要有新的理论了。我认为，理论可以层出不穷，翻译的实际问题依然如故。就翻译本身的性质来说，永远是同样的问题，无非是用新的理论去讨论同一个老问题。就我们做实际工作的人来说，最简单的问题永远是，这个句子的意思你懂不懂？懂了，就原原本本地把它再表述出来。我觉得不管社会怎么变化，无论何时何地，这个问题永远是一样的。

所以，就像我刚才讲的，翻译的准确性问题要参照文本的类型。比如说法律文件的翻译，有些词语上下文都要一致。比如在一个80

多页的非常正规的法律文件中，表达某个概念的词反复出现，翻译时就要在整个文件中保持一致。那么这80多页的文字若是由几个人共同完成的话该怎么办？那就需要协调，先做个词汇表，大家根据词汇表来做，省了很多麻烦，译文也更准确。这个原则不仅仅适用于法律文本，还包括一些政府文件或合同等，也包括用户手册等科技文本和一些经济类的文本，都需要这样处理。这类翻译比较死板，不宜自己过度发挥。再举一例：

“The economic problems that afflicted so many developing countries in the wake of the debt crisis of the early 1980s，were at the origin of the reform process。”

这句有人译成：“八十年代早期，债务危机引发了经济问题，进而影响了很多发展中国家，也促发了改革进程。”中文译文乍一看比原文都好。你看译文把三个动作依次并列排开：引发了、影响了、促发了。但下面这个联合国的译文却是这样的：“在1980年代初期债务危机之后影响众多发展中国家的经济问题是这一改革过程的根源。”也许你会问，为什么不能灵活一点？这个官方的译文太冗长。但是，第一个译文把三个动作并列的做法显然是不正确的，因为原文只有一个核心，就是“是这一改革过程的根源”，其他两个（引发了、影响了）仅仅是陪衬，不能主次不分，和主要信息并列。这又是一个结构具有意义的例子。

那么是不是文学作品就可以灵活一点了呢？这也要视情况而定，有些文学是可以灵活些的，但也要看什么文学作品。请看下面一句：

“A poem compresses much in a small space and adds music，thus heightening its meaning。”

本句选自一个散文名篇。有人把它翻成这样：“一首诗意义丰富，恰在于言简意赅，抑扬顿挫。”这样翻译好像意思都反映了，句子也漂亮。我觉得这也只是一种译法，不见得完美。研究文学的人也许会看到这句中有一个很有意义的隐喻，而这个隐喻我觉得恰恰构成了它的文学性，这就是“compress”这个词。文中的“compresses much in a small space”实际上是把一首诗当作了一个容器，往里放东西，然后压缩。学过认知语言学的人都知道，认知语言学家常常提到“容器隐喻”这个概念。例如“I am in love”这其中就有一个容器隐喻，“爱”是一个三维的空间，你可以进入，也可以出来；再例如，“I am in trouble”，这意味着“麻烦”也是一个三维空间，你可以进入或走出。诗也同样可以这样比喻。这句话的文学性恰恰在于“compress”这个词，最好翻译的时候不要把它丢掉。所以，译文可以改为这样：“一首诗，集丰富内容于方寸，再配上韵律，便更意蕴非凡”。“方寸”有两个意思，一个是心，一个是小空间，集内容于方寸中，就是把内容放在“容器”中压缩。所以文学也不见得什么时候都可以让你天马行空。

有人会说，这么说翻译必须死板了。这倒不是，我这里仅仅想强调一下准确性，强调有些文本中过于灵活的译法并不一定好。当然也会有需要灵活的时候，必须变通的文本。有一位在海外生活多年的老留学生，由于工作关系不能来国内参加同学会，写了一个颇有诗意的感言，其中一段是这样的：

“True it is we will miss the banquet, the laughter, the new scenery, the Tiger-run spring and Dragon-well tea. But when all that is over, when all the anticipation, the excitement, the talent shows, the four-star hotel, the delicious food of the reunion is over, we are the ones who remain unspoiled. We keep our innocence and purity. We look forward with more keenness to the next reunion, at which, when it takes place at a time ripe for us, we will not be coy. We will laugh louder; we will drink deeper; we will reminisce longer – we will be there.”

这一看就是非正式的文本，译这样的文字就没有必要像翻译法律文件那样严谨了，你尽可以灵活些，尽可以在不脱离原文意思的基础上把你的文字修饰一下，略有发挥也未尝不可，所以我说要看翻译的是什么文本，甚至要看翻译目的是什么。请看下面一个译文：

“确实，我们将会错过这场盛宴、错过欢声笑语、错过新的风景、错过虎跑泉、也错过龙井茶。但当那一切都结束了的时候，当所有的期盼、激动、才华展示、四星级酒店和美味佳肴都结束了的时候，只有我们仍然毫无所染。我们保持了自己的天真和纯洁。我们更加迫切地期待着下一次重聚，如果时机成熟，那时的我们将不会羞怯忸怩。我们的笑声会更加响亮、我们的酒会饮得更加酣畅、我们的追忆也会更加久远。我们一定会到场。”

这个译文我看不错，但是我觉得在这样的文本中，准确性似乎可以诠释得更灵活些，准确可以更多地体现在整体上，细节的对应可以放宽些。所以，根据上面的译文，可以把它修改得更灵活一些：

“未能到场当然会有遗憾，毕竟无缘去参加宴会，无缘受笑声感染，无缘欣赏新景致，无缘品尝虎跑泉泡出龙井茶香淡淡。但是，当一切过后，当期待已退，激动已过，佳肴已品，高级酒店退了房，应景表演下了场，我们才是未被宠坏的一群，仍然清纯不改，依旧一尘不染。我们对下次聚会仍满怀热望，期待时机成熟，我们一定到场。到时候我们绝不会腼腆。我们要笑得更响亮，饮得更豪爽，忆得更远更长。”

这个译文意思和原文基本差不多，但很多地方却处理得很灵活，比方说，难道一定要用“才艺秀”“四星酒店”“美食”这些词？你可以换一下，“当一切过后，当期待已退，激动已过，佳肴已品，高级酒店退了房，应景表演下了场”，我觉得意思差不多。由于文本的不同，译者有这个自由。

我今天所讲的准确有个前提，就是必须要看文本，要看语境，要在兼顾到这些因素的情况下，诠释准确。不顾语境和文本的翻译是不恰当的。

3、如何做到译文准确

那么怎么才能准确呢？我们一般选中某个译法，是在经过比较几个不同的译法后才决定的。换句话说，在实际翻译过程中，你总是在两个或多个译法之间权衡比较。所以我觉得译者需要对语言十分敏感，这样才能在比较中做出准确的选择。有鉴于此，我们建议经常进行“敏感测验”（sensitivity test），提高对细微差异的敏感性。比如：

“A lawyer is a shark.”

1．律师是鲨鱼。

2．律师像鲨鱼。

3．律师像鲨鱼一样凶残。

三个译文比较一下，看看你有多敏感？三句有什么不同？“是鲨鱼”突兀一点，“像鲨鱼”就稍微缓和些；把律师比作鲨鱼，是不是仅仅是凶残，是不是在凶残之外还有其他的特征？换句话说，清清楚楚的说成是“凶残”是不是太狭窄了一点，至少发挥的余地和空间就没有了？那么我觉得“律师是鲨鱼”要比“律师像鲨鱼”说的更有力度，第三个译法也正确，但可能就狭窄了一点。到底选用哪个，就可能要考虑文本、语境等因素。再例如：

“Freedom of speech and religion are protected by law.”

1．言论自由和宗教自由必须受法律的保护。

2．言论自由和宗教自由受法律保护。

3．言论和宗教自由受法律保护。

如果不加以提醒，很多学生很可能将这句翻译成译文一。殊不知，“必须受保护”和“受保护”是不一样的，前者是态度（必须），后者却是对事实的陈述，说明人们受到了保护，而原文没有态度。译文二和译文三之间的差别虽然微乎其微，一般不必注意，但还是不完全一样的，译文二把言论自由和宗教自由作为两种自由看待，但译文三则是把言论和宗教和起来当作一个自由看待。这些细微的差别，不见得每次都要在翻译中反映出来，但译者却不能不察觉到。再来一个语言结构的敏感测验：

"Policy reform became unavoidable in the 1980s in numerous countries with stabilization and adjustment problems."

1. 1980年代无数的国家有稳定化及调整的问题，政策改革不可避免。

2. 1980年代无数的国家有稳定化及调整的问题，因此政策改革不可避免。

3. 1980年代在许多有稳定化和调整问题的国家中，政策改革成了不可避免的了。

仅从译文内容来说，三个译文的意思基本一样。但译文一和译文二的前半句明显是后半句的原因，特别是译文二中的"因此"更把这层关系挑明。译文三则没有这种因果关系。有人会说，实际上就是因为有了稳定和调整的问题，才促使了改革，表达成因果应该没有问题。但是译者仍然应该看出其间的细微差别，再根据文本或语境的不同做出选择。比如根据本句的语境，就应该选第三个译文，因为本句选自联合国的正式文件，准确性的要求很高，而原文前后的因果关系并没有明显表现出来，译文最好也不要将这层关系挑明。最后再举一个广告类的例子：

"When an iceberg is born, the sound is like thunder. The impact shoots water hundreds of feet into the air and waves lap gently against your ship. You relish every moment, marveling as the sights and sounds of calving glaciers thrill you again and again. That's the lure of enchanting Glacier Bay, where the most astounding natural forces take center stage.

1. 当冰山诞生时，其声如雷霆一般，其冲击力将海水射向数百米高的空中，波浪轻拍着你的船。你品味着这每一刻的时光。冰川崩裂之状、之声让你一次又一次震撼，同时你也惊叹不已。

这就是令人着迷的冰川湾的诱人之处，在这里最令人惊叹的自然力量占据了中心舞台。

这是一个较直译的译文，比较准确，面面俱到，没有遗漏。从准确性来说，我觉得很准。但如果要是当广告的话，估计大家都会觉得它的效果不好，太拘泥于文字的细节，译者基本是被原文牵绊着走的。我会问一下译者，是不是可以在文字上再增加一点灵活度，再“忽悠”一点，不一定要弄得那么准。换句话说，我们一直在强调准确，但这个例子中就不宜“太准确”。广告文本的性质决定了翻译的策略。看下面的译文：

2. 冰山形成时，会发出雷鸣般的巨响，激起百尺高的大浪，涌开的余波绕船拍荡。这壮观的景象，给你震撼，也令你惊叹，你分秒不失，尽情欣赏。这就是冰川湾，一个叫你陶醉、诱你前往的地方，在那里大自然展现无比的力量。

这个译文里译者脱离了原文的语言结构，甚至把译文从头到尾弄成了一个韵，读起来流畅多了。但你若仔细对照原文，就会发现很多细节处偏离原文了。不过我觉得在这样的文本中，这点偏离应该是允许的。你甚至可以走的更远，比如：

3. 冰山崩落入海洋，似惊雷巨响，激起冲天浪，余波涌，绕船拍荡。望冰原断处，景壮观，声浩荡，令你惊叹，震我心房。冰川湾，自然浩瀚，显无穷力量，驱你神驰身往 。

也许有人会提出这个译文细节上都不准了，但这不重要，因为我们不是在翻译《联合国宪章》。不过上面这个译文有一个问题，就是不太像广告用语，更像文学语言。当然不能说，这类文字完全不能用在广告翻译上，这也得看广告宣传的是什么东西。其实，很多广告不见得都是句句都翻译的。由于篇幅限制，缩译或编译也是常使用的方法：

4. 冰川湾是阿拉斯加游的必到景点。在那里大自然展现无穷力量，冰山崩落，声如雷鸣，景象壮观。

编译也是翻译的一种，而且在实际生活中，可能编译的效果更好，既节省了篇幅，又显得简洁。如果你一定从翻译联合国文件的原则看这类编译，那就会觉得太不准确了。但此时过于“准确”也许并不准确，因为广告的目的是宣传，死板的文字恰恰起不到宣传的作用。

我今天从准确这个题目切入，以不同的文本作为参照，借助不同的例子，对“准确”的定义作了不同的诠释。目的就是想提请大家关注翻译的准确性问题。希望大家认真打好两种语言的基础，特别是要在细节处下功夫。翻译是一项需要特别关注细节的工作，蒙混过关是不行的。你们现在的条件比我学习翻译时好多了。我是文化大革命的时期开始学翻译的，当时手头只有一本郑易里的《英华大字典》，没有人可以帮助我，更没有这样的大家讲堂。所以各位要珍惜良好的学习条件，将翻译工作做得更好，同时自己也能在翻译中获得满足，感到愉快。

范守义　毕业于北京外国语大学英语系，硕士。前外交学院英语系主任，现任外交学院英语系教授。第五届中国译协理事会理事，中国翻译工作者协会翻译理论和翻译教学委员会委员，全国翻译专业资格（水平）考试专家委员会委员。已发表论文及译作数十篇，理论专著《翻译研究：另类视野》（外语教学与研究出版社），华裔美国作家英语名著系列丛书《通往金山之路》主编（山西教育出版社），《英语时文泛读》总主编。

大家讲堂是大家的讲堂，是大家与大家交流的平台，希望大家积极参与，相互促进，使大家讲堂的影响不断扩大。

范守义

定名与翻译

范守义

我今天要讲的是“定名与翻译”，其中部分的内容、关键的和核心的内容已经发表并收录到我的《翻译研究：另类视野》这本书里面。这本书2004年11月份出版，收到这本书里的有三篇东西，都跟定名有关系。有一篇叫“定名的历史沿革与名词术语翻译”，就从古代，应该是从佛经翻译开始吧，历代对定名的一些看法。

今天给大家讲的定名与翻译就是依据“定名的认知学理据与名词术语翻译”（《上海科技翻译》，2003年2期）这篇论文，其中有些东西拆开了，分别在一些学报上发表了，03年我又增加了一篇“概念的定位：‘非典’耶？‘SARS’耶？”当时关于病名有些说法，我们国家叫“非典”，可是有些人，实际上就是新闻记者，还有海外的人，包括新加坡的人说：不行，你要叫“SARS”，说“SARS”是更准确的译名。那这就引起我的兴趣了，就在我们那段谁也不能上班的日子，利用网上的资源收集资料，然后分析，这样就写了这篇文章。这篇文章的结果就是说，用“非典”我觉得是可以的，而“非典”是比“SARS”还要准确一点的定名，但还不是最准确的定名。如果最准确的定名，应该更细一点。比方可以把“非典”叫“河源肺炎”，因为“非典”发起的地方叫河源；或者是那个师傅的名字，好像是姓黄，就叫“黄氏肺炎”；或者是医治有功的，纪念大夫的，就叫“钟南山肺炎”；或者是再扩大点，以广州为发源地，就叫“广州肺炎”，我觉得这样才是真正的一个名字。所以就写了这篇文章，然后弄了一个定名的模型，包括初级定名 primary naming 和次级定名 secondary naming，局部的内容也在《中国科技术语》上发表，在网上也发表了。我写了三篇东西都跟定名有关系。

因为我在最早的时候，也算是我的出道之作吧，是 1986 年，当时《中国翻译》由原来的《翻译通讯》从太平桥那儿的翻译出版公司转到中国译协这里，当时就算改版吧。《中国翻译》的第一期，1986 年第一期发表了我的一篇文章，“中国译界五十年之争(1898–1948)”，放在第一篇的位置，评论了翻译界 50 年的争论，一下子就使我小有名气，使我荣膺中青年翻译理论家雅号，后来我又写了一篇题为“走向科学：回顾与展望——当代中国的翻译研究(1950–1992)”(《外语研究》，1993 年第 1 期和第 2 期）的论文。本来我还想写从 92 年以后一直到现在，因为这一阶段时间有不少的中国翻译理论家涌现，年龄大一些的像刘宓庆他们现在已经退休了，他回到北京以后，给我还来封信、打过电话。然后，也有很多年轻的出版了不少作品专著，我就想再研究研究，放在 1992 年以后这个时间段。但是，因为担任了外交学院英语系的系主任，八年的时间忙于很多事务性工作，就把这事耽误了，没有时间再聚精会神地搞学术了。

即便如此，我还是在最忙的这段时间，用了两个暑假完成了“定名的历史沿革与名词术语翻译”和“定名的认知学理据与名词术语翻译”。头一个暑假先准备资料、弄个框架，第二个暑假才有时间把它弄出来。这个弄完了以后，我就继续思考这个问题，后来就想弄一个理论的模型来观察定名与翻译的关系。定名我这里用的是最常用的词“naming”，当然另外还有 nomination。Naming 在任何语言里实际上都要有那意思，不管是现有的、自然界的，还是文物古籍或者是人造的，都要有 naming。然后一些抽象的东西也要有 naming，所以我就觉得 naming 到底是怎么搞出来的？因为我对认知心理学也有一些涉猎，就想从这个视角来看一看。我想大家也都应该是从研究生走过来的，那么写论文，如何写？所以我就想先把自己这点亲身体会跟大家说一说。

我自己觉得，我这本《翻译研究：另类视野》书里，每一篇都想从结构上还有立意上，然后具体的再分析过程中有一些新意，至少我自己是这样认为的。也就是在当时80年代改革开放以后这种社会背景下，学术比较活跃，有很多中青年学者都出了好多的专著，当然都不是鸿篇巨作，大多是六、七万字，但是也足以使他们表达了他们的学术思想。那么我从他们那些著述中，有一些是属于跨学科的研究成果里得到了一些启发、借鉴，所以后来也写了一篇“模糊数学与译文评价”（《中国翻译》，1987年第4期）。后来，在青岛举行的第一届中国翻译理论研讨会使我跟与会的翻译研究学者们彼此熟悉了。那个时候我是一门心思做学问，主要专注于跨学科的研究，包括信息论、系统论和控制论，把这三种思想结合起来，研究模糊语言与翻译。总之，包括各种理论和框架。

我觉得每个人都有他自己的见解，每一种理论都能提供一个perspective，from which you can see something new，or observe some new phenomena。所以，尽管可能这种理论有不成熟的地方，但是我觉得会有它存在的理由。每一种理论都提供了一个视角，然后在这个视角的诱导之下，你就会观察到一些以前其他理论没有涉及到的地方，所有你就利用这个视角发现了新的问题，然后就有了体会，然后就琢磨着怎么把观察到的材料组织到一起，写成一篇东西，让它有一定的新意，有一定的理论深度，这就是我这几年学习的一些体会吧。

从翻译单位来讲，最小的翻译单位就是词了，从词来着手看一看，到底从一种语言翻译成另一种语言会出现一些什么情况，因为我朦胧地认识到双语词典中提供的词好像没有完全对上。人类虽然在交流，好像也实现了交流的目的，但是总有一些地方我感觉没有完全对上，但是好像大家也没有太误解对方，然后就实现了交流。那么最小的单位就是词，那么我把这个词就一点儿一点儿的看。一开始比较乱，各种词都在眼前。后来我想不行，这样看就乱了，观察不出名堂来。那么我就想先把抽象的东西先都弄掉，把具体的留住，然后就翻翻词典，主要是看英中的，先从英中对照做起。因为看了双语词典，慢慢就觉得在定名上，中国的定名跟英文的定名好像有些差异，但是词典的编撰者们就把它定在一起了。然后，我们学生也好，老师也好，从此就按照词典的规定就这么用词来进行翻译，不会的地方就查查词典，不论英译中、中译英都查字典。当然我自己也搞翻译，从一开始工作，搞了 10 年的翻译，口译、笔译都搞。然后，研究生毕业、当了老师以后仍继续这方面的教学和研究工作，所以逐渐认识到它们之间可能有些什么奥秘在里面。那么再往下看，就是找了一些具体的词来看，然后我就注意到这些词在命名的时候，有不少是看着它的一些物理的属性。所谓物理属性就是指这个被命名的东西的大小、形状，一般客观事物都有物理的属性，也就是说你从这个语言之间能够观察到；还有一些化学的属性，通过一些颜色、气味等等，也有这样命名的；还有的词是从它的功能命名。但是也发现有些东西，既不是物理的，也不是化学的，也不是功能性的，它就是个人名字。所以，你还得把个人名字再分一下，算一类。那么，总之就慢慢地有把握的确信，不管是汉语也好，或者其他任何语言也好，它的定名都是根据一种属性。把它最突出的属性抓住，然后利用自己的语言资源来给它起个名字，觉得这样起名比那样起名可能更好一些，这样就终于定名了。

那么我们翻译的过程实际上就是参照它原来的定名，把它原来的定名琢磨透了，然后再利用我们自己的语言资源，然后再给它重新定一下名。那么这种重新定名可能是吻合的，但是可能最后发现有些完全就是对不上，但是就是这样叫的，所以这样的一些东西你也要去观察，然后把它放到一定的层次上再进行探讨。所以，基本上在那两个暑假，就是当时创作那两篇东西的时候，一开始材料都是乱的，历史上的也有，现实的也有，我就确定先把历史沿革给它梳理好。但时间有限，所以在很大程度上，我感觉终归要利用前人的、别人的成果，在它之上观察到新的东西，利用新的框架进行研究。

我的做法就是把马祖毅等人的专著拿来研究，当然是从 naming 这个角度入手，然后慢慢提出一些想法，就给它理顺了，所以先弄了一篇历史的沿革这篇论文，在现在叫《上海翻译》的一个学报上发表。第二个实际上等于是前一篇的续篇，从认知心理学的角度谈这个问题，就是这两篇东西弄出来了。然后，现在就把其中的一些内容摘出来跟大家探讨一下。

首先谈的是音义气理相通，就是谈一下定名的理据。

我自己觉得定名就是思维活动的一个基本的形式，当然思维活动不能停止在定名的基础上，有了定名只不过是有了一个概念。有了那么一个概念的思维化以后，我们可以在它这个基础上进行一些操作吧。那么就是在这个词的 level，然后这个 phrasal level，然后短句的 level，然后全句的 level，然后 paragraph level，在这其中的一个 level 上，表达你所要表达的一些思想。但是，归根到底都离不开最初的、最简单的这个定名活动。就像一块砖头一样，在这个基础上你可以盖出各种各样的房子，所以我觉得定名应该是所有当中最基本的形式，它必须使一个“概念”词汇化。那么概念的词汇化在不同的语言当中，或者受不同文化的影响，注意的角度也是不一样的。你可能注意到的是这个东西的物理属性，大小、肥胖以及长短等，但另一个文化它可能是注意到它的味道，反正是不太一样。所以，这样产生的词汇，有的能够比较吻合到一块，就是不同文化有契合的地方，但是也有很多有差异的地方，从观察词就能看出来。

那么这是我们两个古人程颢和程颐，他们二程在古代讲了：“凡物之名字，自与音义气理相通。除其它有体质可以指论而得名者之外，如天之所以为天，天未名时，本亦无名，只是苍苍然也。何以便有此名？盖出自然之理，音声发于其气，遂有此名此字。”这是这兄弟俩人对定名的认识。我觉得作为古人认识到这种程度是很了不起的，实际上跟我们现代人对定名的认识是很契合的。

下面要提一下西方学者索绪尔。他提出了“语言符号连接的不是事物和名称，而是概念和音响形象。”他把“概念和音响形象”的结合称为“符号”，那么英语有的用 symbol，有的用 sign。然后他又指出“语言符号是一种两面的心理实体”，但是在日常使用上，“符号”是用来指“音响形象”，就是 audible image。某一音响符号之所以称为符号是因为它含有该符号所代表的物体的概念，结果“让感觉部分的观念包含了整体的观念”，所以他建议用“符号”这个词表示“整体”，用“所指”和“能指”分别代替“概念”和“音响形象”。现在就有这样的一个图，这个图上面就是 concept，下面就是 sound image，这是 A 图。然后，这是法语跟英语，英语就是 signified，法语是 signifié，然后最下面是 signifier and significant，就是所谓的能指和所指。这是一个具体的法文词叫 arbre，英语就是 tree，上面是一个 tree，所以他认为就是一个这样的形象跟这样的一个音的结合，当然这个音也要变成文字，所以我们这里出的是文字，但他说的是音，有这个音就有这个形象，不断地把他们紧紧地联想、巩固。最早的人，一出这个音就跟那个形象连接起来，这样不断地把一个音跟一个形象，一个音跟一个形象连接起来，这实际上就是一个定名的过程。

那么符号有什么特征呢？一个是“符号的任意性”，一个“能指的线性”。任意性主要意思就是我就发这个音，我就是指那个东西，任意的。不同的语言基本上都是任意构成和组成的，但也有比较吻合的地方，比方说妈妈、爸爸这样的定名基本上是全球的，可能是跟小孩的最初发音，只会发这两个音有关系。能指的线性也就是指讲话的时候你总是一个音节一个音节，一个字一个字的出来，一串的都是线性的。不可能同时吐出来两串音，对吧？当然，我发现也有。有的会腹语的，嘴上说着话，肚子里咕噜咕噜的好像又发出另外的声音。我临时起名字就叫，不能叫线性了，但是我觉得也是线性，但是从一个人的人体里同时发出来的，要不叫它双轨的或者双线的，临时起一个名字。但是，一般来讲就是线性的。

然后，有符号的“不变性”和“可变性”。一旦定下来就不变了，就这么定了，但是随着社会的发展也还是有可变性的情况。比方我们以前叫马路，那真是马走的路。那么你现在说的过马路要小心啊，那是指现在的柏油路了，比如宽窄啊或者是用的材料啊都不太一样了，但是还是叫马路。

另一点我想强调的就是语言的发生是人类进化的一个产品。

《论语言的起源》的作者赫尔德讲“人类思维的所有的这些痕迹都刻在了最早的名称上面”，也就是说通过对名称的观察来看它的意义、结构就能够知道当时古代的人类是怎样思维的。赫尔德说的是，人类古老的语言中，如动词和名词，都表现出生活在人类早期社会中的原始部族将自己对自然、神祇的敬畏，将喜、怒、哀、乐注入到简单的话语中。因此思维产生了言语，言语承载着思想和情感，语言成为人类生活的必需品。

语言的产生必须有两个最基本的条件，实际上这些语言学家也好，或者哲学家也好都是坐在屋子里自己想。坐而论道，然后想应该这样子谈这个问题，应该是合理的。当然，有时候他要找一些实证证明，但是有时候就是这么一个推论的结果。所以我们认为，理所当然语言的产生应该有这样的条件，也许不是我说的两个最基本的条件：劳动，直立行走。劳动是我们无产阶级最根本的认识；直立行走它进一步产生什么后果呢？可以生产和劳动，这是一些物质的或者肉体的。那么再然后呢，实际上就是有一种需求，要有这个需求来要交流了，我们要一起劳动，互相配合。可能一开始发出的声音就是引起注意，啊、啊的乱叫一气。然后指着，啊、啊、啊，那你要的是这个，就去弄过来。然后那边又换一个东西，你说嗯、嗯、嗯。可能就是这样子，发出嗯、啊、嗯等最简单的声音，然后就都明白了。后来，就不光是嗯了，可能把嘴巴开合发出“妈”等的声音，一点点变得聪明了。就是人类祖先思维功能已经达到相当高的阶段，他们对自己和周围环境有了足够的认识，并且可以进行一些判断和推理活动，借助手势和简单的声音进行交流。其次，他们的发声器官已经初步完善起来，知道发出不同的声音可以表达出不同的意思。那么这个跟直立行走可能有关，比方说闷着头或低着头可能憋着啊，憋着就发不出声音，所以跟直立行走和劳动都有关系。那么这是指猿猴时代，他们发的声音。

有了语言，然后这时候就为了交流的统一和一致，必须制定统一的规则。那么苏格拉底说的“立规人”，英文叫“legislator”，在这个环境中这个英文词不能叫立法人，所以叫立规人。最初也许创造的是发音的方法、语音的规则，后来是造词规则，再后来是基本的句法规则，等等。那么古代的人类掌握了使用语言的本领以后，人类就告别了没有语言进行思维的阶段，进入了使用语言进行思维和表达的阶段。那么这个转变在人类语言发生史上是一次飞跃，在正常情况下人们不会返回没有语言进行思维的时代。跨过了这个门槛以后，让所有人都不再用语言交流，那都会憋坏了。所以，我认为这是一次飞跃，也没法再返回去了。我不知道这种说法是不是以前有人说了，但我写到这里反正我是这样认识的。如果已经有人说了，那就是说我的认识也很符合前人的认识。而文字的产生则是第二次飞跃，古代人类的才智沿着不同方向被利用起来，而创造出象形文字、楔形文字、拼音文字等等五花八门的文字形式。

古代人散居在世界各地，形成不同的生活圈，因此可以认为他们一开始创造的语言是不同的，这是与 Babel 故事相反的语言学事实。Babel 的这个故事就是说原来有个 common language，后来最后等于是 God 不放心，所以就把 Babel Tower 毁掉了，人们开始讲不同的语言。现在最高的在哪儿啊？我就害怕他们真修建上去。同时，我们还可以认为创造语言所遵循的基本规律应当是相似的，即是说人们讲同一种语言或不同语言在思考和交流时遵循相似的逻辑思维法则。如其不然，我们也不会有今天不同群体说者交流的可能，不同种族或种群人类思维的基本模式应该是相似的。古代人类在定名上采用大体一致的办法，用某一声音指示某一对象或客体，是任意的。即使仿声词的创造，如“汪汪”和“bow-wow”，或者“cuckoo”和“coucou”，不同的种族、种群所发出的声音也是任意的。

当语言发展到一定的阶段，古代人类就学会了抓住某一对象或客体的特殊的特征加以命名，因为古代人类生活的地域、人文环境不同，观察对象或客体时所注意的特征不同，造出来的词从意义上来看就有所不同。那么两种语言对译时，我们只能在两个词是同指的层面上认为它们是对的，但其内涵未必完全一致。这是我一个重要的 observation。

大家都知道西红柿。那么“tomato”和“passion fruit”，其内涵是该客体为“爱情果”，与热恋和情爱有关。而西红柿，中国人的西红柿则是来自西方的、红色的、柿子一样的可吃的东西，所以我们说的西红柿跟它这个 tomato 这个含义是不太一样的。当时我写的时候，西三旗环岛东侧正在开发这个雪梨澳乡，现在已经很贵了，当时还比较便宜。我路过的时候看到，它那个墙上贴着叫“双拼别墅”，我马上想到英语中叫“semi-detached house”。那么西方叫 semi-detached house 呢，就是有一半是脱离的，另一半是挨着的，实际上是两户人家 share one common wall，就是这么一回事儿。那么我们中文叫双拼，就是两个别墅凑到一块儿，拼到一块儿。所以，中文的“拼”的意思是在“合”，西方的 semi-detached house 意在“分”，所以当时路过的时候脑子里就有这么一个想法。

现在回到我一开始说的那个感官的观察，就是形象的特征。

贝克莱在《人类知识原理》中讨论了人类知识的对象与关系和分类。这就是他那本书 A Treatise Concerning the Principles of Human Knowledge。“只要稍微观察一下人类知识的对象，人们就会发现，这些对象是观念，这些观念分为①由实在印入感官的；②由心灵的各种情感和活动所引发的直觉；③在记忆和想象下帮助完成的。”就是三种东西。

“由实在印入感官的”，也就是说，从感官来观察在人们大脑中产生的印象这里进行研究。那么人类感官与定名的关系，以及汉英两种语言在对同一对象或客体的命名问题上有何异同？既然提出了这样的一个问题，那么就试图去回答它。

人类的感觉器官的功能主要是包括视觉、听觉、触觉、味觉、嗅觉，以及热觉、动觉和时觉等等。做学问的时候，用这个就使你的判断更加准确，能把你没有涉及到的、未谈到的东西，就像合同上，“未尽事宜”这么一句话就包括进去了，这是一种严谨，而不是模糊。正常人就是依靠感觉器官的功能去认识周围的世界，是人类认知功能与客观世界的一种互动。

不同的感官聚焦不同的特征。首先是视觉观察，它所注意的是对象或客体的形状、大小、颜色等状况；其次需要了解的是其组成、材料和功能，有时还要注意其远近、位置、全体或是局部的关系。这是从视觉的观察。那么依靠其他感官发现对象或者客体的其他特征，比如从听觉方面要判断它发出声音的响亮度和节奏；从触觉方面要判断其软硬和粗细情况；从味觉方面判断其刺激强度；从嗅觉方面判断其浓度；从热觉方面判断其冷热程度；从动觉方面判断其速度和样态，等等。大家注意了我先谈的视觉，然后再谈其他的。

下面就举一个例子。在“非典”的时候，说 SARS 的元凶是“果子狸”，它的学名叫 Paguma larvata taivana，中文的俗名就是果子狸、花面狸、包公狸、七间狸、乌脚狸、白鼻心、白鼻猫、白额灵猫、斑灵猫、笔猫、麝猫；商品名字叫青猺、木龙、香狸。英文名字“civet cat”则是经由中古法语、意大利语追溯到一种非洲语，叫zabad，它们均有 perfume（香、香料）的意思，即解作有“麝香味的猫”，civet cat 就是麝猫。

大家注意这个图，这叫河狸科 beaver，看它的样子，猫科 cat。然后，它面孔叫花面狸、包公狸，意思是黑色的；乌脚狸，根据它的足来命名；果子狸，根据它吃的食物命名；体味，根据它的体味命名；然后，这个七间狸。下面猫科，身体叫花狸猫，体味叫麝猫，用途是笔猫。这是两种命名，一个是用狸来命名，另一种是用猫来命名。那么根据它的面孔、足、食物、身体味道或者用途分别的命名，这就是我刚才说的抓住某一类特征，不同的人、不同地域的人抓住了不同的特征来命名，并且在分类的时候一组人认为它是狸，属于狸科；另一组人认为它像猫，就是猫科的。大家可以比较，不管叫花面狸还是包公狸也好，跟这个 beaver 长得相似程度有多少呢？那么这个跟这个猫科长得相似程度有多少呢？这个七间狸当时我判断不了，就是这个“七间”我脑子里想的是房子啊，因为只有房子用“间”嘛，当时想不出来，所以打了一个问号。后来我给研究生上课的时候，有一个女孩眼睛尖，她说你数数那尾巴，这尾巴黑的白的相间，这张图是黑白的嘛，相间就是七，所以这个实际上应该是指尾巴。

那么下面就讲形象与定名了。

视觉形象。形状：比方说“带鱼”，带鱼是个带状的。“whip-worm”这儿有个鞭子，这是形状。那么大小，我们汉语的“大米”，然后英语的“shortcake”，这不是大小嘛。颜色：“翠鸟”，“redshank”。光亮：“暗合”，“dark colour”。材料：“橄榄油”，“birch”，birch 就是白桦板。组成：有“马车”，就是马跟车组成的；“wheelchair”，就是“wheel”跟“chair”组成的。全体跟局部的关系：既然有一些词是局部跟全体的关系，所以我马上就想这方面的词。那么局部跟全体的关系就是跟“局”联系一点儿，然后于是一个整体。ballpen，一个尖，然后整个的 ballpen，这样就把相关的词语就主动的能够找出来了。一开始是零散的一些词，逐渐地按照这个要求理出的头绪来。然后有数量，我想一定有的时候有数量，那么就想到了“二百五”，然后还有“4-wheel-drive”（4 轮驱动）。有远近的：“近景”和“remote control”。然后位置：“水浒”和“azalea”，azalea 就是在干旱的土地上长的花。那么这是视觉。

下面谈其他感觉的。听觉响亮的：“叫驴”，我们叫“叫驴”；这是“laughing jackass”，是澳大利亚语的英语。“Kodak”，这都是有声音的。听觉有节奏：“ping pong”、“tick-tack”，这是有个节奏。触觉的软硬：“硬煤”、“soft goods”，当然还有再抽象点“吃软饭”，这个属于另外的抽象的内容。然后，触觉的粗细：“涩脉”、“fine art”，可以说都是摸索的。然后，热觉：热觉有“冷光”（cold light），然后马上就想到“hotdog”。还有味觉：味觉有“辣椒”、“mint tea”。嗅觉：“香蕉”、“scent bag”。动觉：“冲击波”、“dart board”，这都有一个动觉在里面。还有动觉的样态：比方说“直升机”、“escalator”。时觉：有些词就像“间歇热”、“fast food”，这不快嘛，叫时觉。

下面要谈形象特征：双语的对比。

我们把视觉观察到的“image”称为“visual image features”（“视觉形象特征”），把通过听觉、触觉、味觉、嗅觉、以及热觉、动觉和时觉观察到的特征均称为“para-image features”（“副形象特征”）。这种分类法有一个好处，就是便于表述。这个我是受汉语诗歌中平仄安排的启发。实际上，我们古代的音有四声、五声。那么如果是按四声来考虑的话，那排列组合就多了。但是，如果只把它分成平声和仄声，那么排列组合就明确多了。而把阴平和阳平归为一类，就是平声，其他都归仄声。我对诗歌的研究也有论文发表，用语言学的“音变”理论（sandhi）回答了王力教授所未曾解释清楚的“一三五不论，二四六分明”的诗诀之谜，（参见范守义著“律诗的格律与诗诀的假说”，《外交学院学报》，2000 年第 2 期。）那么这个思想也影响到我这里对 naming 的研究，我觉得应该把视觉作为最主要的，其他都算到“副形象特征”。

那么还有视觉形象特征，里边就要进行汉英对比和英汉对比。这实际上是我论文里摘下来的，就是汉英对比的。源语的名称跟形象的特征对上译语的名称跟形象的特征，译语的名称分直译和意译。第一个例子：“扁骨”是扁状的，那么“flat bone”直译也是扁状的，所以我用的是对等的符号，把他们对等。但是下面的“佛手”是佛手状，那么“Buddah’s hand”也理解成为是直译的佛手状，所以是对等的。但是，如果你把“佛手”翻译成“fingered citron”，就应该是意译了，所以这个“fingered citron”在这个意义上就不等了。

我们再看，像这个“白狐”，懂翻译的话，就会直接就把它翻译成“Arctic fox”；但如果不懂翻译的话，那就直译成了“white fox”。“white fox”并没有错，但你就不知道它这个产地了。比方这个“火车头”，我们是指它的部位，但是“locomotive”就是指它的动力功用了，所以它是不完全相等，就是字面意义上不完全相等。

有这个汉英对比，反过来必然要做一下英汉对比。第一个例子：“cabbage”，英语“cabbage”的形象特征是“头状”，然后我们意译的形象特征就是“层包状”，意译成“包心菜”。所以，从字面意义上来讲，他们并不等。但是，我们还是把它当成相等的，在翻译情况下讲“equivalent”。其它的再随便找几个例子。比方像这个“pleated skirt”，是褶状的，但是我们汉语叫“百褶裙”。虽然都是说的裙子，但是我们这个强调了一个“百”字，就是多，所以也不把它看成全等。但是你如果把它看成全等，我觉得也可以，就看你怎么说了。这个“centipede”就是数量，这个“百”也是数量，所以这是相等的。

由视觉形象谈完了以后，就是副形象特征，再进行汉英对比和英汉对比，道理是一样的。后来，我发现光谈视觉形象特征和副形象特征这两种形象特征，好像还有的没有概括进去，那么就把这个没有概括进去的干脆就想着叫“第3种特征”，或者可以叫“其他特征”。那么如果我起的名字叫“第3种特征”呢，可能会又留个余地，是否还发现第4种特征。像类似这样的一些东西，像“避蚊剂”，中文的“避蚊剂”是被动的行为，然后英语的叫“mosquito repellent”，驱动的。我就觉得一个是被动行为，一个是主动行为，所以它们不一致。但是，“触杀剂”就是主动行为，然后“contact insecticide”也是主动行为，所以我认为这个是完全相等的。你像这个“北京人”，“北京人”就是地理、无性别，不分男女。但是英语呢叫“Peking man”，就是有性别的了，当然了北京猿人的女头盖骨也一个意思，很笼统的就这么说了，没有说Peking woman。说到这里，就像“freshman”，因为freshman包括所有新入学的人，它不说freshwoman，因为你如果叫freshwoman的话可能会有别的意义。

那么我再进一步分析这些观察的结果，有的等，有的不等，我就认为可能是又产生变异了。等就是“零变异”，不等就是发生了“变异”，那么就把刚才那个研究换一个角度再归纳一下。属于零变异的名词，像扁骨（flat bone）。所以，同样的事情你换个角度再谈一遍，就跟歌一样，你换一个节奏变成街舞的歌听起来蛮有意思的，这是一个道理。这些都算是属于零变异的。

另外，许多词其表层意义在两种语言中并不一致，却是同指，我们这里称其为对应词。我都是用“对应词”，而不是用“对等词”。对应就是灵活一些。比方翠鸟对的是kingfisher，king是指size，最大的；像foxhole对应的是猫耳洞。所以，任何双语词典上所给的词条和与其各义项上相应的译入语词都不一定是完全对等的词，有许多都是我们本文所说的“对应词”。

这样也就对我们传统翻译理论研究在这一问题上的观念提出了

质疑，即在词一级层面上的绝对对等只是一部分词如此，相当一部分还是不完全对等的。所以，许多词在双语对应关系上都有不同“特征选择”上的区别，如“greenfinch”和“金翅雀”，根据词典所示是一对我们所说的“对应词”，而这种鸟其实绿、黄两色都有，只是英国人眼中所见的绿色为多故称其为“greenfinch”，而中国人则以金色命名。我最初查到“greenfinch”它的对应词是“金翅雀”，我说那个是“绿”，这个为什么是“金”呢？要我说就是英国人他们看的可能是绿色多一些，我们中国人看的是金色多一些。大家从这几个鸟里可以看，我的意思就是说这个鸟英国人看的可能是绿色多，就用绿。中国人看的是黄色，中国人喜欢发财嘛。写完这篇论文以后，我后来发现英语中有“goldfinch”，可是有 goldfinch 你为什么把 greenfinch 对上金翅雀呢，不把 goldfinch 对上金翅雀呢？我突然发现这个了，就要推翻金翅雀和 greenfinch 的对应关系了。记得是陆谷孙的《英汉大词典》或另一本词典，也是这么对应，那就有问题了。

然后我再换一个角度，从词源考证来看这个译名的确定，这个实际上我应该是把历史沿革又翻过来一遍。这是个“zebra”。最早1415 年，也就是明朝的时候，陈诚的《西域番国记》叫“花兽”。他一看反正眼花缭乱，没见过这个，人家都是单色的，它这个怎么是花色的，就叫花兽吧。然后魏源呢，400 年后叫它“福鹿”。他起名叫它“福鹿”，我觉得应该是有社会意义在里面，可以归入社会属性。他起名叫“福鹿”，跟这个“福、禄、寿、禧”的前两个词相合。那么后来又过了 20 年，志刚叫“花驴”。他认为还是花的，但是他觉得不能说是兽，兽这个概念太泛了，也不像鹿，他觉得像驴，所有他叫花驴。隔了一年，张德彝将其称为“斑驴”，它有斑点嘛，叫斑驴。到了 5 年之后的 1878 年，李凤苞开始叫“斑马”了，他说这不是驴，这是马，但是有斑点。然后崔国因在 1893 年又叫“花马”。然后又过了几年，戴德江叫“花条马”，他觉得这是条状了，所以叫花条马。到了严复呢，1898 年他说这个都不准确，所有的译名都不准确，我要音译叫“芝不拉”。芝不拉大家听了不习惯，不知道为何物，连大概属于哪一类的东西都不知道，所以后来就定下来叫“斑马”。那么据 Webster's Third International Dictionary 的考证，葡萄牙语、古西班牙语叫“野驴”，追溯到拉丁语“equiferus”，叫“野马”，所以他们也是在马和驴之间犹豫。又据 The Compact Edition of Oxford English Dictionary，该词经由意大利语、葡萄牙语追溯到刚果的一种方言。我以为这个可能靠谱，这个最早是从刚果来的，就是查到了该动物原产地住民对其的称谓。那么经查，英语、法语、德语、西班牙语、俄语都是音译。日语有“缟马”、“条纹马”，也有音译。所以他们的描述跟我们部分人的观察，对特征的注意有相似的地方，跟动物的分类法也有相似之处。“斑马”似乎是中国人最终选定的译名。

下面就说定名的模型了。那选择了一个特征加类属名或名类属名，等于是可考虑的特征，物理属性、化学属性、生理属性、功能属性、社会属性、其他属性。反正这个你就根据你的想法，尽量都列上，然后可能有没包括进去的东西你就来一个其他属性。然后可考虑特征还有一个制约因素，为什么选这个，研究到这个程度的时候我就思考，我为什么有的选这个，有的选那个，一定有什么情况在制约着它。所以就换一个角度，我就再重新想有哪些东西在制约着它。制约因素有语言学的常规，不同的语言的语言学常规是不太一样的。然后有些出于美学的考虑，换一个好听一点的名字。然后比方有些社会上政治的考虑，只能这么叫。然后还有其他一些考虑。

这是一个名称，这是它的类属、选择的属性、可考虑的属性、定名制约因素。再回过头来往下说定名的制约因素：一个是常规；然后可考虑的属性，物理属性等等，然后可考虑的属性制约了选择的属性跟对象的类属。再参照对象的类属来做一些选择，然后这样就出来了名称。那么选择的特征加类属名或名类属名就等于这个名称，这样子就算是一个model，定名的model。

结束语：定名要遵守特定的定名常规，要受特定文化的制约，确定对象的类属，选择对象的特征是定名的关键步骤。译语名称和源语名称所指可以完全重叠，部分重叠，或者完全不重叠。如果是完全重叠基本上是表层意义相同，使用直译的方法。如果是部分重叠，基本是深层意义相同，使用意译或直译和音意兼用。如果是完全不重叠，那就很可能是译语名称错了。那么实际上，我后面也还有不太成熟的一些思考，就是去找那些错的再写一篇东西，现在还处于积累的阶段。然后那些理论我做的图很多，要发表也很困难。现在发表，图它一般不给你发表，要用文字来描述，可能有时候拿文字又描述不太清楚，所以现在还没时间去做，也许以后会有时间做吧。

我再给大家赠一个小玩意儿。这是08年3月14日事件发生后，创作的video或者叫MP4。国防科工委有个老干局，负责老干局的局长是个中年人，精力充沛，情感也很丰富。他给我打电话说："范老师，我现在忍受不住了，我创作了一个歌，你给我翻译成英文行不行？"我说："行，我现在也有点按捺不住了。"他马上就给我发过来了。发过来之后，我大概用了一个小时以后就发过去了。原来的诗句较多，他在做video时只摘出了两三句。我想让大家注意的是我这里对翻译的考虑，我不知道你们注意到了没有，"藏独"我没有翻译成"Tibetans for independence"，我就是拼音"Zangdu rioters"，一个是Zangdu rioters的Zangdu音节好弄，跟中文能吻合到一块儿，另一个就是independence这个词不能随便用。Independence这个词在英语里是个，如果往轻了说它是一个中性词，或者是对人家来讲What we want is independence，What's wrong with it。美国说Declaration of Independence，都是这个。所以我用了音译。我以前的一个研究生，后来到美国学法律，他写了一个东西。他也觉得"独立”不要用这个 independence，比方藏独就给它翻译成 Zangdu，外国人爱懂不懂，就是 Zangdu，还有 Jiangdu、Taidu 就这么翻译。要谴责他们，应该用 separatism 或者 secessionism，而且人大最近也通过了一个法律。Independence 不能用在这里。

另一点就是圆明园。圆明园我没有翻译成 Yuanmingyuan Park 或 Yuanmingyuan Garden，我翻译的是 Garden of All Gardens。因为你简单地翻译成 Yuanmingyuan，没有人知道。你要翻译成 Garden of All Gardens，这个是早就介绍出去了，应该是最好的一个 garden 让他们毁了。这个就是所说的翻译也有点小小的学问在里面。

当时是 3·14 事件之后，那天我也憋得很难受，就用传统的口吻写了一个东西，叫“我搞不懂：质问反华者”，我是双语同时写。那么起头的那一段，因为林肯写过一句比较有名的话：“A house divided can not stand”，就是一个国家、你这一家人分开了还能立得久吗？我是说你们的林肯是这样说的，为什么你老是跟我们中国过不去，老是支持分裂我们国家呢？玩具不是出了问题吗？做这个玩具是按照你们承包商提供的 specifications（要求和规格）做的，是你们选的材料，都是按你们的要求做的，然后出了问题就说我们这是什么 Made in China，等等这样一系列的问题。后来，我不断地在修改，好多 version 在网上发表了。

我在 87 年写的“模糊数学与译文评价”(《中国翻译》，1987 年第 4 期）在这篇文章中提到，富兰克林有一句话 If we do not hang together，we will be hung separately。就是独立，美国要独立战争，就是动员大家要团结起来，不团结起来就会被吊死了。“hang together”就是“团结起来”，那么“hung separately”就是分别都一个一个被吊死了，就是这样的一句话。那 hang 和 hung 有这样一个音在里面，所以你要把这个语音的元素也要翻过来，你就要费些心思。后来就想到，北京话就是“摽”。比如：哥们，咱们摽着干啊！就是团结起来干嘛。我翻译完了之后应该是这样的：“如果咱们不摽到一块儿，就会被吊到一块儿”，即是说“如果我们不团结到一块儿，就会被吊到一块儿”。不是 separate，而是吊到一块儿，“摽”和“吊”。后来有人说我用北京话方言有点流里流气。但是，南方的刘重德先生他挺欣赏，他说这很好，意韵和音都翻译出来了。

后来，03 年那个第十五届“韩素音青年翻译奖”，那个英译中是我选的，我做的。选的那篇东西，我一看我就想必须要用这篇了，那里有拉丁文、有德文、有法文，还有中古英语，我就想让他们翻译，看看你有没有能力处理这些。中古英语跟现在 modern English 的 spelling 不一样，所以有一个参赛的给《中国翻译》编辑部去信。因为中古英语跟 modern 英语那句话的 spelling 不一样，他说这个拼写都错误百出，这样的稿子你们还拿出来让我们参赛，表示抗议。当然后来我在做解释答案的时候，想调侃了一下他，把这个事情说了一下。我现在在这里声明，我只为我个人的错误负责，不为他人的改动负责。有一个我真是不满意，就是翻译“乡土词新解”(《中国翻译》2006 年 3 期)，就是 earthy language，因为实在是不好定，刚才说过，好几种情况，你选择哪个，不好定。earthy 我用的是乡土词，因为它的确是跟乡土有关系。有人举了 10 个词都跟土地有关系，跟环保有关系，所以我用的是乡土词。文中有一个词，at the root of language，这是个比喻的用法，把 root 翻成“根”在这个语境中也是比喻的用法，“在语言的根子里”何错之有？但是，还是被莫名其妙地改成“语言的基点”。

所以你们给外面做些活，将来会有些编辑提出一些看法。我在年轻的时候，我翻译东西时就提出来，你们要改的话，改完了让我再看。我当时就有这么个思想，我不同意的时候，我还是强调，我就反对。中国学者做中译英，英语一定要经得住推敲。人家都是 skeptical，你的英语对吗，行吗？所以，我现在给《英语沙龙》做中译英，我就是每一句话，我觉得有点儿那什么我都从网上找出根据，我说，这是因为我要让学生看，让读者看，让我的编辑看，我这里这样翻译是有根据的。都是这样，都要查，因为你不可能老去找外教，只能自己帮助自己。这样就得一段一段都得查，首先确定这种用法是对的，然后这时候再找感觉，整个下来顺一遍，是不是一个风格。你要搞翻译的时候，具体的要有困难先自己帮助自己，要不放心你也可以查一下。但是，有些地方的 Chinese English 明显就是 China Daily、People's Daily 等网上的，因为其他的英语国家的那些网页上没有出现过。即使有时候出现，比方说我们现在常用的一些术语，"包产到户"，人家就按照你这个在用了，包括三个代表（Three Represents），人家也是照着你的用，但显然都是 Chinese English。所以，一种方法是利用 Google 来查这些东西，并且判断这个可以不可以用。另一个是在网上，找一个叫 www.able2know.org 的网站，这是一个咨询的网站，free membership，free questions and free answers。每一次我有些不好写的问题，我先发到网上，然后我再做。就是把一些问题，一个一个地先后发出去，然后让他们看看，有时候 5 分钟，the answer came from Australia，有的时候 from France，有的时候 from California。他们或者肯定你的译法，或者提出意见；但是有时候他们谁也回答不了你的问题，那时候你就要考虑换个译法了。

雷　宁　北京外国语大学英文系毕业，美国霍普金斯大学国际关系学院国际公共政策硕士。1994 年加入外交部翻译室，从事口笔译工作，曾担任国家领导人出访、外国元首来访的交传翻译，记者招待会交传、国际会议同传，承担演讲稿和外交文件笔译工作。2008 年起任培训处处长，现在外交学院任教。

祝愿喜欢翻译的朋友们在翻译的花园里享受耕耘的快乐！

雷宁

口译实践点滴

雷　宁

前一段培训中心王主任送了我一本书，就是“大家讲堂”以前讲座的一个集子，我读了以后觉得如饮甘霖，他们讲得特别好。讲座人中有不少都是我大学的老师，还有一些是在翻译界受人景仰的前辈，也包括外交部翻译室的三位前主任，他们都是资深的外交翻译。

今天我也来讲，心中不免忐忑。想谈谈口译实践中一些常见的问题或困难。我事先给自己提了10个问题，先按照我的这个思路来讲；后半部分，如果大家有自己的问题，我们还可以再讨论。

我在外交部翻译室做了15年的翻译。之前是在北外英语系学习，一、二年级时大家都是英语专业，到三、四年级的时候，一个专业倾向，我学的就是翻译专业倾向，开始学习笔译课和口译课。口译课在三年级和四年级上学期是交传，到四年级的下学期，上了半年同传课。通过学习，对翻译有了一个初步的了解。进了外交部翻译室以后，就有一个培训，等于把一个刚刚从大学毕业的学生变成一个可以初步做翻译的人。这个培训大概是五个月，对于我后来的职业发展是至关重要的，就因为这个阶段我掌握了一些不断学习、不断进步的方法。这五个月的培训结束之后，我们就正式上岗，开始接受口译、笔译的任务，口译里既做交传，也做同传。后来，我又参加了欧盟五个月的同传培训；也曾公派去美国留学和做访问学者。我说这些的意思是，翻译离不开培训，离不开不间断的学习。当然，在工作中大量的实践也是非常重要的，因为所有的东西如果是只说不练，那是白费功夫。

我想以前的专家讲的都是比较深的东西，我就来讲实践中遇到一些小问题该怎么办，所以今天我想介绍的是：口译实践中的十个“怎么办”。

1、如果翻译的时候，卡在一个词上了怎么办？

这是从我自己的实践体会中总结出来的一个问题。不论多好的翻译都有卡壳的时候。但是他对这种卡壳处理得怎么样，就体现出他的经验足不足、灵活不灵活，而且他的职业道德怎么样了。打一个不太合适的比方，就算是“蒙混过关”，有人“蒙混”得好，没留下什么明显漏洞，但也有处理不好的。翻译翻得好并不是说不犯错，也不是说犯了错不认错，所以这里面有一个翻译道德的问题。

如果卡的是一个关键的词，你一定要问。即使是我们中国人之间说话，也会出现“你刚才说什么？我没听清，你能再说一下吗？”这样的情况是很正常的。我们做的工作，比如说是在一个交传的现场，它就是一个谈话。即使是会谈，不管有多庄重、隆重、严肃，它的实质也还是一个谈话。你必须能够把双方的意思沟通好，才算是尽到了职责。所以如果这是一个关键的词，一定要问当事人说的是什么。

当然，有时候是因为没有听清，但有时候是听清了，但就是不认识这个词。如果不认识这词怎么办？如果是一个简单的词，我想在场的很多人都能帮你；或者这个词的确很专业，我想现场一定也有人能帮到你。因为现场肯定会有主办单位的人，这个团是谁接的，谁请来的客人，他们一般有人在场，而且他们的人不管是搞技术的，还是搞外事的，他们对自己单位的业务会很了解，你不会的，他们很可能会。所以现场求救特别重要。

一般来说，我们谈话的时候，都是谁说话大家看着谁，你说话的时候，大家一般都是看你，就算不是所有人看你，会场里总会有两三个人在看着你，他们看着你的时候，你就看他们，投去一个疑惑的目光，他基本就明白你卡在哪里了。你问现场你觉得可能会的人，你就看着他，或者你只要声音一断，即使刚才没看人家，人家也会看你，觉得你怎么不说话了？这一看就知道卡在一个地方了，他就会告诉你。这是针对关键的词，你一定要在现场就把它问出来。否则这个会谈就被你给卡住了，或者就会损失一部分内容，有一个关键的信息没有能够传达。

如果不是一个关键的词，怎么办？可以转译。举个例子，花鸟鱼虫之类的，中国的词是概括性强，不管什么花，词后面都带有一个“花”字，如果人家说出来，虽然你不知道是什么花，但至少知道是个花。英文的花没有一个是在后面加“flower”这个词的，rose就是 rose；还有那些动物，比如说牛，中国不管是黄牛还是水牛，后面都带一个“牛”字，你一看就知道，但外国的牛，每种的名字都不一样。中文和外文集合的地方不一样。这种情况下，转译就是翻它的上一级词，你大概知道对方说的是一个什么花，但不知道具体是哪种花，那至少可以把一半的意思说对了，说的是花，而不是草。这就是转译。

还有就是你可以解释。比如最专业的那个词或是最直接、最恰当的那个词你不知道，但你总是可以想个办法把这个意思表达出来。不管它是关键的，还是非关键的，如果自己怎么也绕不出来了，现场又没有一个人能帮到你，那就要用没办法的办法了，赶紧忘掉过去，开辟未来，向下继续翻就好了。因为一个意思跟一个会谈比起来，当然还是后者更重要。不能因为一个错误，就卡在那里绕不出来，情绪也受到了非常大的影响，结结巴巴，坐在那里没信心了。这样你接下来翻译的东西别人都会怀疑，所以必须赶紧扔到这个包袱。

2、如果有一个语义没有听清怎么办？

也一定要问，而且在问的时候也有几点需要注意。如果他说了一句话就停下来，你没听清，那问起来就很清楚，“Could you repeat？”或者是为了表示对对方的尊重，可以用“I beg your pardon？”或是“Sorry？”

但是如果他说了一大段，只是其中的一点没有听清，这时候问就要非常有技巧，你一定要问得非常清楚，要不然他也不知道刚才他滔滔不绝地说的5分钟里面，你要问的在什么地方。如果他不知道你问的是哪里，又不得不把刚才所有的东西又都简要概括个2分半，那这个会谈就会变得非常拖沓，而且对于其他那些等着翻成中文来听，或者是那些等着你翻成英文来听的听众来说，他们会非常焦急，因为有相当长的时间没有任何信息的输入，这会使他们产生焦躁情绪或不能够集中精力。所以一个技巧是要及时问，有时候你觉得那个自己没听清，但又不好意思问，犹犹豫豫地就自己开口翻了，可翻到那里又卡住了，这个时候再问，他可能也就更不知道你问的是哪里了。所以我觉得，如果有疑问，翻译应该在开口翻译之前先问，问清楚之后，再一气呵成全都翻译出来。千万别犹豫，不然到最后，你突然停下再去问，大家就会不知道是怎么回事，容易使会场的秩序变得不那么平稳。

再有就是问的时候要准确定位，要让对方马上就知道你问的是哪个地方，他可以重复最短的那部分，使得你明白。如果对方讲的时候，分出了一、二、三、四、五等等几点，那就很好办，哪点没听清，就请他再重复一下；或者你就要问“关于第几点，您能够再重复一下吗？”也就是说一定要给对方一个关键词，让他知道你没听懂的那部分是什么，或者你告诉他大概是在什么位置，比如说“I missed the beginning，could you repeat？”或者是“In the middle，you said something about？”你给他一个提示，或者是“Towards the end， did you say…？”或是“What did you say about something toward the end？”你给他一个定位，是开头、中间、结尾，这样如果他讲的比较长的话，他可以浪费更少的时间来回答你。

如果问了还不懂，那赶紧就算了；有时候如果我问两遍还不懂，基本上就放弃了。当然，有时候你问了好几遍还不懂，但突然别人懂了，他也会告诉你。翻译就是这样，你不可能任何时候所有的事情你都会，总有别人会在一定的时间或在一定的问题上比你明白，这是应该承认的。

3、内容太专业怎么办?

我想我们每一个翻译，都还是有一个属于自己的领域，或者是有几个领域我比较熟悉，大致你说出来的我都明白，但是总会有更多的领域是你说出来我不太明白的。不太明白并不意味着你不能翻译，你只要这些词都会，不犯语法错误，你翻出来的东西那些懂行的人自然会懂。但是，如果这个内容对于你来说特别的生僻，闻所未闻，他现场一说出来，我根本就没听懂，这个时候会极大地影响你的翻译质量。我们其实经常翻译一些自己不太懂的东西，但是前提是这些词我都听人说过，虽然具体指的是什么不明白，但你知道中文或英文准确的对应的词是什么，这样作为翻译来说也就算过得去了，因为你不可能什么都知道。但有时候你一听说让你去翻译的这个主题就有点紧张，例如去翻一个科技的或者说金融方面的会，如果要谈得比较深入了就会特别难。再例如，你要去陪同参观钢铁厂，有很多具体的工业流程你的确不明白，或者即使能听明白，但并不清楚外文中对应的专业表达。这种时候，如果你没有事先准备，现场你再有能耐，再有多少技巧，再有多少应变策略，估计你都拿不下来。所以，对于那些内容特别专业的翻译任务，事先的准备最为重要。

准备是翻译的基本功。当翻译非常被动。无论你的语言多么好，平时多么出口成章，但做翻译，你说的全是别人的话，无法选择。作为翻译也许会想：我自己会那么多别的词，讲话人怎么就不用呢？这没办法，翻译就是比较被动的工作。因此，事先的准备特别重要。

为了能够在现场表现得好，你事先要不厌其烦地跟相关人员进行沟通。首先，肯定会有一个主办方，哪怕是自己单位的事，也要找到这个人，对业务、这个外事任务的性质、目的等比较熟悉的，要经常跟他去沟通，要些材料之类的，一般都会有材料或者是他去给你指一个可以找到材料的地方。比如我们接待的外宾，他是某个机构的，你可以去看看那个机构的网站，甚至是所在国的情况；这个人在近期有什么言论；这个行业的国际热点是什么；两国之间就这个话题有过什么交往或言论，这样就有了针对性。正确的材料可以帮助你事半功倍，使你可以花更少的精力，又准备得更充分。

主办方给你提供了材料以后，自己还要展开联想，这个对于翻译来说也是一个特别重要的技能。如果你经常这么训练自己，那么就会很快想到一些非常有价值的事情。举个很小的例子：有时候，外宾来，如果他是名人的话，你可以上网去搜他的近期言论，他在哪里有演讲或是提出了一个什么新的观念；如果是一个科学家，你可以上网去搜他这一辈子在科学上最大的成就是什么，或者是最大的几个科学成就，他发明了什么，他主要的科学理论贡献是什么，而且他在哪里任职，这也特别重要，比如他是某研究所的主任或是某大学的，他的这些信息很可能在科学界是尽人皆知的。所以要展开联想。有一次我就特别成功地进行了联想，这个联想跟外宾没什么联系，跟他们原本要谈的内容也没关系。那个会见正好是七月七号，我一想正好是“卢沟桥事变”纪念，当时报纸上有些报道，我就大概看了看。结果中方的领导在会谈时果然就提到了，说今天正好是“卢沟桥事变”多少周年，他虽然只是简单地提了一下，但总比你一点没有准备要强，因为大家可能知道“卢沟桥”的英文名字很特别，叫“Marco Polo Bridge”而不是“Lugou Bridge”。那天的外宾是亚洲人，也经历过那段历史，对此也很有共鸣。因此，联想是有价值的，而联想什么，那就凭你的经验了。

事先准备非常重要，平时的积累也很重要。积累的一部分就是培养敏感性。比如说我在出差时往往从早干到晚，脑子高度紧张，所以在出差期间和出差刚结束的这一段时间内，我就会比平时更敏感性。举个例子：看电视，突然听到一个词，我就会想这个词怎么翻？但平时如果一段时间翻译任务没有那么重，我的脑子就会比较放松，转得比较慢，根本不会想这词怎么翻。但在翻译任务比较重的时候，我就经常会突然听到或看到一个什么词，马上就会想到这个词我不会翻，然后就赶紧去查字典。这就是敏感性。

每场翻译活动中学到的词汇，甚至是平时看到的有用的东西都可以积累起来，以后要做翻译就有自己的资料可查。以前电脑没有这么普及的时候，我们都是做词汇卡片。以前我大部分的积累都靠记在一张张小卡片上，卡片上还都贴着签，分为国别、议题、机构等等。你碰到一次活动，就积累一张小卡片，然后写上日期，这样事后可以更新，不然就不知道哪个词汇是新的，哪个词汇是旧的。然后把卡片插到卡片盒里，等下一次又有这方面的活动时，就把这张卡片拿出来看看，甚至有一些可以带到现场。在现场，如果你能有一个坐的地方或者是桌子的话，你可以把卡片摆在上面，专业术语就可以非常流利地念出来了。平时积累是非常有用的。

再有就是寻找专家现场支持。不同于前面讲的当遇到困难时就突然盯着现场的一个人看，希望他能够救你。这里的支持是指在事先联系的时候，如果是特别专业的翻译，你完全有理由和主办方或接待方去建议：“你们的内容太专业了，我也可以翻译，但是我不懂技术，如果你们有又懂技术、英文又好的专家，能不能让他在现场直接用外文介绍情况”。这种做法现在越来越多了。比如说去参观高科技公司，他们的人才也往往是国际化的，就可以让他们请一个既懂技术又懂外语的那个人介绍最关键的核心业务，这个对翻译来说是特别大的帮助。可能他们会说“我们有一个人也懂英文，但是口语可能不是太好”，你就说“没事，让他也到现场，如果有什么词，我随时问他一下”。我们作为翻译，表达是没有问题的，就是有些词或是概念不懂，让这个人在现场给你提示一两句，马上你就能够渡过难关。我们在跟活动主办单位联系的时候，也会询问对方是否有这样的专家可以请教。

4、口音太重怎么办？

对于所有的翻译来说口音都是一个难点。大家公认南亚的英语是比较难懂的，东亚的英语也比较难懂。但两者相比较，东亚英语最难是在发音上，是口音问题；而南亚英语，发音你首先就不熟悉，他用的英文还特别讲究，有一些有区域特色的词。口音问题又是翻译必须要攻克的一个难关。南亚的人口不少，和我国的交往也不算少，所以在你的翻译生涯中肯定会不时遇到南亚的朋友。

具体到一个任务，要有针对性的准备。要熟悉南亚的口音，可以到网络上去找这个地区人的讲话；如果你接待的这个人特别有名的话，你甚至可以期望在网上找到他的原音重放。推广开来，只要他是南亚人，他讲的基本也就是南亚口音，你就可以找这个地区名人的演讲，听完以后这一地区一般人讲话的口音应该也能有所了解。再有就是早接触。比如这个人到了，争取早一点见到他，在正式活动之前就见到他。如果去接机，找机会和他说几句话，这就是翻译介入的非常好的时机。哪怕先听听他说“how are you？”这类话，你都可以事先熟悉一下他这个人，熟悉他的口音，甚至有时候还有嗓音，因为有些人说话的时候声音特别深，也会造成讲话难懂，所以要利用这种早接触的机会。实在没办法，哪怕会谈的时候早点到，能够尽早地听他讲话。再有就是对内容熟悉，这可以在一定程度上弥补你对口音的生疏。就好像，即使是在中国，有的人说方言，口音是挺难懂，但他说的那个事你大概明白，也能够听个八九不离十。所以这又涉及到我们事先在准备的时候，怎么能够重点掌握近期动态？他最近经常说什么？他最近主要从事的工作是什么？脑子里主要转的是什么事情？我给大家推荐一个网站，联合国有一个网站，http://www.un.org/webcast/。联合国开一些比较重大的会议时，几乎所有国家的领导人，包括总统、总理，还有一些国家的外长去演讲，视频和文字会放在这个网站上，是一个练习听力、熟悉口音特别好的工具。外交部经常接待别的国家的领导人，有的时候这个人要来，我们就到那个网站去先听听他讲话的声音，也能了解到他的一些思路，非常有价值。

5、说得特别长，记不下来了怎么办？

这也是一个比较常见的问题。我们做翻译的时候，基本都还是要记笔记的。记笔记有一个好处，借用一个比较时髦的词，就是有“可持续性”。你记了笔记以后，脑子就不是那么累，就可以翻得更长久，而且你也不知道讲话人是说一句停，还是说五分钟才停。万一他说五分钟呢，如果你全是靠脑子记，我觉得还是相当吃力的，当然记忆力特别强的人除外。所以，我还是建议在翻译这个职业上刚起步的时候，自己能够琢磨一下记笔记的事，这个真的是可以减少对脑子的压力，腾出更多的时间来整理翻译。

但是也有人说，我一记笔记反倒分了神，本来还能听懂，但记了上一句，下一句反倒没听着，这怎么办？我觉得还是记笔记不熟练。任何技巧在新学的时候，都要花很大的精力，一旦你学会以后，这个东西就如同天生的，不费劲。所以我觉得大家如果不是那种记忆力特别强的人，而且在工作中经常会碰到说话人讲得比较长，让你觉得比较吃力的话，还是很可以花一些时间想一想，是不是通过记笔记这个办法来使自己的工作变得更持久。即使是超强脑力的人，如果让你翻译一天怎么办呢？从早到晚地翻译怎么办呢？而且，如果还需要你事后整理怎么办呢？如果既需要你当翻译，又要搞外事、礼宾，回去还得写报告、整理会谈的内容，如果没有记录的话，我想一般人的脑力很难达到这样的强度。因此，每个人都可以开发出适合于自己的笔记套路。我就在这里简单介绍一下翻译室一般训练笔记有哪些思路、是怎么练习的。

笔记最重要的是记住结构。结构要提纲挈领，你抓住这些主线，就能把主要内容记下来。语言都是有语法的，英语自然不必说，中文的语法虽然跟英语不一样，但也是有自己的规则的，也是分主、谓、宾的。虽然并非每个中文句子都完整，但套用一个新闻的话说就是“谁、干了什么、在什么时间、地点、产生了什么样的结果”，这就是主干。也就是说要把中心思想通过抓句子结构的办法，把它抓住。所以我们这里面的结构就列了有主、谓、宾，“谁＋干了什么＋对谁干了什么或者是怎么了”。

还有主从关系，英文中比较多的是复合句，一般有一个从句，有一个主句。一般来说，从句有讲时间的、讲地点的、讲目的性的和讲原因的，然后有一个主句。要记清楚它们之间的逻辑关系。比如说时间，中文往往说在前面。比如“1978 年 12 月 18 日，三中全会召开……”。而英文是这么说的：这个会议召开，是在什么时间、在哪。所以你记清楚结构就了解了它们内在的关系。

因果、转折这样的关系就很典型。翻译的时候，如果没有把这些关系翻译出来，听的人就会感觉比较乱。所以主从关系记下来，就是为了记清楚其中的逻辑关系。

再有就是一些并列结构。记清并列关系是为了解决什么问题呢？比如中翻英的时候，中文的句子比较长，逗号比较多，如：“为了促进改革开放，我们要加快金融体制改革，完善医疗保险制度，促进城乡之间的协调发展，大力建设社会主义法制……”，每部分之间是并列的。一种选择是把它们切成一个个短句，但那样的话，你就总得用“we must…”这样的开头，太重复。所以还是要适当地整理一下。“we must + 多个动词原形”。但有一些句子中不是动词原形，就要注意语法上的统一。比如说“we have a big interest in maintaining world peace，…”，宾语都是动名词结构，比如有三个：“maintaining world peace，promoting common development and bringing prosperity”，都应该用动名词的结构。但是万一思考得不是特别清楚的话，就可能翻译成“we have an interest in maintaining world peace，promote common development and bringing prosperity”，就变成了动名词和动词原形全混在了一起。这样的语法错误可以通过记好笔记来解决。在记笔记中，把并列结构竖排并列，翻译时注意使用同样的动词形式，以减少你犯语法错误的机会。

结构抓住了，细节丢了也不行。笔记也可以帮助你抓住细节。比如说比较级的问题，它是最大的、较大的，还有一些修饰性的形容词。中文中形容词和副词使用很多，特别爱在动词前面用副词，比如“进一步”、“大力”、“积极”，这些你都可以通过笔记的形式把它记下来。

笔记可以帮助调整语序。无论中到英，还是英到中，翻译的时候不可能总按照原文的顺序翻，要根据目标语言的表达习惯调整顺序。在记笔记的时候，直接把该调整到前面说的记到前面的位置。

再讲一些细节吧。经常有人问：“你记笔记是记中文，还是记英文？”这个其实无所谓。我的笔记中文居多。因为如果他说的是中文，那记中文就是最简单的。如果他说的是英文，我也觉得写中文是最快的。所以我的笔记里是中文居多，但是也有相当的英文，如果听的是中文，我当时就想好了英文怎么翻，就会把英文的词写下来；也有可能听的是英文，当时没反应过来中文，就把英文先记下来；也有可能有的词，不管他说的是英文还是中文，我都是用这个英文缩写来代替的。除此之外，经常使用的还有数字和符号。数字就不用说了，语言本身中就有很多数字，比如说星期五、第五届XX会议之类的都可以用数字的形式记。再有就是符号，其实有很多符号是可以直接借鉴的，比如说最简单的一个，如果他在报一些数字：中国经济第一季度增长6.1%，“增长”我一般用一个向右上拐的箭头。如果是“下降”，自然就是一个往右下的箭头，也有人画直的箭头向上或向下。同一个意思可以有很多种方法记录，就看你觉得哪个用起来更顺手。如果使用很熟练，记笔记就不费什么事情。

很多数学符号我们也可以借鉴，比如说数学中的“因为”和“所以”符号，标注因果关系非常有用。我记转折关系用“<”，代表“but”、“however”、“nonetheless”。有时候我会用一个符号把动词的时态标出来，例如“[去”，代表去的动作是将来时，也就是will go，而“去]”则代表过去时，went。

比较级怎么记呢？比如说：“较大的”，核心词 是“大”，我就写一个大，再在这个字下面画两道；如果是“最大的”，我就画三道。每个人都可以想自己的办法。还有就是人，比如说中国人，我就写“中”。，然后再右上方画个小圆圈，小圆圈就代表人。总统，用“P”代表；总理，就用“PM”；外长，我一般就写“外O”，当然你也可以写“FM”，或者是“M’’”；这些都是你可以自己规定的，只要自己用着顺手就行。

有时候，如果你碰到一个不常用的词在你的工作中反复出现，就要特别地想一个符号来代表它。我以前曾经给“警察”发明了一个符号，“警察”这个词其实平时真正说得很少，但是在用VOA和BBC的新闻练习听力的时候总碰到。外国的新闻经常报道骚乱或是需要警察出现的事，但“警察”的“警”字写起来太费事了，“察”字也很难写，P又容易和别的词混。所以我当时就想“警察”这个词一定得有一个符号，我就用倒三角来标记“警察”。如果是“military”、“soldiers”或是“troops”，我就画一个五角星，这就是我的“军队”。

当然方法有很多种。当时因为总也记不下来“警察”，我就去问一个同事，问他怎么记，他说他就用“苟”，相当于是“警”字的三分之一。符号产生以后要在实践中检验，不好用的要改进。

在翻译的过程中，如果一张口就觉得没选好句型，无论这个开头有多么的别扭，都要努力用正确的方法把它说下去。也就是说，无论这句话如何开始，我都要能把它说下去。如果改口，或重新说一遍，人家就会对你的职业水准产生疑问。其实一句话至少可以有三种说法，三个开头，三个结尾，当然其中有一个可能是最好的，但如果你碰巧没有选到这个最好的，而用了其它的，你应该有能力用正确的语法把它说下去，而且其意思是不受损害的。

记笔记的时候，每个整句跟下一句要分隔开，表明这是一句话。这句话翻完了，下一句从哪里开始你看到分隔线就会非常明白，而不是记成了一团。

最后，你的字体要可以辨认。这个辨认的标准就是你自己能够认得出来就行，不需要别人能认得出来。笔记练熟以后，也就不算什么事了，就像新手开车根本就顾不上跟别人说话；但是如果开得很熟练了，开车可能用 60% 的精力，还可以用 40% 的精力聊天。笔记也是这个道理，听懂了，反应在手上把它记下来，和你之后再把它翻译出来是浑然一体的。练好以后，可以节省很大的精力，可以不用把所有的事情都放到脑子里。

6、中英文要是对不上怎么办？

这个问题，很多专家都从文化的角度讲过。我今天就简单地讲一讲，因为这的确是口译实践中经常遇到的一个问题。比如说谚语要意译，谚语如果直译出来，别人可能理解不了意思。随便举几个例子吧。几乎所有的谚语在英文里都能够找到对应的，因为谚语表达的是大家在日常生活中总结出来的经验和智慧，这些智慧在全人类中是相通的。比如说“塞翁失马”，英文可以说“blessing in disguise”，就是看着像坏事，其实是个好事；“三个臭皮匠胜过诸葛亮”，英文可以说“two minds are better than one”，就是两人智慧胜过一人。这些都是中英文对得比较好的。唯一的问题就是有时候我们在语言和文化方面的知识不够丰富，以至于人家本来有一个对应的说法，但是你不知道，找不出来，这种时候就需要把意思翻译过去。这是谚语的意译。

有一点要注意的，如果你把一句中文的谚语翻译成英文中现成的谚语，就不应再说“as a Chinese proverb goes，it’s a blessing in disguise”，那样的话，人家就会说“that’s an English one”。中国人说“百闻不如一见”。有人翻成“as a Chinese saying goes，seeing is believing”。对方听了以后就会说“we have the same saying in English”。如果借用了英文中现成的表达，就不用再说“there’s a Chinese saying”，或者可以解释一下：we have a saying in China，which means the same as....

中国人常说“俗话说……”，可后面说出来的往往不是俗话，而是大白话，所以翻译的时候一定要小心。我觉得大部分时候，如果能把“俗话说……”后面的内容翻译得很好的话，“俗话说”本身是可以不翻的。经常有人会说“俗话说，走一走，看一看”，这根本就算不上是俗话，所以不要一听到“俗话说……”，你就要把它翻译出来。

很多情况都需要意译。比如“小葱拌豆腐，一清二白”，英文就是“crystal clear”；“给你接风洗尘”，这句现在说的少了，但偶尔还能听到。有一次，一个外事宴请，吃的是烤鸭。吃烤鸭这个事对于翻译来说是一场恶梦，因为服务员上菜的时候会对每一道菜进行很详细的介绍，她说半天，大家就看着你，等着你翻出来。菜名往往都是“火燎鸭心”、“芥末鸭掌”之类的，其实也不合适介绍给外宾听。那次还雪上加霜，中方的主人说“今天我给你接风洗尘”。一般来说，这句可以说“it’s been a long journey”，比如说人家飞了 12 个小时才到中国，那是一段很长的旅途，意思是你辛苦了；那次因为是请吃饭，我译成“I’m hosting at an informal dinner for you”，这样说也可以，意思是“我请你吃个便饭”，结果主人接下来又说“也就是个非正式的欢迎宴会”，等于是我刚才已经自作主张地把下一句话翻译出来了。这一下我就比较难办了，所以只好说“I hope it will be a relaxing evening for you”。所以要随机应变，特别是像“接风洗尘”这样的说法，真的是有十几种翻译方法，但关键要看他的下一句话怎么说，作为翻译得把意思翻圆满，这个特别重要。

再谈谈笑话，翻译的时候要解释。笑话的翻译真的是很难，特别是利用同音、同义词的笑话是非常难翻译的，只能解释一下。如果你翻成“他讲了一个笑话，请大家笑吧”，这肯定是不行的；但是你可以说“他讲了一个笑话，这个笑话是因为英文里有一个字既是这个意思，又是那个意思”，当然这么一解释，肯定就不可笑了。但是还是要让中国人明白这是一个笑话。比如最近我遇到了一个比较有意思的笑话，虽然也没法翻译。美国几年前进行了会计制度的改革。改革前，美国公司的帐本上只反映公司的真实价值。改革后，也要反映上市公司的市值。这次危机之后，不少公司的股票都跌的很低了，但并不意味着公司本身要完蛋了。这个笑话是这么说的：on the book（帐本），on the left nothing is right，on the right nothing is left. 解释出来就是：帐本上，左边是记这个公司值多少钱，而公司的账面价值和真实价值已经不符了；“on the right nothing is left”，右边是记公司的衍生产品、帐外交易、市值之类的，这些已经不剩什么了。这个笑话就很麻烦，翻译的时候也只能是解释一下。但如果你不知道美国的会计制度的改革，你怎么也解释不了这个笑话。

再有就是诗词，这主要指的是中文的诗词，我们有引经据典的传统。第一次碰上的诗词，你不会，不怨你；下次又碰上了，还不会，那就是你的问题了。因为如果你是固定的服务对象，那他引用一首，你就得去查一首，就得背一首，第一次不会，第二次我准会，就得有这种态度才行。因为诗词现编肯定是不行的，要背会。

7、如果发言人讲错了怎么办?

人非圣贤，都有出错的时候。如果发言人讲错了，怎么办呢?这分几种情况：

事实性的错误，把东说成西了。你知道他说错了，而且你非常清楚他的确是说错了，直接在翻译的时候帮他改过来。

口误。比如今天是星期天，结果他给说成了“今天是星期六”，很明显，直接改过来，不用再跟他纠正。

语法错误。中文和英文都会有语法错误，这个情况就直接忽略了，翻译的时候该怎么翻就怎么翻。

不必要的重复。比如有的人说话特别爱重复，如果是一段中他就重复了好几次，我觉得可以适当地整理整理，删减一些多余的内容。但如果他重复是为了强调，那就都要翻出来。

内容比较乱。可以整理出头绪，说清楚。如果你能把别人的意思表达得更好，那是完全可以的。

如果拿不准发言人是否说错了，可以抬头问他一下。因为与其你给他翻译错了，那还不如问清楚了再翻译。作翻译要有一个正常的交流心态。说错了或者说得不清楚的时候，提醒一下，他可能就会意识到，这样的提示对他的形象也没有损害。有一次，一位翻译在一场活动后开玩笑说，自己翻译得很传神。他说：一开始讲话人讲得特别好，我翻译得也特别好；到后来，他说乱了，我也翻乱了。这就真的传神了。

8、遇到数字和度量单位怎么办?

度量单位主要是一个转换的问题，数字实质上也是转换，能不能转换得好，完全取决于练得多不多。首先，你要听准了；把它记下来；然后，再挪小数点。这是一个相当重要的硬功夫。中国人喜欢用数字，咱们的统计数字，标准的是到小数点后面两位。外国人比较简单，他们喜欢用大数，很少用339亿这种有零头的数字，他们遇到这种情况通常都用约340亿。另外，国外在报道股市的时候，很少说“涨了0.98个百分点”，他们会说“涨了差不多一个百分点”。外国人遇到有零头的情况喜欢凑整。关键的是单位转换。中国人是以四位数为一级，而外国人是以三位数为一级。这个转换一定要靠练。而且，在记笔记的时候，我有两种记法：一个是脑子里转换好，直接记下目标语言中的数字。比如说我听到说“2500亿美元”，这个数字因为比较简单，转换起来也很容易，所以我直接记下来的就是“$250b”。但有时候数字特别长，不易马上转换，那就把源语言记下来。然后你看着这个数字再翻译也就比较容易了，只要挪小数点就行了。再有就是货币单位，一定要记清楚。他没说，咱们在翻译的时候也可以不说；如果他说了，在翻译的时候就一定得说清楚。

度量单位怎么办？要不要换算呢？我觉得，如果是很简单的，比如说“斤”，你可以直接换算成“公斤”。有些度量单位非常难，比如说“亩”，“18亿亩的耕地”，如果事先不熟悉，当场就别换算了，因为那样很容易搞错。但可以跟对方解释一下，“1亩大概有667平方米”，让对方自己算。

中国人常用“千瓦”，外国人常用“兆瓦”。比如说三峡水库发电量多少千瓦，因为单位小，所以前面的数字特别大，而外国人最大的也就是300多兆瓦。这个有时候也不容易换算过来，但这个他们都明白，所以一般这种情况就不用由翻译来担负转换单位的义务了，就直接翻译过去让他们自己换算就行了。但像“亩”这个单位，很少有外国人知道是多大面积，这种情况你就只把这个单位是多少解释一下就行了。像外国人都说“英里”，中国人一般也都知道英里是多少，如果实在不知道，你就解释一下“一英里是 1.6 多公里就行了。

9、翻译如何找好位置?

我指的是两个位置：一个是我为谁服务。因为谈话是双方的活动，你是顾及中方多，还是顾及外方多呢？我觉得在能兼顾的时候，你是双方交流的桥梁，两头都要兼顾。举一个例子：在吃饭的时候，两个人都不是很健谈，他们可能会分别找你谈，因为和你没有语言障碍。外国人可能会问你：“你的英语说得还挺好的，你是出国留学过吗？”中国人可能就会说：“你翻得不错，当翻译不容易呀。”这时候不应该冷落另外一方。你可以告诉另外一方刚才你们谈了什么。我觉得翻译在能做到的时候，应该双方都照顾。如果不能兼顾的时候，谁是你的领导，你就照顾谁，这是很明确的。

第二是具体的位置。我应该坐在哪里、站在哪里？能不能站准位置也会影响别人对翻译的印象。我听到对翻译的夸奖有这么说的，“需要他的时候，他就在你旁边”，“不该有他的时候，他能躲开”。选取位置的原则就是以工作需要为主。要跟得紧、跟得上，该你在的时候你在。但合影、握手的时候，也就没必要往上凑了，离远一点也能听清的。

10、翻译是怎么练成的?

我借用了一个著名的问句，答案也是相似的：日积月累，千锤百炼。我觉得翻译还真的是学出来、练出来的。具体来讲，有几个方面非常重要。

第一个是语言。语言得特别好才行，这是不言而喻。语言不行，干这行就会非常难受。

第二个是知识面。因为你不一定会碰到什么样的题目，哪个领域的人，所以知道的越多越安全。其实多数领域我们都很难有很深的了解，但是平时大家总在说的、报纸上总在讲的，需要关注。比如金融危机，是怎么回事？有一些关键的词、一些关键的产品、关键的政策，还是有所了解比较好。

第三个是一定的技巧。技巧其实也是练出来的。比如说笔记是一种技巧，它有一些方法，但如果这个方法你平时练得少，就很难熟练掌握。

第四个是心理素质，非常重要，这也是不言而喻的。心理素质主要是以能力为基础的，正所谓艺高人胆大。比如说有一个会谈，你要觉得自己都会，那就会稳稳当当的，这是一种心情。如果一听这个题目，心里就打鼓，哆哩哆嗦，这心情就完全不一样。所以心理素质不单纯是一个心理的问题，还需要能力做支撑，总之你的能力越强，就越不会害怕。

第五个是职业敏感，其实我之前也讲到了。主要是在学习的过程中，特别敏感，某个词一出现，马上我就觉得应该去查查字典，把它搞清楚。一些大事新闻上一报道，就觉得这件事我应该知道，谈的时候可能会谈到。如果后来果然谈到了，那你的判断就很准确。要有这种职业的敏感。

第六个是适当的训练。包括听力、笔记，还有具体在做口译的时候怎么用。有很多的大学生毕业的时候说："我觉得我的英语学得还挺好的，怎么一做翻译就不行了？"语言好和做翻译不能直接画等号。举个特别简单的例子：有一次，我去法国旅游，碰到一个当地的华侨，她家里人在家里都说中国话，而她在法国上学，法语也没问题。我看到一座雕像，问她雕像下面的说明牌子上说什么。她看了说明以后脸上一副挣扎的表情，就好像说不清楚，过了好一会儿说："他是一个大游泳的人。"如果那句法语翻译成英文就是"a great swimmer"，翻译成中文就是"游泳健将"。这就说明，并不是语言好就一定能做翻译，该怎么表达，该怎么组织，怎么说出来别人才最明白，是个挺大的学问。听力也是，有人说：“我上大学的时候，听力没问题，怎么一到翻译室，要翻译的时候就都觉得听不懂了？要么觉得记不下来，要么就上句记下来下句听不懂？”练习听力的时候，不能泛泛的听。因为泛泛的听，你汲取的是它的内容，如果是针对做翻译的听，听完之后你得翻出来，而为了翻得出来，你可能得稍微记一下。也就是说，我听了这一段，之后我能不能把它复述下来，这是翻译的功夫。如果听了一段，虽然当时听懂了，但别人问你说了什么，你只能说出只言片语，这就不行。所以我觉得，如果是练翻译，就得按照翻译的要求来练习。每听一段都得记一笔，然后再把这一段说出来，而且在说的时候还不能像平常说话那样随便说个大概，就像播音员那样说才行，说出来的话都得像点样子。再有你说的好不好？你可以找一个听众来听一下，比如说你的家人、同学、一起做翻译的人，你翻给他听，让他指出你的不足，比如你说得太快了，声音太低了，声音太细了。这些细节都影响翻译的质量。因为你作为一个语言表达者，你说出来的话不悦耳那至少也不能刺耳吧；声音太细、太低、太尖，这些都是可以改正的。但是你自己并不会意识到这些，只有别人才能告诉你。或者，如果找不到一个听众，你可以把自己的声音录下来，然后自己听听。有些东西你说的时候不觉得，回头一听就发现自己怎么老说“这个”、“那个”之类的，就能找到不足。

我今天要讲的主要就是这些内容，最后希望大家今后无论是做翻译，还是比较喜欢翻译，或者是关心翻译，都能够取得成功。下面大家如果有什么问题，我很愿意跟大家一起讨论。

问：如果是在翻译过程中翻错了，而且是很明显的错误，你怎么救场呢？

答：如果我自己意识到了，我会自己改过来。因为你改正错误而使别人意识到你犯了错误，要比没有改正错误而造成严重后果要好。比如今天是星期天（Sunday），结果你说成了"Saturday"，这时候，你就可以说"on Saturday or rather Sunday"；或者说"I mean Sunday"；还可以说"I said Saturday，actually it's Sunday"，就这样改就行。

问：在做同传的过程中，如果遇到一个关键词不懂怎么办？

答：如果在同传的过程中，遇到不懂的关键词，现场很难解决。但有一个补救的办法：如果你做英翻中，可以重复一下这个英文词，不排除观众中有相当一部分人明白。这属于没办法的办法。我们在做同传的时候，特别讲究大家互相帮助，一般三个人或两个人一组，你有一个词卡住了，另一个人应该帮助你。同传的时候，互相帮助是特别重要的。包括你可能忘了开麦克风，或选错了频道，另一个人如果看到了，应该马上帮你纠正。再有就是碰到数字，同传的时候，如果听到一连串数字的话，很难靠一个人的力量把所有数字都记下来，另一个人就可以帮你记录。同传的时候，两个人是并排坐，他可以把一个本子放在中间帮你记，然后你就照着往下念。

王逢鑫　北京大学英语系教授、博士生导师。曾在联合国教科文组织做过口译和笔译工作，也曾在英国爱丁堡大学任教。主要著作有《英语意念语法》、《英语模糊语法》、《英汉比较语义学》、《英语同义表达法》、《汉英口译教程》、《高级汉英口译教程》、《英语文化》等。

学习时，穷尽各种说法；

翻译时，选择最佳词语。

王逢鑫

穷尽与选择

王逢鑫

1954 年，我在济南读高中时，我的英语教师是 1915 年毕业于北京大学的丁用宾先生。他一辈子不知教了多少学生，我是他的关门弟子。由于众所周知的历史原因，当时俄语吃香，而英语受到冷落。绝大部分中学停开英语课，而只设俄语课。丁用宾先生同许多英语教师一样，不得不改行教俄语。学校领导为了照顾他这样一位德高望重的老教师，除了让他教一个俄语班外，还给他保留了一个英语班。我自幼喜爱学习语言和文学，尤其喜爱英语和英国文学，梦想当个翻译家。我有幸在他的英语班上学习，然而不幸的是，全班没有几个人认真听课，大大影响了丁先生的情绪。我却是个例外，上课全神贯注听讲，课后经常向他请教。他总是谆谆教导，指点迷津，使我对神秘的英语世界更加向往。有一次，他对我说：学好英文，要学会 paraphrasing。我当时仅有一点少得可怜的英语知识，根本不懂什么是 paraphrasing，但是记住了这个词。

1957 年，我考入北京大学西方语言文学系，攻读英语语言文学，从师朱光潜、俞大絪、张谷若、杨周翰、赵诏熊、赵萝蕤、李赋宁、张祥保、周珊凤、林筠茵等先生。他们中间有国内驰名的翻译家、文学批评家和语言学家，更有不少年富力强、水平高超、而且经验丰富的英语教授。他们教给我许许多多东西，包括怎样做人，怎样治学，怎样运用英语为社会服务。老师们都常说 paraphrasing 这个词。我想起上高中时听说过这个词，但不懂什么意思。上大学时明白了什么叫 paraphrasing。我年轻时就立下个雄心壮志，将来要写本关于 paraphrasing 的书。这个夙愿，当年很难实现，因为没有机会，出书相当难。但是我终于实现了自己的梦想。1999 年，我在 60 岁时由外文出版社出版了一本名叫《英语同义表达法》的书，副标题是 English Paraphrasing。

我一生教和学英语的有效方法就是 paraphrasing。我们学习的过程一定要做到穷尽，对一句话或对一件事情的表达尽量掌握多种方法，掌握得越多越好。比如“这个房间里禁止吸烟”这句话，我在课堂上以身作则能一口气说出 20 种不同表达方法，要求学生刻苦练习，也能不假思索，脱口而出。

我 70 多岁了，脑子不糊涂，反应比较快，口齿清楚，跟过去严格训练有关系。In the course of learning，we should make exhaustive studies，while in the course of translation，we should make selective uses. 平时的学习过程要做到穷尽，然后在真正工作、做翻译的时候，要选择。选择是在你所掌握的众多表达方法当中，挑选最恰当的一个词、一个说法、一个句型或者一个句子。我这个讲演题目是“穷尽与选择”。这就是说，学习时要穷尽，穷尽是前提。工作时，也就是翻译的过程中要选择，真正用的时候，要选择，选择最好的，最恰当的。

Paraphrasing provides different ways of expressing the same idea or notion. So we can explain the same thing in various ways. 英美人天天在做 paraphrasing，但是他们没有这样的专著，因为没必要。他们知道如何做 paraphrasing。其实中国老师在课堂上也是整天做 paraphrasing，一句话来回变花样地说。但是没有人专门研究，并不觉得它是个学问。教科书里用了很多词，像 rewording，recast，say it in another way，say it in different ways 等等，表示 paraphrasing。我根据几十年学习心得、教学经验和翻译实践，总结出一套东西来。写文章，就是“车轱辘话来回说”。围绕一篇文章的中心思想来回地说，从不同的角度，用不同的方法来说明那件事情，把它说透，说清楚。车轱辘话来回说，paraphrasing 就起到这么一个作用。

In language teaching and learning，paraphrasing helps students to enrich their ways of expressing themselves. In translation and interpretation，paraphrasing enables translators and interpreters to find proper ways of expressing. 翻译就是解释。paraphrasing 可以提供不同的方法来表达相同的思想或意念。因此我们可以用多种方式来解释同一件事情。在英语学习过程中，学生要学会利用 paraphrasing 的方法，穷尽各种不同的译法，丰富自己表达思想的方式。在实际翻译过程中，译者要利用 paraphrasing 的方法，选择最恰当的译法。

我想用一个 case study 来说明如何做 paraphrasing。“林子大了，什么鸟都有”。这句话大家经常说。这句话怎么翻译？我粗略想一想大概有几百种译法，我想帮助大家尽量穷尽，当然我做不到绝对穷尽，大家可以继续丰富。我想通过这样的个案研究，告诉大家怎样做到 exhaustive studies。

paraphrasing，就是寻找各种各样的方法来表达相同的思想或意念。我们可以通过词汇变化 (lexical change)、句法变化 (syntactic change) 和逻辑变化 (logical change)，来实现 paraphrasing。

先讲一讲 paraphrasing 的第一个重要内容，就是词汇变化。词汇变化是在不改变句法结构的情况下用同义词替换的方法实现同义表达。

“林子”与 forest，wood，woods，jungle，grove 有关。咱们的老祖宗造词是非常巧妙的，一个是木，两个是林，三个是森，加的“木”越多表示数量越大，给人的感觉是不一样的。“林”是介乎于中间的。语言有一个特点，就是模糊性。我写过一本书，叫做《英语模糊语法》，专门讲模糊性的问题。不是汉语这个词绝对等于英语那个词，或英语这个词绝对等于汉语那个词，在这个语境里，可能这个词更合适；而换个语境，那个词会更合适。forest 的意思是

a large area of land that is thickly covered with trees，跟“森林”的意思比较接近，可以容下各种各样的鸟。wood 和 woods 的意思是 an area of trees，smaller than a forest。大家知道，wood 可以作一个物质名词，表示“木”或“木头”。但是它也可以表示一个地域，一片土地，上面有树木，但是 smaller than a forest，恐怕是“树林”，不是“森林”，却也能容下不少的鸟。jungle 的意思是 an area of tropical forest where trees and plants grow very quickly，即“热带丛林”。jungle 表现的是“热带风光”，不太适合中国国情。grove 的意思是 a small group of trees，即“树丛”或“小树林”，例如 a grove of trees，一小片林子；a grove of birch trees，小白桦林。恐怕容不下多少鸟，不合适。上面把关于“林子”的词都谈到了，跟这句话相关的、不相关的，都谈到了。哪些合适呢，哪些不合适呢？表示“林子大了，能容下各种各样的鸟”，forest 是最好的选择。

关于林子的描述，还有一个“大“的问题。大林子，big forest；大一点儿，用 large；再大一点儿，用 huge；要表示“宽阔”，用 vast；要表示“密”，用 dense 或 thick；要表示“深”，就用 deep。学英语，搭配非常重要。哪些可以组合在一起，哪些不可以，要长期积累。我们这辈人当时就是凭自己刻苦看书看来的，逐渐积累的。现在非常好办，有 Google 这样的搜索工具。比如说有没有 deep forest 这个搭配，写上这个关键词，一点击 Google，马上就给你出几百万个网页。这么多网页，说明这个搭配可行。如果只有 3 条，而且 3 条都是中国网站提供的，你就别相信了。关于英语搭配，我们还是要相信英美网站提供的，中国网站翻译的许多都不准确。

“林子大了”有两层意思，一个是动态的，另一个是静态的。动态的，指林子变大了。过去林子没有这么大，现在林子变大了。静态的，表示在一个大的森林里。这里恐怕不是动态的，而是静态的，不是指林子变大了，而是指在一个大的林子里。“林子大了”，可以译为：

1. in a/the big/large/huge forest

2. in a/the big/large wood/woods

顺便讲一下“了”的问题。“了”很有意思，咱们中国人不会用错。老外学汉语，“了”是个麻烦事。1981 年到 1983 年，我在英国爱丁堡大学中文系教书。英国学生参考一本用英语写的汉语语法，忘记了作者是什么人。他把“了”说成是过去式的标志。只要碰到过去式，就用“了”。英国学生的口语和作文非常有趣。比如说 This morning I got up at six，学生翻译成“今天早晨我 6 点钟起床了”；then I brushed my teeth，翻译成“然后我刷牙了”；then I washed my face，翻译成“然后又洗脸了”；then I went to have my breakfast，翻译成“然后吃早饭了”。中国人就觉得非常别扭。我问他们为什么这样翻译？学生回答说语法书讲“遇到过去式，就加‘了’”。我发现这样解释不合适。我对学生讲，“了”的功能是 announcing news，给人们宣布一个新闻。这个新闻不是我们现在报纸上看到的新闻，而是新鲜事、过去不知道的或者没有发现的一件事。它基本上是现在完成式的一个概念。比如说，“这个孩子长大了”，翻译成 The child has grown up；“树长高了”，翻译成 The tree has grown tall。“了”有现在完成时的功能。

“什么鸟”就是“各种各样的鸟”。表示鸟的类型或种类，最常用的词是 kind 和 sort，有英美之分，all kinds of birds 和 all sorts of birds 都可以用，没有什么差别。type 也是常用的表示“类型”的词，可以说 all type of birds。以上的 kind，sort 和 type 都是普通词汇。还可以用 breed，从培育或喂养的角度说 all breeds of birds。如果用 species，指“种属”，就有点文绉绉了。说 all species of birds 的，可能是一位生物学家或者鸟类学家，而普通老百姓恐怕不会这样说。以上的 breed 和 species 是科学词汇。更加文雅的一个词是 feather，就是羽毛。不同种类的鸟的羽毛不一样。all feathers of birds 是一种比喻的说法。英语有个谚语是 Birds of a feather flock together，中文碰巧有一个“物以类聚，人以群分”的类似说法。我在 Google 上查过，有 all feathers of birds 的说法。综上所述，表示鸟的种类的词起码有 6 个，即 kind，sort，type，breed，species 和 feather。

all kinds of 指所有种类。如果你不想用 all kinds of，你可以稍微缓和一点，用 various kinds of。再缓和一点，用 many kinds of。加重一点语气，就用 many，many kinds of。想表示“什么鸟都有”，说 all kinds of birds；various kinds of birds；many kinds of birds；many，many kinds of birds，都行。

“各种各样的鸟”可以译为：

1. every kind/sort/type/breed/species of birds
2. all kinds/sorts/types/breeds/species/feathers of birds
3. various kinds/sorts/types/breeds/species of birds
4. many kinds/sorts/types/breeds/species of birds

“什么鸟都有”，意思是“什么种类的鸟都有”，也就是可以看到或发现各种各样的鸟。问题是谁看到或发现鸟。主语可以用 we，you，people，one。在这里，主语不一样，说话人的承诺 commitment 不一样，所负责任 responsibility 不一样，说话的可信程度 credibility 也不一样。如果是 we can see，连你听话人也捎在里头了。不光我能看到，你也能看到，咱们大家都能看见。说话人承诺少，负的责任少，而可信程度却高，听起来觉得比较亲切。如果是 you can see，说话人承诺更少，负的责任更少，由于是听话人可以看见，其可信程度更高，更加亲切一点。如果是 people can see，泛指人们，或者说 one can see，随便指某一个人，这样更加客观。

“林子大了，什么鸟都有”可以解释为“在一个大的树林里，我们/你/你们/人们/大家可以看见各种各样的鸟”。我们有不同的译法：

1. We/You/People/One can see/find every kind/sort/type/breed/species of birds in a big forest.
2. We/You/People/One can see/find all kinds/sorts/types/breeds/

species/feathers of birds in a big forest.

3. We/You/People/One can see/find various kinds/sorts/types/breeds/species of birds in a big forest.
4. We/You/People/One can see/find many kinds/sorts/types/breeds/species of birds in a big forest.

下面讲 paraphrasing 的第二个重要方面，就是句法变化。句法变化指在保持关键词不变的情况下，用改变句子结构的方法实现同义。句法变化的特点是 key words 还保留在那里，只是句子结构有变化，而基本意思不变。句法变化是一种 variation，是一种变化。语言不要平铺直叙，否则人家就烦了，不爱听了。要不时地来个小小的曲折变化。句型变了，句子结构变了，听众就不容易睡着了。就像我讲课一样，老讲老讲就让人烦了。我讲个小故事，讲点题外的东西，可能就吸引住你了。句法变化就起这么一个作用，有点变化，效果跟正常的不一样。其实，意思还是一样的。

句法变化的第一种方法是倒装，inversion。英语里经常有 inversion，是一个特别的句式。比如，原句是 You can find all kinds of birds，但是你可以改为 You can find birds of all kinds。为什么有这个 inversion 呢？大家知道，这恐怕跟音韵有关系。倒装会造成 rhyming，压韵，特别是在诗歌里。all kinds of birds，改为 birds of all kinds；或 every kind of birds，改为 birds of every kind，意思没有变，但可能造成压韵。用倒装的时候一定有它的特点，吸引人注意，它跟正常语序不一样了，倒过来了，一定有它的道理。

利用倒装的方法，“林子大了，什么鸟都有”，有下列译法：

1. We/You/People/One can see/find birds of every kind/sort/type/breed/species in a big forest.
2. We/You/People/One can see/find birds of all kinds/sorts/types/breeds/species/feathers in a big forest.
3. We/You/People/One can see/find birds of various kinds/sorts/

types/breeds/species in a big forest.

句法变化的第二种方法是被动化，passivization，就是将主动语态改为被动语态。在被动句中，无需说出谁看见或发现各种各样的鸟，而只需说出鸟被看见或被发现的事实。被动语态多用在科技文章里，非常客观地叙述一件事情。

利用被动化的方法，“林子大了，什么鸟都有”，有下列译法：

1. Every kind/sort/type/breed/species of birds can be seen/found in a big forest.
2. All kinds/sorts/types/breeds/species/feathers of birds can be seen/found in a big forest.
3. Various kinds/sorts/types/breeds/species of birds can be seen/found in a big forest.

句法变化的第三种方法是 there is，there exists，there lives 结构。我们学语法知道，there 是一个引导词。引导词很重要，就是提醒你注意。他一说 there is，你马上明白，后面肯定是一个表示“存在”的结构。“桌子上有本书”，英语翻译成 There is a book on the table，而不说 A book is on the table。英语用 there is 引起你的注意。英语学得比较地道了以后，你下意识地就知道，一听说 there is，马上明白这是表示一种“存在”的句型。它是一种表示“客观存在”的说法。there is 是最普通的用法。there exists 比较文绉绉了。there lives 一般说人，在童话里，经常用这个说法，Once upon a time，there lived an old man in the small village。但是动物用 there lives 也可以。There live birds of all kinds，比较生动，好像鸟和人一样。there is，there exists 和 there lives 的区别大家要知道，there is 结构最普通；there exists 结构文雅；there lives 结构常用于童话。效果不太一样，但是都可以表示“林子大了，什么鸟都有”的含义。

利用 There is/exists/lives 结构，“林子大了，什么鸟都有”有下列译法：

1. There is/exists/lives every kind/sort/type/breed/species of birds in a big forest.
2. There are/exist/live all/various kinds/sorts/types/breeds/species of birds in a big forest.
3. There are/exist/live birds of all/various kinds/sorts/types/breeds/species in a big forest.

以上讲过的方法，基本上都是直译的方法。你们上高中或大学时可能都学过了。用替换词也好，用被动语态也好，用 there is 结构也好，都是直截了当、平铺直叙的直译。下面讲的是意译的方法，可能稍微有点变化，稍微雅一点，稍微不是那么通俗了。但是表达的意思还是“林子大了，什么鸟都有”。

句法变化的第四种方法是主语化，subjectivization。就是把所需要强调的东西，或者说把表示重要信息的词汇放在主语位置，但是要相应地有一些词汇变化和句法变化。把表示重要信息的词汇放在主语位置上，开宗明义，开门见山，一下子就告诉读者或听者要强调的主题或话题。比如现在我们讲 forest 是重要的，那么就把 forest 放在主语的位置上，实际上就包含“林子大了，什么鸟都有”的意思，举例如下：

1. The big forest is home to various/many kinds of birds.“林子是各种各样的鸟的家”，也就是说“林子里有各种各样的鸟”。

2. The big forest houses various/many kinds of birds. 在这里，house 本来是一个名词，现在把它动词化，当成动词用了。这种词性变换的用法很生动。to house 的意思是“为人或动物提供住处，提供一个家，将其安置或容纳在里面”。可以想象 a big forest 就是一个 house，这个家里很热闹，什么鸟都有。这比直译要生动多了。

3. The big forest boasts of various/many kinds of birds. 本来 to boast of 的意思是“拥有值得自豪的东西”。在这里，林子拥有大量的鸟，什么鸟都有。

4. The big forest is inhabited by various/many kinds of birds. 动词 to inhabit 就是 to live 的意思。如果主语是一个处所 (location) 或地方 (place)，一定要用被动语态，to be inhabited by。

5. The big forest is swarmed with various/many kinds of birds. 在这里也要用被动语态 to be swarmed with。A place is swarmed with 这个句型与人群或群居的昆虫，如蜜蜂、苍蝇和蝗虫有关系，表示人群或成群昆虫拥在一起，挤来挤去。十一黄金周长假的时候，颐和园里到处是游人，挤得走不动。可以说 The Summer Palace was swarmed with visitors. 给人的感觉就是熙熙攘攘。这句话说林子里鸟太多了，飞来飞去，相互碰撞，给人一种乱飞的动态感觉。

以上 5 句话给人的感觉是，林子是百鸟之家，各种各样的鸟是林子的居民，栖息在里面。

我们还可以用 bird 作为话题的中心，作为主要叙述的东西，当作句子的主语，表示“林子大了，什么鸟都有”，例如：

1. Birds of various/many kinds are perched on the trees in the big forest. to be perched on 的意思是 to sit or rest on，就是“栖息在上面”。各种各样的鸟都静静地呆在树枝或树梢上，给人静态的感觉，也有“林子大了，什么鸟都有”的意境。

2. Birds come in all shapes，sizes and colours in the big forest. 注意 to come 不是表示“来”，不是说“鸟都来了”。to come 还是表示 to exist 的意思，即表示“存在”。这句话表现鸟的各种特点，shape 说明形状不一样，size 说明大小不一样，而 colour 说明颜色不一样。通过具体描述鸟的各自特点，表现“林子大了，什么鸟都有”。

3. Birds of various/many species co-exist in the big forest. 在这里，co 是 together 的意思，表现各种各样的鸟共处在一个林子里。

4. Birds of various/many species find their homes in the big forest. 大家要学会 to find one’s home 这种句型，这是非常地道的英文。to find their homes，表示百鸟在林子里找到家了，在这面生活没有危

险，也表现出“林子大了，什么鸟都有”的含义。

5. Birds of various/many species swarm in the big forest. 这句话也给人以动态的感觉。to swarm 用于主动语态，其主语是 birds，表现的成群的鸟儿在林子里飞来飞去，撞来撞去的。

6. Birds of various/many species give their voices in the big forest. 这句话表现的林子里百鸟齐鸣。刚才有个句子讲的是鸟的形状不一样，身体大小不一样，羽毛颜色不一样。这句话讲的是各种鸟的叫声不一样。在林子里听到鸟儿用不同的声音在叫，表示什么鸟都有。此外，voice 还有“话语权”的含义，不同叫声的鸟儿在争鸣，显示自己的存在。

这几个主语化的例子，都是描写性的，有一点诗意，或者说有一点文雅，跟前面直译的例子不一样。个人写文章的时候，因为不是做翻译，可以用这种描写的方法，表达自己的思想。但是初学翻译时，最好还是先用直译的方法，从最简单的方法做起。

再讲一讲 paraphrasing 的第三个重要方面，就是逻辑变化，logical change。逻辑变化不同于同义词置换，也不同于句型的变化，而是基于内在逻辑上的一些关系的变化。它一般的手段就是将同义词置换和句型变换等方法结合起来。

逻辑变化的第一种方法是我们经常使用的 double negative，双重否定，否定之否定。双重否定有加强语气的作用，否定之否定给人的感觉是比一个肯定的语气要重得多。中文和英文都是一样的。“林子大了，什么鸟都有”，可以译为：

In a big forest，there’s hardly any kind/sort/type/breed/species/ of birds that you can’t see/find. “林子大了，几乎没有你看不到的鸟”。就是“你几乎什么鸟都看得到”。用了一个 double negative，语气就重多了。双重否定，对写文章很有用，跟人辩论也有用。要学会这种说法。

逻辑变化的第二种方法是因果关系，cause-effect relationship。因果关系是很重要的一种逻辑关系。中国学生初学英语，往往不会利用因果关系，只会一句一句地直说，不会句子之间的联系，不知道如何连贯和衔接。表示因果关系有不同方法，可以用连接词“因为……所以……”，也可以用 so…that…，“如此之大，以至于……”。“林子大了”和“什么鸟都有”是因和果的关系。因为林子大了，所以什么鸟都有。林子如此之大，以至于什么鸟都有。“林子大了”是原因，“什么鸟都有”是结果。举例如下：

1. The forest is so big/large/huge that we/you/people/one can see/find all/various kinds/sorts/types/breeds/species/feathers of birds there.
2. As the forest is very big/large/huge, there are/exist/live birds of all/various kinds/sorts/types/breeds/species/feathers in it.

逻辑变化的第三种方法是对照，contrast。对照的方法是将正面的与负面的东西、褒义的与贬义的东西、或积极的与消极的东西进行对比，提供具体生动的描述。林子大了，什么鸟都有，既有好鸟，也有坏鸟；既有益鸟，也有害鸟。举例如下：

1. A big forest can be home to bad birds as well as good ones. 大森林可以是好鸟的家，也可以是坏鸟的家。

2. A large forest can be home to harmful birds as well as beneficial ones. 大森林可以是益鸟的家，也可以是害鸟的家。

3. There are all/various kinds of birds, good and bad, in the big forest. 大森林里有各种各样的鸟，好鸟和坏鸟都有。

4. Bad birds come mixed with good ones in the big forest. 在大森林里，坏鸟与好鸟混杂在一起。

逻辑变化的第四种方法是例示，exemplification。“什么鸟都有”，可以举例说明，像可爱的夜莺和凶猛的兀鹫，用典型的鸟类概括各种各样的鸟。例示的方法也提供具体生动的描述。举例如下：

1. A deep forest gives shelter not only to nightingales, but also to

vultures. 大森林既给夜莺，也给兀鹫提供栖息的地方。

2. A huge forest provides shelter for various kinds of birds，from nightingales to vultures. 大森林给从夜莺到兀鹫的各种各样的鸟提供栖息的地方。

“林子大了，什么鸟都有”是一句俗语，有着独特的内涵，往往带有一点贬义。它指的是“社会上有各种各样的人，尤其是有坏人”。谚语、俗语或成语，往往带有比喻意义。如何翻译，是一大难题。一般有三个层次。最低层次就是字面的直译，但是由于文化的差异，其内在的隐含意义难以传达过去。中间层次就是意译，将比喻意义表达出来，但是未能显示出原文的幽默或俏皮。因此，人们在口译时常常先直译，再加解释。这样做虽能说明问题，但是要花费点时间。笔译中，难以做到两全其美。我们只能视具体情况，随机应变。最高层次是在目的语中找到字面和内涵都对应的表达方式，但是这是理想化的事情，完全对应的例子是凤毛麟角，很难找到。初学者的任务是在学习过程中，穷尽不同的表达方法。

通过穷尽“林子大了，什么鸟都有”的各种不同译法，我们可以学习如何进行 paraphrasing，丰富我们的表达方法。在翻译过程中，我们要从众多可能的译法中选择在特定语境中最恰当的译法。

刘树森　北京大学外国语学院英语系教授、博士生导师、副院长，教学与研究方向为 19 世纪美国文学和翻译研究，包括中国近现代对外国文学的译介以及西方来华传教士所从事的文学翻译。还兼任全国翻译专业资格（水平）考试专家委员会委员、中国高等教育学会外国文学专业委员会副会长、全国哲学社会科学基金语言文字学专家评审组组员。

从古至今，翻译始终是贯穿人类文明的重要脉络，也是引领人类文明不断互补与发展，走向美好未来的通衢。

刘树森

翻译的悖论：现象与解析

刘树森

今天很高兴能够有机会跟大家一起谈谈翻译的悖论以及相关的问题。这里所说的翻译悖论，是指翻译活动自身与翻译文本之中以及与广义的翻译相关的一些典型的矛盾，比方说误译、对原作文本的删节、修改与增补等现象，其中可能蕴含着一些具有本质性的、或规律性的内涵，因此值得关注和研究。长期以来，在我们的日常工作和社会生活中，有些显而易见的翻译悖论是司空见惯，因此反倒很少为人关注，所谓见怪不怪了。然而不论我们是否意识到翻译悖论的存在，不论我们对其态度如何，也不论我们是否有所作为，形形色色的翻译悖论总是以其自身的能量和运作方式对译者、翻译活动、翻译理念、翻译行业的发展，以及翻译教学与研究等诸多方面产生一定的影响。倘若我们不适当地关注翻译悖论，不设法进行探讨和研究，不解决与其相关的问题，就有可能妨碍翻译行业与翻译研究的健康发展，也会对翻译在社会中的形象与作用产生负面影响。因此，希望今天能够抛砖引玉，把一些较为显见而重要的问题展示出来，引起大家的关注，为将来进一步的考察与研究提供参考。

翻译的悖论由来已久，表现形式也不拘一格。就其实质而言，翻译自身以及与翻译相关的悖论主要是源于翻译的本质。那么，翻译的本质是什么？答案肯定是较为复杂，一言难尽。回顾人类数千年的文明发展历史，可以发现一个有趣的现象：翻译是最古老的人际交际行为和最古老的职业之一，一些与翻译一样古老的职业或文化行为，诸如占卜、星相学、炼丹术等早已在历史上烟消云散，而翻译则宛如一枝永恒的奇葩，迄今已经绵延发展数千年，不仅没有消亡，而且还得以蓬勃发展，当今仍然是充满生命力的少数最古老的职业之一。翻译的本质之所以复杂，其主要原因之一是“翻译”这一概念的核心是“变化”，通过“变化”谋求两种语言和文化之间的互通与融汇。

翻译并非在真空之中进行，需要依托由语言、文化和特定人群所构成的语境，所以在不同的时代、不同的阶层、已经不同的社会历史文化背景下，翻译就具有不同的内涵和外延。也就是说，在不同的国度和时代，以及不同的文化语境之中，对翻译的定义往往是共性与特性并存，由此构成了翻译的特殊本质。既便是在同样的文化语境之中，例如在中华文明的语境中，当下所理解并定义的“翻译”，与几千年前我们的祖先所理解的“翻译”，甚至与一个世纪之前清末民初所推崇的“翻译”，都大有差异。只要大体浏览一下 19 世纪末叶和 20 世纪初叶严复、梁启超、林纾等译界大家的翻译业绩，领略他们大刀阔斧地修改和润色加工的译作文本，包括激情澎湃地夹叙夹议，补充内容，评论是非曲直，就可以大体领悟到当时“翻译”的定义是如何别具特色，明显不同于当今翻译行业和学术研究界以原作文本为圭臬的主流翻译理念。稍后，我们还会谈到 20 世纪初叶的翻译特征及其悖论，及其所形成的影响。

翻译悖论可以呈现出不同的形态和特征，其内在的本质也不尽相同，因此时常会使人感觉是雾中看花，扑朔迷离，无法理解复杂表象下面的本质性的规律和特征。为了较为直观地说明表象与内在本质之间的关系，我们用一个有趣的游戏来展示和说明。请看这个利用编程设计的“读心镜”(Flash Mind Reader)，它实际上是一个带有魔术色彩的游戏，在百度上搜索一下就可以找到。操作“读心镜”的规则介绍如下：“读心镜”的镜面上有从 0 到 99 的数字，每个数字旁都配有一个符号；你可在心中默默选择任何一个两位数，也就是说，选择从 10 到 99 之间的任何一个数，然后把这个数在个位和十位上的数字相加。比方说你选择的是99，那么个位数是9，十位数也是9，加起来是18；然后用99减去18，得到的结果是81。接下去，你找到81这个数字的所在位置，记住一下81这个数字旁的符号。然后，按照“读心镜”中字幕的提示，你注视一下镜面，然后再用鼠标点击镜面，于是镜面转换为另外一个画面，其中的符号与81这个数字搭配的符号完全一样。这也就意味着，“读心镜”在你注视它的时候成功解读了你心中的选择，破解了你心中的秘密。现在大家不妨都尝试一下，看“读心镜”显示的结果与你在心中的选择是否一致。

“读心镜”的程序与结果貌似玄妙而复杂，但它背后的原理却很简单，并非奥秘难解。细心观察一下，可以注意到“读心镜”中的几个数字比较奇特：81、72、63、54、45、36、27、18、9。如果把这些数字按照从小到大的顺序重新排列的话，就可以发现其中的规律：即从9开始，18是9的两倍，27是9的3倍；依此类推，余下的数字也都是9的倍数。此外，还可以发现与9和其它几个数字相配的符号都是相同的，而且这些符号并非固定不变，每点击一下“读心镜”的镜面，它们就会发生一次变化。即使符号有变化，凡是与9个数字相配的符号都是一样的。实际上，这是预先做好的一种程序，其规律是：99到90之间，你选择任何一个两位数，个位和十位数相加，再被原数减去，得到的结果都是81；用89跟80之间的任何一个两位数这样运算的话，得到的结果都是72；依此类推，79到70之前的两位数运算出来，得数是63；69到60之前的两位数运算出来，得数得54；59到50之前的两位数运算出来，得数是45；49到40之前的两位数运算出来，得36。下面接下去的几组数字都会显示同样的规律，即两位数运算出来的得数分别是：27、18、9。所以说，只要让与81、72、63、54、45、36、27、18、9等这9个数字相配的符号都是相同的，不管你心理选择什么数字，也不管你怎么计算，“读心镜”所显示的结果，都是你心里得到的结果。

在揭示这个数学游戏的原理之前，看到的是“读心镜”所展示的奇妙现象，而一旦我们理解了其中设置的规律，奇妙的表象就容易理解了。翻译的悖论也是如此，在大多数情况下各种悖论显得复杂难懂，变化奇妙，但只要我们像解析“读心镜”表象后的规律一样，把各种复杂的表象逐一剥离下来，找到它们的规律与本质，悖论也就不复杂了，就能够认识和把握了。当然，翻译不是游戏，翻译所展示出来的复杂与奥秘，要比“读心镜”的表面程序复杂得多，但其内在规律与表象之间的关联性则是同样的。

现在，首先来看一下翻译自身的悖论。一般来说，人们讨论翻译问题的时候，通常关注的对象是具体的翻译原则、翻译技巧，以及如何掌握翻译策略，提高自己的翻译能力和水平。因此，往往会把翻译中出现的问题归咎于译者，例如归咎于译者驾驭两种语言和翻译技巧的能力和水平不高，却往往忽视，或者没有意识到译者所在的社会历史文化语境与翻译活动之间必然的关联性。也就是说，没有意识到到个别译者在翻译过程中出现的问题，即所谓翻译悖论，可能具有较为复杂的成因，不仅有译者个人的因素，还有翻译行业自身乃至社会层面的许多因素。下面用 PPT 展示的译例，也许在座的诸位有人在近期的报刊或者网络上曾经看到过，现在是再把它们作为较为典型的译例分析一下。“贵阳乘警支队”的英文译文是“The expensive sun multiplies by a duty a police to pay a brigade”；“警路风监督电话”的英文译文是“Police road breeze the hurl tell a telephone”。即使仅仅在语义或者语法层面比照一下中文原文与英文译文，一定会觉得译文的怪异和艰涩要比“读心镜”更令人琢磨不透。深圳市防洪设施管理处设置的一则中英文双语告示牌，也是较为典型的译例：中文内容是“水深危险，请勿下水游玩”，相应的英文译文是“Taking care to deep water，not to take water please”。若是没有中文作为参照，英文译文令人不知所云。

如果把上面提及的译例看做是偶然的，或者局部性的翻译行为，我们再看看中文电影的英译文本中一些较为典型的例子。《烈火金刚》的英文译名是 *Steel Meets Fire*，译文的字面意义是“钢铁相遇”。《东邪西毒》的英译名是 *Ashes of Time*，英文内容充满诗意，但较为空泛，不知所云。《人鬼情》的英文译名叫做 *Woman-Demon-Human*，把 woman ，demon 和 human 三者依次放在一起，在语义逻辑上都矛盾而费解。《黄飞鸿》的英文译名更是玄妙：*Once Upon a Time in China*，传递的信息是混沌的。在当今信息技术发达的今天，中国影片的英文版本可以不受时空的限制，包括可以借助于互联网络在世界上的任何一个地点都能够拥有其观众，所以电影翻译中出现的问题比上面提及的告示牌中的悖论更应当予以关注。同理，“外国人办理签证须知”被翻译为“A foreigner handles the visa need to knowing”，译文在语法上都不通顺。“国有内资企业外资人员及其随行家属申请办理居留证、签证须知”的英文译文是“Information on application for residence permit and visa by aliens working in domestic enterprises and their family members”，其中的“aliens”会使人想到好莱坞影片《异形》（*The Alien*）中的主人公，即来自其他星球、不同于人类的“另类”。这些“误译”也与上述影片的译名中出现的问题一样，但因为可能涉及的读者的范围比较广，负面的影响会更加严重。如果一个申请中国签证的外国人不认为使用“aliens”是偶然的、个别的误译，而是一种具有普遍性的态度，难免会感到自己在中国没有得到应有的平等待遇与尊重。显然，这里使用的“aliens”是误译，但因为它出现在政府机构提供的资料上，作为外国人的读者 / 申请者可能会因为身份不同，感受和认识也可能会不尽相同。

也许一次个人经历能够为上面的译例分析提供一个脚注，说明身份在跨文化交际中的意义与作用，包括符号性质的意义和作用。记得 1999 年 5 月 8 日美国悍然轰炸我国驻南斯拉夫大使馆的那天晚上，我恰好随团在纽约访问。当晚，我们由当地的朋友陪同去百老汇观看歌剧演出，那天演出的剧目是有关越战题材的《西贡小姐》

（*Miss Saigon*）。我们一行进入进百老汇剧场之后，陆陆续续好几位美国人都表情真挚地对我们说“对不起”。我们当时还不知道发生了轰炸我国使馆的事情，所以觉得有些困惑。等我们在剧场落座之后，旁边一位美国先生问我：“你是从中国来的吗？”我回答之后，他目光真诚地看着我说：“实在是对不起。”我告诉他，自从进入百老汇以后已经有好几位素不相识的美国人向我们道歉，但不知道是什么缘故。他告诉我们，美国轰炸了中国驻南斯拉夫的大使馆，他认为这是一件错误的事情，为此向中国人致歉。

对于上面提及的翻译悖论，至少可以从两个不同的视角进行解析。一是从译者个人的翻译能力和水平着眼，包括评析一些关键词语的翻译等重要的细节，讨论如何提高翻译质量，避免或减少误译。对于翻译来说，文本中的细节尤为关键。就像英文谚语所表述的：“上帝在细节里边”（God is in the details）；反之，也有另外一个谚语：“魔鬼在细节里边”（The devil is in the details）。两个谚语相辅相成，说明：成则成于细节，败也是败于细节。此外，典型的翻译悖论能够体现一些深层次的、普遍性的本质问题。譬如，上面提及的各种翻译悖论，不但反映出个别译者在翻译能力与技巧层面存在的问题，更为重要的信息则是，它们也在一定程度上反映了专业翻译工作者的培养、翻译技能、翻译职业认证体系的建立与运作、翻译审校制度的构建、职业化的监督机制与社会监督机制的建立，以及译者的职业素质与道德伦理的约束等一系列深层次的问题。从后者的视角关注和研究翻译悖论，在当前尤为重要。

我们再从另外一个侧面考察一下广义的翻译悖论，即有关翻译的社会形象，或者说社会公众、舆论，以及影视艺术等媒介对翻译的认识与定位。“文革”前有一部有名的电影故事片叫做《小兵张嘎》，近年又据此拍摄了一部同名电视剧。在我的印象里面，在电影与电视剧中出现的作为职业翻译的人物，为数不多，其中扮演正面角色的翻译就更少了，绝大部分翻译都被塑造为反面人物。记得唯一扮演正面人物的翻译是电影《白求恩》中给白求恩担任翻译的八路军干部。《小兵张嘎》中出现的翻译，是地地道道的汉奸，死心塌地地给日本侵略军效劳，对日本主子奴颜婢膝，而对自己的同胞则是蛮横霸道。记得上小学的时候，《小兵张嘎》是我们最喜欢看的电影之一，不知道一共看过多少次，但每次看到银幕出现这个汉奸翻译欺负老百姓，大家都不约而同地发出嘘声，甚至怒吼，集体表示对他的蔑视与憎恨。无论是当时还是现在，对《小兵张嘎》中汉奸翻译的认识与定位，首先基于影片所表现的历史背景：这一翻译人物缺少民族气节，不仅没有利用自己的翻译能力报效祖国和人民，反而背叛祖国，充当汉奸，横行乡里，是典型的反面人物。除了《小兵张嘎》，还有另外一部电影，叫做《举起手来》，是2005年拍摄的，也描写一个充当汉奸的翻译，与《小兵张嘎》中的汉奸翻译一样，被塑造为民族的败类。《小兵张嘎》和《举起手来》等影视作品对汉奸翻译的塑造，不仅反映了社会对翻译行业与职业译者的普遍判断与认识，也以其塑造的“翻译”人物形象反过来影响社会公众对翻译的认识。

长期以来，因为在类似《小兵张嘎》等家喻户晓的影视作品中一直缺少作为正面角色的翻译人物，未能平衡《小兵张嘎》与《举起手来》中汉奸翻译人物所形成的负面影响。在国际影视界，大体也是如此，近年好莱坞拍摄的《翻译风波》（*The Interpreter*）也属于这种情况，职业翻译被塑造为双重间谍，也是典型的反面人物。由于影视作品等媒介的影响，久而久之，社会公众与舆论对翻译行业与译者的形象定位发生了偏差，负面的定位居多。换言之，尽管在我国现代化的历史进程中翻译一直在发挥着至关重要的基础性的作用，但是社会并没有因此对翻译的价值和作用予以应有的尊重、承认和认同。

说到翻译悖论在社会各个层面的表现，我们身边就有许多司空见惯但常常被忽视的例子，比如中央电视台英文名称的缩写与台标中的 CCTV。从翻译研究的角度来看，CCTV 是典型的翻译悖论。CCTV 是中国中央电视台的英文名称的缩写，台标中也包括了 CCTV 这四个字母。问题在于，英文并非我国法定的官方语言。世界上的主权国家大多是以自己国家法定的官方语言作为国家电视台的名称和标志。国家电视台的名称和标志体现了国家主权、民族尊严以及民族核心价值观等重要内容。我们注意到，最近教育部语文司已经对 CCTV 提出调整的建议。从翻译研究的角度来看，这个建议在政治上是正确的。还有跟 CCTV 相关的问题，是中央电视台的网址 www.cctv.com。该网址中的的“com”是商业机构的标志，与政府机构一般使用的“gov”或者非商业机构通常使用的“org”不同。我认为，www.cctv.com 与中国中央电视台作为国家电视台的权威性的地位和形象不相符。

辨证地来看，对于翻译悖论，也未必都是负面的解读，我们也可以从中发现一些明智而巧妙的策略运作。我国申办 2008 年奥运会的口号之一，“新北京、新奥运”与相应的英文译文“New Beijing, Great Olympics”，就是一个范例。这个口号中的两个“新”字采用了不同的英文词汇来表达。从西方翻译理论来看，译文中的差异源于翻译策略，即基于语境对翻译的“操纵”(manipulation)，以便以最佳的文本表达效果同时服务于中文读者和英文读者。从这一译例中，可以看到译者深邃的理解力、灵活而务实的策略运用，以及驾驭中英两种文字的功底。再举一个例子是清末民初从事外国文学翻译的林纾。在我们国家的翻译历史上，林纾是一个非常独特的翻译家，其过人之处不仅在于他在十余年间翻译了皇皇八百多万字的文学作品，共计 200 余部 / 篇，堪称当时国内翻译数量最大的译者之一，而更在于他并非通晓任何外文，而是依靠他人先以段落为单位，甚至以句子为单位，将原作口译为中文。然后，他再按照合作者的口译内容和他自己的理解，几乎是同步挥毫写就文言的中文版本。如果阅读一下林纾与魏易合作翻译的美国小说《黑奴吁天录》

(*Uncle Tom's Cabin*)，可以发现开篇第一章的文字是："美国硁脱邦省，交春垂二月，犹阴寒逼人。"而对照一下原作，便会发现中文译本的第一章实际上是原作的第二章。作为具有上乘"操纵"能力的译者，林纾犹如手握利剑的侠客，在翻译过程中随心所欲地砍掉了原作的第一章与第二章的起首部分，从第二章的中间部分开始翻译，将其构成了中文译本中的第一章，以便适应和满足中文读者的阅读习惯和审美需求。就在翻译文学作品中的"操纵"而言，清末民初的译者，包括来自西方的传教士，都拥有比现当代译者更大的权力，而且这种庞大而几乎没有任何约束的权力是译者自己赋予自己的，并非其他人或者机构所赐予。在20世纪最初的十几年间，林纾的译作风靡一时，也可以印证中文译本的读者接受与认同他所使用的"操纵"策略，尽管中文译作的文本与英文原作的文本在叙事内容和结构等方面出现了显见而巨大的差异。至少从翻译效果的角度来看，林纾制造的"翻译悖论"在一定的社会历史范围内取得了较为理想的效果，使数以万计的中文读者借助与他的译作文本了解和认识西方与东方的其它国家，在诸多方面得到了启迪。

比林纾稍晚一些时间的刘半农，也是一位颇有特色的译者，他所译的著名的外国文学作品中包括《洋迷小影》，当时叫做滑稽小说。提到《洋迷小影》，大家不一定熟悉，但大家一定熟悉安徒生的童话《皇帝的新衣》。《洋迷小影》就是源于《皇帝的新衣》的"译作"，是刘半农1913年出版的作品。在作品正文之前有一篇序言，刘半农写道："是篇作品为丹麦物语大家安德生氏原著，名曰《皇帝之新衣》，陈义甚高。"20世纪初叶，我们接触的外国文学比较少，难以比较判断，因此当时的风尚是以夸张的笔法赞誉几乎所有其它国家的文学作品。《皇帝的新衣》虽然只是童话作品，也被誉为"陈义甚高"。更有趣的是，这部作品是经由日文译作转译而来："日人曾截取其义，制为喜剧，名曰《新衣》。今兼取安氏原文及日人剧本之义，复参以我国习俗，为洋民痛下针砭，但求不失其真，非敢以推陈出新自诩也。”刘半农认为《洋迷小影》并非“推陈出新”，而是源于安徒生的原作和日文译本。下面是《洋迷小影》起首的一段内容，可见刘半农是如何在并非“推陈出新”的框架下“操纵”与构建译作的文本。

> 某公子自海外游学归来。学问高低。可不必论。却是满身都沾了羊骚臭。什么穿的吃的用的。以及一切与他接触的东西。没一样不是洋货。连便壶马桶。也是西洋舶来品。恨不得连自己的身体。也要用莲花化身法。化成西洋的种子。人家都说他是洋谜。实在爽爽快快说起来。简直是洋货的奴隶。但说有一天。这位公子正在家中把玩外洋的玩物。忽然仆人递进两张西式名片。说有两个外国人请见。公子听得是外国人不敢怠慢。急忙说了一个请字。见面之后。两人说道。我们都是西洋有名的纺织大家。现在新发明一种神异的织物。真是世界绝无仅有。知道公子酷爱洋货。又是极崇拜新发明品的人。所以不远千里而来。愿竭平生之技。供献于左右。

清末民初，林纾和刘半农等许多译者之所以能够形成别具特色的翻译特征与风格，不仅与当时的社会历史文化背景相关，比如知识份子阶层对启蒙民众、富强国家具有普遍共识，还与我们国家漫长的翻译传统相关，包括玄奘等佛经译者所留下的翻译遗产，譬如尊重和强调译者权限的传统翻译理念。要理解这一点，需要有一个参照。歌德有一句名言：“只通晓单一语言的人无法真正理解自己的语言”（“No monoglot can truly knows his own language”）。理解不同语境之中翻译的本质，也是如此，需要进行互相对比和参照。

我们不妨以古希腊人对翻译的认识作为比照。在古希腊语里，“译者”（Hermêneus）一词是由宙斯的信使赫尔墨斯（Hermes）的名字衍生出来的，显示译者犹如信使，其神圣的职责是在两者之间进行沟通，但是译者则受制于他所服务的双方。作为宙斯下属的12位主神之一，赫尔墨斯除了专职为宙斯传递信使，还是商贸、发明、盗贼和译者的保护神。信件的传递、商贸、盗窃和翻译都有一个共同的特征，即它们都涉及到两方乃至多方之间的沟通、交往与各种利益关系。古希腊人对翻译本质的认识，是强调译者以在两方之间进行沟通和调停的职责，其职责也受到神的庇护。相比之下，按照《礼记》的记载，“五方之民言语不通，嗜欲不同，达其志，通其欲，东方叫寄，南方叫象，西方曰狄鞮，北方曰译。”象、寄、译、鞮即古代译者的别称，后来又称为“舌人”。按照三国时期文人韦昭的解释：“舌人”的职责在于传达“异方之志”。“舌人”是表达的中枢，不同于古希腊人强调译者是在两方之间进行沟通，调节，并取得双方的平衡。“舌人”的概念核心在于：译者是翻译活动的核心，其职责是在语言不通的人与人之间“达其志，通其欲”，强调的是译者理解与表达的权力与权限。因此，从玄奘率领数千弟子译介佛教经典，到严复、林纾、梁启超、刘半农等人为启蒙民众倾心译介西方经典，虽然翻译的内容、手法以及读者对象大不相同，但一脉相承的是：译者在翻译活动中占有核心地位，其叙述的权力也很少受到限制和制约，对译作文本的构建也很少受制于原作文本的束缚。

现当代翻译悖论层出不穷的另外一个主要原因，是翻译的形式、内容与数量日新月异，不断宽展，越来越丰富。例如，除了传统的口译与笔译之外，计算机辅助翻译技术、多媒体翻译软件与程序，以及符号与文字之间的互译等新的翻译形态发展迅速，并取得了前所未有的成就。例如：新西兰法律规定的官方语言有两种：毛利语与符号语言，而不包括英语，尽管绝对多数新西兰人日常使用的语言都是英语。将毛利语确定为官方语言，是为了保存和发展毛利人的文化遗产；将符号语言确立为官方语言是为了将平等的语言表达机会赋予听说乃至视觉方面存在一定障碍的人。相信符号语言会逐渐成为越来越多的其他国家的官方语言，不仅在日常生活当中，就是在法庭等庄严的场所都可以用符号或者手势表达自己的情感与观点。这些新的表达方式都会对翻译提出新的要求，当然也意味着给翻译带来了新的发展契机。使用过谷歌等搜索引擎上自动翻译服务的人，大概都会深刻地感受到翻译行业的发展变化，包括其中令人困惑的翻译悖论。

从世界各国翻译专业教育和翻译研究的整体发展情况来看，大体上都与翻译行业的发展，以及翻译对社会历史发展所产生的巨大影响不相匹配。虽说在世界上许多国家翻译的存在和发展都已经有长达 3000 年的历史，但令人遗憾的是，翻译作为一个专业学科的建立一直拖延到 20 世纪 70 年代，首先是发生在欧洲一些国家，进而在世界其他国际得以认同和发展。自从改革开放以来，国内翻译研究领域取得了前所未有的成就，但与翻译活动和翻译行业的迅猛发展相比，专业翻译教学与翻译研究的发展明显滞后。2006 年教育部首次批准三所大学设立翻译专业的本科项目，这一数字与全国约 1500 余所本科大学的数量相比，与数千万在校大学生相比，显得微不足道。由于翻译专业教学的发展滞后，直接影响到专业翻译人员匮乏，翻译悖论层出不穷。据统计，2003 年大陆共有专业的口译和笔译人员 3.8 万人。如果按 13 亿人口来统计的话，平均 3.4 万人才拥有一名翻译。2005 年大陆共有 3,000 个正式注册的翻译机构，在 13 亿人中平均每 43 万人才拥有一个可以为其服务的翻译机构。

从发展的角度来看，上述的数据也说明翻译行业、翻译专业教育和翻译研究都拥有巨大的发展空间和潜力。对于有志于从事翻译的人士来说，也是一个良好的发展机遇。

顾子欣　1961年毕业于北京外国语学院，留校任教。后曾任中国人民对外友好协会对外文化交流部主任、中国驻日内瓦联合国代表团参赞等职。现为全国对外友协、中欧协会理事，中国作家协会会员。

主要著作：诗集《在异国的星空下》、《顾子欣短诗选》、《钟声的余韵》、《顾子欣长诗集》，散文集《天涯共此时》、《温暖的回眸》及《旅欧诗文集》等。

主要译作：《英诗300首》、《英国湖畔三诗人选集》、《阿特拉斯的巫女》（雪莱）、《老橡树》、《沉思集》等。所译《孤独的收割人》、《咏水仙》、《雪夜林边逗留》等诗被选入中学语文课本。

翻译是一座桥梁
文明交流的桥梁
让我们奉献心志
来做这架桥人

顾子欣

翻译工作漫谈

顾子欣

我从事翻译工作有几十年了，我的翻译工龄恐怕比在座的年龄还长。那么我就来讲讲翻译工作，讲我在翻译工作中的几点体会，我在做翻译工作和改稿工作中遇到的一些问题，可能对大家会有所帮助。

大家知道翻译工作可以分为两类。一类是笔译，Written Translation；一类是口译，Oral Interpretation。如果从语言来分，又可以分为中译外和外译中。笔译和口译我都做过。年轻的时候做过很多口译工作，给国家领导人，如邓小平、李先念等当过翻译。现在老了，不能再做这样的口译了，但还做些笔译工作。由于时间限制，我今天集中讲笔译，讲中译英。

比较而言，笔译比口译更难，而且笔译是整个翻译工作的基础。你要想做好口译，必须首先练好笔译。什么是翻译？翻译是把一种语言转换成另外一种语言。Translation is a rendering from one language into another. 什么是口译？口译是一个解释某件事的行为。Interpretation is the act of explaining something. 所以口译是可以或允许采取某种解释的翻译，尺度比较宽松；而笔译要求更加严谨，所以笔译更难。我们常说“口说无凭，立字为据”，可见我们更注重书面语言，书面语言更具有约束力。我们平时谈话或口译时，遇到不会说的词，可以解释一下。比如你跟外国人聊天，如果忘了“母鸡”怎么说，但还记得“公鸡”怎么说，就可以解释为“the wife of a cock”，老外就明白你想说的是“hen”了。而且在谈话或口译中，甚至可以用动作来帮助表达意思。

我给大家讲一个笑话。我曾经在日内瓦工作和生活过，有一次我夫人去超市买菜，想买猪舌头。“猪”这个词的英文 pig 和法文 porc（我记得法文是这样拼写的）她会说，但她忘了“舌头”怎么说；也没看见猪舌头摆在哪儿。怎么办？她去找售货员。她先说：“pig，porc（我记得法文是这样拼写的)”，然后吐吐自己的舌头。售货员见了先是一愣，接着就哈哈大笑，他明白了：我夫人是要买猪舌头。我讲这个笑话是为说明口语或口译比较机动灵活，但这些办法在书面语言或笔译中就用不上。笔译可是硬碰硬的东西。

下面我们讲笔译。我认为要做好笔译工作，大概有这样八个问题需要注意。第一是把基本的东西搞对，或者说，避免在基本的东西上出错，Avoid mistakes in the fundamentals。什么是基本的东西？语法是基本的东西。如果一篇译文有许多语法错误，当然就不合格。

我们来看几个例子：

（1）雄伟的天安门，绿树红墙映照着历史的宁静。而在它东面的王府井大街，却是世界上最繁荣的现代商业街之一。

原译文：The majestic Tian’anmen Gate Tower，green trees and red walls reflect the tranquility of history. However，to its east locates Wangfujing Street which is one of the world’s most prosperous commercial hub.

这一段译文中就有语法错误。locates 应改为 is located；hub 应改为 hubs。另有漏译和其它毛病。

正确译文：The majestic Tian’anmen Gate Tower，green trees and red walls manifest the tranquility of history. To its east，however，is located the Wangfujing Street，one of the world’s most prosperous，modern commercial hubs.

（2）35 年前自中国开展国际友好城市交流活动以来，上海就参与了友好城市的整个发展进程。

原译文：35 years ago since China had started exchanges with international sister cities，Shanghai has begun to participate in the program of sister cities.

这个句子的时态是混乱错误的。前面用过去完成时，后面又用现在完成时，这两个时态在一起不搭配，讲不通。

正确译文：Since China started exchanges with international sister cities 35 years ago，Shanghai has involved in the whole development process of sister cities.

像上面的例子，在短短一段话里出现两处以上的语法错误，这很不应该，要评分的话是该大大扣分的。一个人讲话、作文常犯语法错误，会被人看作缺乏教养，uneducated people。除了语法以外，还有一些基本的东西不能搞错，如拼法、专有名词等。现在有了电脑，拼法问题好办，可以用电脑 check spelling。专有名词却必须由译者自己认真地查找、核对。

中美建交三十周年时举办过一个图片展览，我在校改图片的英文说明时发现，译者把孙中山、蒋介石和宋庆龄的名字都译错了，按汉语拼音译成 Sun Zhongshan，Jiang Jieshi，Song Qingling。正确的译法应该是 Sun Yat-sen，Chiang Kai-shek 和 Soong Ching Ling。要知道过去用英文译中国人的名字，不是用汉语拼音，而是有另外一套办法。邓小平的英文译名原来是 Teng Xiao-ping，后来才改成 Deng Xiaoping 的。但是孙中山等人的名字译法始终未变，所以如果外国人看到 Sun Zhongshan 这个名字，就不知道他是何许人了。

除此之外，还有习惯用语（Usage）和搭配（Collocation）也是翻译的基本要素。比如“向某人祝贺某事”Congratulate somebody on something，必须用 on，而不能用 in。“祝贺你写了一本新书”应译成“I congratulate you on having written a new book”。“祝贺你毕业了”应译成“Please accept my congratulations on your graduation”。

用词搭配也应注意。比如说“这茶很浓”的“浓”是 strong，不是 heavy，更不是 thick。“这个人喝酒很凶”是 a heavy drinker，而不是 a strong drinker。如果搭配错误，用词不当，就会闹笑话。前年春晚节目《不差钱》中毛毛对老毕说："我感谢你八辈祖宗"。大家听了很好笑，就是因为她用词不当。因为"八辈祖宗"往往是与骂人的话连用的，而不能与感谢的话连用。我们在翻译中可不要闹出类似的笑话。所以归纳起来，做翻译第一要注意的问题是基本的东西别出错。基本的东西出了错，那就是 glaring mistakes，就可能成为笑柄。

第二个问题是翻译要忠实原文，Translation must be faithful to the original text。严复提出翻译的三个标准："信、达、雅"。但我认为归根到底是一个"信"，就是忠实于原文。"达"和"雅"必须建立在"信"的基础上，脱离开"信"是不能成立的。比如美国作家马克·吐温的小说，其中写美国黑人的对话，满口语法错误，你在翻译时就应该照翻，不能为了追求"雅"，让小说里的黑人也讲漂亮的英文。再如《红楼梦》里有个薛蟠，是薛宝钗的哥哥，有一次他也跟林妹妹、宝姐姐等混在一起饮酒作诗。你若是翻译他那种粗俗不堪的诗，也应照原样翻译，而不能为了"雅"，把它译成像林黛玉的诗。

翻译中的"信"有广义和狭义之分。我想在此强调的是狭义的"信"，是最起码的"信"，就是不能对原文增添或者删减什么。我发现现在有些年轻译者做起翻译来很草率很随意，既有因粗心而漏译的，也有因难译而故意删节的。让我们来看下面这个例子：

中文：通过我驻外使领馆联系帮助，用"友城渠道"向非洲国家发出邀请参加上海世博会。

原译文：We invited many African countries in the name of sister cities to participate in the Shanghai World Expo.

译者把"通过我驻外使领馆联系帮助"给删掉了；"友城渠道"变成了"以友城名义"；"发出邀请"变成了"邀请"；"非洲国家"变成了"许多非洲国家"。就这样简单的一句话，译者在内容上既有增加又有删节。这在翻译工作中是不允许的。

正确译文应为：With the help of our embassies and consulates，and through the channel of sister cities，we issued invitations to African countries to participate in the Shanghai World Expo.

大家要记住，译者必须忠实于作者。对商家来说顾客是上帝，对译者来说作者是上帝。但是我之所谓“忠实”，是指不能更改作者的原意，而不是指原文的字词。比如有这么一个句子，是温家宝总理政府报告里的话：

“第十届全国人民代表大会以来的五年是不平凡的五年。”

译文是：The past five years since the first session of the 10th National People’s Congress was a momentous period.

在中文里“五年”两个字是重复出现的，译成英文时是否也需要重复译为“five years”呢？不需要，那反而会显得啰嗦。译为period 就代表了 five years。所以我说忠实于原文，是指意义而言，而不是死抠个别字词。

下面讲第三个问题，要确切理解原文，Grasp the true meaning of the text。要做到忠实原文，首先要确切理解原文，或者说要吃透原文。中国人把中文译成英文，难道对原文还会有理解与否的问题吗？有的。古籍诗词且不说，即使是用普通白话写的文章，要确切理解原意，有时也不容易，也需费一番琢磨。即使是本国人交谈，也需确切理解对方的意思，否则也会产生误解。不是有个关于 beer 的英文笑话吗？一位教授上课，教室里秩序很乱，教授便敲桌子喊道：“Gentlemen, order!”全班同学听了一起回答：“Beer.”大家知道“Order”这个词，可以当“秩序”讲，也可以当“点菜，点饮料”讲。教授的意思是说：“请安静”。而学生们却以为是要他们点饮料，于是一起说：“要啤酒”。本国人之间谈话都会搞错，做翻译当然更需小心。我在对外友协改译稿时，曾遇到“收藏证书”这一名称的译法问题。原译为“Certificate of Collection”。从字面上看这没有错。但我想友协如果有什么收藏，难道还要给自己出一个证书吗？这讲不通。于是我去了解了一下情况。原来是友协有时收到外宾赠送的贵重礼品，为郑重表示感谢，而给对方出具一个证书。因此这个证书不能译成“Certificate of Collection”，而应译成“Acknowledgement for Souvenir Received”。再如对外友协会长陈昊苏，他是位诗人，出过一本诗集叫《飞行的诗》。这个书名该怎么译？译成“Flying Poems”？显然不行。看了书中的作者自序，才明白因作者经常出国访问，经常在飞行途中、在飞机上写诗，故名诗集曰《飞行的诗》。故此书名可译为“Poems Written in Flight”。

下面再举一个例子，是一首诗：

民间使者赴全球
创意沐新风
不唱阳关
但说友好
岁月祝新红

我的译文是：

People's envoys travel the whole globe
Blazing new trails，bathed in spring wind
Instead of chiming a sad parting tune
Let us sing a song of friendship
And wish flowers to bloom in the New Year

我想特别说明一下我对“不唱阳关，但说友好”这两句诗的翻译。“阳关”二字典出王维的诗《渭城曲》：“劝君更尽一杯酒，西出阳关无故人”。故“阳关”指的是朋友分别时唱的歌。据此我把“不唱阳关，但说友好”译为：Instead of chiming a sad parting tune，let us sing a song of friendship。

以上例子都说明了要做好翻译，必须确切理解原文，有时还需揣摩其话外之音，并了解有关的背景。

下面讲第四个问题，要运用逻辑思维（Train and use your logical thinking）。为在翻译时确切理解和表达原文的意思，需要运用逻辑思维。这一点在做笔译，特别是在处理长句、难句的翻译时尤为必要。中国古代没有逻辑学，只有玄学，所以中国人不善长逻辑思维，而喜欢玄想。比如老子的“道可道，非常道；名可名，非常名”，它不是从逻辑推理所得，而是悟出来的。庄子的《逍遥游》更是一种玄想，没有逻辑推理的过程。而西方哲学、古希腊哲学讲究推理，注重 inference 和 deduction。由于中国的传统思维方式，有人甚至说汉语是一种没有语法的语言。这话说得有点夸张，但至少可以说，汉语是一种语法不够严谨的语言（a language of loose grammar）。这给翻译工作带来了一定的困难。有的中文初看一遍像是通顺的，但要翻译时你却会发现，它在语法上不够严谨，因果关系不很清楚。这时译者就需运用逻辑思维对原文加以分析。比如下面这个句子：

“以“友城”搭建平台，助上海世博推进。”

原译文：Take sister cities relationships as a platform and help the promotion of the Shanghai World Expo.

译者把这两个短句理解为平行的关系，是不对的。其实后一个短句是前一个短句的目的，“搭建平台”是为“助上海世博推进”。

正确译文应为：Take sister cities as a platform to help promote the Shanghai World Expo.

中文的语法比较松散，有时需经琢磨才能准确地把握它。这既是优点，因比较灵活；又是弊端，因容易造成误解。再看一个例子：

“女士们、先生们，通过“友城”平台推进上海世博，让我们深切体会到“友城”是通向世界的桥梁，保持“友城”可持续发展是坚持科学发展观，服务于国家和地方经济建设的重要资源，我们将继续发挥好这一资源优势，把上海世博会办成荟萃人类文明，增进各国交流，展现城市美好未来的世界盛事，我们也张开双臂热情欢迎友好城市的市民们来上海参观世博会。”

这长长一段话用逗号贯串到底。这在中文里面也不好，但还过得去。可如果译成英文也这样，也是一个连用逗号的超长句，那肯定会一片混乱。

我们在翻译像这样的长句时，就特别需要运用逻辑思维，对它做一番分析，把它的语法关系搞清楚，把其中的因果关系弄明白，才能把这个句子处理好。下面是这段话的译文，供大家参考。

Ladies and gentlemen, in recommending and introducing the Shanghai World Expo through the sister-city platform, we have deeply realized that sister cities are a bridge leading to the outside world and that our sustained sister-city work is an important resource to apply the Scientific Outlook on Development and serve the national and local construction. We'll continue to give play to this resource advantage and stage the Shanghai World Expo as a grand world event of gathering human civilizations, promoting exchanges between countries and displaying the better future of cities. We extend our arms to warmly welcome citizens of all sister cities to Shanghai to see the World Expo.

下面讲第五个问题：避免中式英文。翻译工作是一个充满矛盾的工作，一方面要尽力忠实于原文，另一方面又须摆脱原文的影响。如果不能摆脱原文的影响，结果就会出现 Chinglish。如果是外译中，就会是欧化式的中文。也说两个笑话。一次我陪外宾旅游，见到一个标语“小心碰头”，旁边的英文译文是：“Meet your head carefully”。外宾看了莫名其妙，经我解释他们才知道这是“Mind your head”的意思。还有一次外宾问一位年轻的女翻译：“You look so young. You are not married？”女翻译回答说：“Yes.”外宾有点疑惑，想确认一下：“So you are married？”女翻译却改口说：“No.”外宾被搞糊涂了，又问：“Are you married or not？”你们说这个女孩子到底结婚没结婚?

再举几个例子：(1)“他们没有一个人不认识我的。”“None of them do not know me.”（错）应为：“Everyone of them knows me.”(2)“3 点钟下雨了。”“It rained at 3 o’clock.”（错）应为：“It began to rain at 3 o’clock.”

(3)“我们为无数的失业工人提供了就业机会。”“We provided working opportunities for countless unemployed workers and refugees.”（原译）“working opportunities”是 Chinglish；“countless”也不好。应改译为：“We provided employment for innumerable jobless workers and refugees.”(4)“要把反腐倡廉建设放在更加突出的位置，旗帜鲜明地反腐败。”原译文：“We must put combating corruption and encouraging integrity in the more prominent place and fight corruption with a bright banner.”这是典型的 Chinglish。“应改译为：“We should attach even greater importance to combating corruption and encouraging integrity and fight corruption unequivocally.”

现在讲第六个问题，要注意词义的细微差别，Pay attention to the shades of meaning。翻译中名词比较好办，一般来说是什么就是什么，是猫就是猫，是狗就是狗。但有时也有差别。比如下雨，就有细雨、小雨、大雨、瓢泼大雨之分，翻译时需用相应的词：drizzle，light rain，heavy rain，downpour。动词和形容词比较难办，许多词意思相近，但又有细微的差别，翻译时就需加琢磨，谨慎选择。比如有位新西兰国际友人路易·艾黎（Rewi Alley），他是中国人民的老朋友，在他诞辰 110 周年时曾举行纪念会，介绍他是“著名的作家、诗人、教育家、社会活动家”。最初的翻译把“著名的”译为well-known，这显得份量轻了。“著名”一词，在英文里有许多同义词：well-known，famous，renowned，noted，celebrated等。对艾黎这样的人用renowned一词较好。再如：“该校为我国培养了许多优秀的石油和其他工业人才。”原译文：This school has cultivated many excellent technicians in oil and other industries. 这里把“优秀的”译为excellent，有点过了，用outstanding比较合适。以上例子说明，要提高翻译质量，就必须注意词义的细微差别。

第七个问题是要注意语言的节奏，Pay attention to the rhythm of language。语言是有节奏的，语言也是音乐。我写文章时总要先设法找到这篇文章的节奏。同样我在做翻译时也很注意译文的节奏。我认为学习语言的一个重要方面就是培养对语言的节奏感。谁都知道诗歌是有节奏的。比如李白的《将进酒》：“君不见黄河之水天上来，奔流到海不复回。君不见高堂明镜悲白发，朝如青丝暮成雪。”又如莎士比亚的十四行诗：“Shall I compare thee to a summer's day？ Thou art more lovely and more temperate；Rough winds do shake the darling buds of May，And summer's lease hath all too short a date....”好的散文也是有节奏的，比如鲁迅的《雪》：“在无边的旷野上，在凛冽的天宇下，闪闪地旋转升腾着的是雨的精魂…… 是的，那是孤独的雪，是死掉的雨，是雨的精魂。”许多英文散文名篇也很有节奏感，比如Samuel Johnson的“Letter to Lord Chesterfield”：“The notice which you have been pleased to take of my labours，had it been early，had been kind；but it has been delayed till I am indifferent，and cannot enjoy it；till I am solitary，and cannot impart it；till I am known，and do not want it.”严复所说的“信、达、雅”中，所谓“达”就是流畅，就是有悦耳的节奏。如果一个句子读起来节奏不对，那肯定有问题，肯定是个病句。比如下面这个句子：

“今天，我们在这里隆重集会，纪念新西兰著名作家、诗人、教育家和社会活动家路易·艾黎诞辰110周年，来华80周年暨逝世20周年。”

原译文：Today，we are holding this grand meeting to commemorate Mr. Rewi Alley's 110th anniversary of birth，80th anniversary of visiting China and 20th anniversary of passing，our friend from New Zealand，a well-known writer，poet，educator and social activist.

且不说这段译文的其它问题，首先它读起来不顺口，节奏有问题。应改译为：Today，we are holding this grand meeting here to commemorate the 110th anniversary of birth，80th anniversary of arrival in China and 20th anniversary of passing of Rewi Alley，our friend from New Zealand，a renowned writer，poet，educator and social activist.

大家可以对照这两种译法，读一读比较一下，哪个句子节奏好。在很多情况下，一句话为什么这样译可以，那样译不行，并无多少道理可讲，只是因为这样念起来好听，那样念起来不好听。判断好听不好听，这是一种能力。我们要培养和提高这种能力。多读好文章，多读好译文，是提高这种能力的途径。

下面讲第八个问题，跟上时代，不断更新词汇，Keep pace with the times and update your vocabulary。语言是随着时代的发展而发展的。在政治、经济、文化、科技以及社会生活的各个领域，新的词汇层出不穷。作为一个翻译工作者，必须跟上时代，不断更新词汇，才能把工作做好。在座的诸位都没有经历过“文化大革命”，当时我已经开始做翻译了。“文革”时期有“文革”的一套词汇，像“在无产阶级专政下继续革命”、“斗私批修”、“批林批孔”等等。现在听起来很陌生了，当时是经常挂在嘴上的，天天对外宣传。做翻译的就不能不记。改革开放后又有了新的一套词汇。从美国开始的金融危机席卷全球，有关金融和经济的词汇满天飞，做翻译的当然也得记。生活中也不断有新的词汇出现。比如赵本山说的“忽悠”，要译成英文就不大容易。

为了跟上时代，不断更新词汇，我建议大家尽量采用报刊上和国家重要文件中的译法。比如“科学发展观”该怎么译？有人译成 The View of Science Development，这显然不通。正确的译法是 The Scientific Outlook on Development。再如“增强忧患意识”，有人译为“Strengthen the sense of worries”，这是照字面翻译，是 Chinglish。正式文件中译为 Be mindful of potential dangers，就是“对潜在危险提高警惕”的意思。这个译法较好。

当然即便是权威翻译，也不是一成不变的。比如“小康社会”，最初译为“well-off society”，现译为“moderately prosperous society”。“深入贯彻落实科学发展观”的“深入贯彻落实”，原译为“thoroughly put into practice”，现译为“comprehensively apply”。另外我还不断看到一些新鲜的说法。“坚持扩大开放”现译为“open China wider”。“发展友好关系”，译为“grow friendly relations”。我觉得这些译法很生动。

我们在做翻译工作中还要注意语言风格的变化。我们今天看到和听到的英语跟莎士比亚笔下的英语已有很大的差别，甚至跟丘吉尔写的英语也有不小的差别。什么是现代英语？奥巴马讲的是现代英语。奥巴马是一个出色的演说家，你们读读他在总统就职演说中的一段话：

Today I say to you that the challenges we face are real. They are serious，and they are many. They will not be met easily or in a short span of time. But know this，America：They will be met.

句子简短，意思明了，这似乎是现代英语的发展趋势。我们在做翻译时要注意现代英语的风格，要用现代英语来译现代的文章，不能用莎士比亚或丘吉尔时代的英语来译。

以上归纳起来，我讲了笔译工作中的八个问题：1．基本的东西不要出错；2．要忠实于原文；3．准确理解原文；4．运用逻辑思维；5．避免中文式的英文；6．注意词义的细微差别；7．注意语言的节奏；8．跟上时代，不断更新词汇。

我的讲课没有什么特别的内容，或属老生常谈，是常识性的东西。但这是我在翻译工作中的一些体会；我想如果大家在做翻译工作时能注意这些问题，对提高翻译水平和质量可能会有所帮助。

问：我想问一个有关口译的问题。我不是学英语的，而是学俄语的，但我觉得语言都是相通的。我的问题是，在为别人谈判或交流做翻译的时候，有时一个地方没有听懂，不明白讲话者说的是什么意思，这时候该怎么办？因为年轻人在知识储备和词汇量方面都不太够，所以我想问问您，在您年轻的时候是否也遇到过"没听懂"的问题，您是怎么处理的？

答：首先，作为一个口译，你事先要做充分的准备。比如说，你今天要去参加一个谈判，那你对这个谈判的内容要掌握得越详细越好。中美建交之前，尼克松总统来华访问，我国送给美国一对熊猫，美国送给我们一对麝香牛。这在当时是一件大事。美国华盛顿动物园园长乘着专机把这对麝香牛运到中国来，中国为此成立了一个接待班子，我也是这接待班子里的成员。当时我还很年轻，在接待班子里当翻译。华盛顿动物园园长来华不单单是为送这对麝香牛，他还希望看看北京动物园，想了解北京动物园有什么珍稀动物，以便将来跟我国交换。为了准备好这次接待，我除了学习政治文件外，还学习有关动物的知识，了解各种动物的英文名称和习性。我向在动物园工作的专家请教，他是一位留美的动物学家。所以当我给华盛顿动物园园长当翻译时，我不但能说出园内动物的英文名称，而且还能说出很多动物的习性，知道猩猩、大猩猩和狒狒（Orangutan，gorilla，baboon）的差别。外宾听了大为吃惊。

所以我要告诉你，首先你事先要做功课，做得越细越好。平时要多做积累，翻译前要掌握相关的基本词汇。但即使做了充分准备，也会遇到自己不知道的问题，因为谁也不是万能的。遇到这种情况有两个办法，一个是设法解释，想不起确切的对应词就想办法解释。一次邓小平接见外宾谈到“癞痢头”这个词，当时的翻译是章含之，是第一流的翻译，但她也一时想不起来“癞痢头”英文怎么说，她便解释说这是“a kind of skin disease on the head”。外宾也明白了。如果你是英文没听懂，那你用第二办法，就是请对方再说一遍。这时外宾会帮助你的，会向你解释他的意思。做口译最忌讳不懂装懂。你可以做解释，你可以向外宾说 Pardon，但你不能不懂装懂。

问：我想问两个问题。有时做口译速度很快，结果前面出错了，没来得及改，又到了下一句了，这时候该怎么办呢？是事后告诉客户好，还是当时就告诉客户好？第二个问题，关于您说的词语的细微差别，我觉得这是学习中最难的。除非我们能浸泡到英语环境里，可能才会有很大提高，如果每天只是对着书本看词典，硬记硬背，我想很难体会到词与词的细微差别。您能不能在这方面给我们介绍一些具体的学习方法？

答：第一个问题，如果前面译错了，如果是重要错误，必须及时更正。如果只是个小错误，那就算了，只要没有大的影响可以含糊过去，没必要专门更正，尽量不要打断翻译的连贯性。有的错误可以过一会儿再更正或提醒客户。口译时一发现自己译错了，往往会心慌，这是难免的。有经验的翻译他能沉住气，知道该怎么处理，只要没有大的影响，他会把那个错误暂放在一边，以免影响自己的正常发挥。

第二个问题，关于体会词的细微差别，这有很多方法。方法之一是阅读。阅读有两种，一种是精读，一种是泛读。泛读能扩大知识面，但精读更重要。精读就是反复地读，从中来体会作者的用词造句。我喜欢读鲁迅，鲁迅的风格是独一无二的，是无法复制的。鲁迅的有些作品我读过多遍，体会他用词上的特点。所以我建议你们也挑选一些好文章反复阅读，细细体会其用词的妙处。如果只是闷头查字典，效果不会很好。

问：老师，我看过网上对您的介绍，知道您在文学方面也很有造诣。我也很喜欢文学。我想读些英文的文学和诗歌类的著作，您能不能在这方面给我们提个建议？

答：网上对我有一些介绍。我知道网上对我既有好评，也有批评。可能还是好评多一点。我出过一本书《英诗三百首》，是我编译的，英汉对照的，比较有影响。其中有几首诗已被选入中学语文课本。如果你们想了解英文诗歌，我建议你们先读一个选本，先不要着急去研究一个作者，先做一个全面的概括的了解，然后再选择你感兴趣的诗人细读。英文文学作品书店里很多，我自己觉得海明威和华盛顿·欧文的作品值得读，语言好，也不难。应多读几本英文的文学代表作，比如小说《简·爱》等。你一定要找一本书从头读到尾，一个字也不放过，包括它的前言、后记和评论，甚至不止读一遍。那样你会大有收获。

我们现在进入了一个信息爆炸的时代。作家太多了，作品太多了。每年有人得诺贝尔文学奖。但说实话，对有些得奖作品，我实在不敢恭维。信息爆炸中有很多是信息垃圾。你们要学会选择。不要把大量时间花在网上。我最初学写散文时，精读过《杨朔散文选》。我从思想、结构、谋篇布局、段落衔接、遣词造句等不同角度琢磨他的文章，受益匪浅。后来我写的东西受到好评，有人说我的文章有杨朔的味道，我听了很高兴。但后来我又不大高兴了，因为写文章要有自己的风格，光模仿不行。我便又努力摆脱杨朔的影响。

问：我想问两个问题。第一个问题，因为我们都是以中文为母语，如何才能提高我们的英语语音语调？我们现在大多数年轻人都在看美剧或美国电影，用这些节目来帮助我们提高语音语调，但每部美剧或电影里都有方言，会对我们的语音语调造成不好的影响，所以我想问问您在这方面如何提高？第二个问题，我每天都跟着新闻联播练同声传译，但是我的老师告诉我这样只能提高我的反应能力，不能保证我的正确率。请问，我在回家自己做功课时如何保证我翻译的正确率？

答：先回答第一个问题。确实现在英文的分支很多，有英国英语、美国英语、印度英语、中国英语等等。我在外事工作中就接触过各种英语，包括东南亚国家的英语，还有口音很重的尼泊尔英语。但我基本上没有受其影响。我坚持我在上小学时英国修女教我的那种语音语调。它可能比较老式，但我觉得好听。我建议你们也坚持学一种英语语音语调。我第一次接触美国人，也有许多话听不懂。我记得华盛顿动物园园长因为讲话比较慢，我能听懂。但他的专机机组人员之间的谈话，我基本上听不懂，他们的语音语调很怪，还夹杂着许多俚语，所以听不懂也不奇怪。我们不能既学英国英语又学美国英语，最好坚持学一种。要学美国英语就学标准的美国英语，像奥巴马或希拉里说的英语，那也很好听。

关于同声传译的问题，我认为要提高同声传译的水平，一是要练反应能力，二是要提高笔译能力。笔译是口译的基础，笔译做多了，你的词汇量和表达方法就丰富了，就不至于在做口译时仓促应付。大家看温家宝总理答记者问，那位翻译是外交部的，那真是很棒，非常准确流利。可是大家要知道这是要下很大功夫的，翻译之前要做很多功课的。

麻争旗　中国传媒大学外语学院教授，硕士研究生导师。1988 年获北京外国语大学英语学士学位，1992 年获北京广播学院国际新闻硕士学位，2007 年获中国传媒大学传播学博士学位。自 1991 年以来，为中央电视台“正大剧场”、“国际影院”等栏目翻译电影、电视剧五十多部，电视连续剧、系列片六百余集，其中《失踪之谜》、《居里夫人》获全国优秀译制片“飞天奖”。译著有《媒介事件》、《文化模式与传播方式》、《跨越文化障碍：传播的挑战》、《做新闻》、《媒介与主权》等。

翻译本身并不难，只要把原话译对、译顺、译好就行。说翻译难是因为，译对要吃透原话的意思，译顺要进行语言加工，而译好则要发挥创造性。所以，翻译工作既是一种挑战，也是一种享受。

翻译是语言转换的艺术，翻译之美就在这转换加工的过程中。

麻争旗

译制片的翻译

麻争旗

翻译是比较有意思的事情。我们今天就讲讲译制片翻译的问题。大家都看过译制片，对译制片都有一些自己的理解。也许有人很喜欢译制片，也许有人想知道译制片是怎么生产出来的。我们今天从稍微学术一点的角度来讲讲译制片的概念和译制片的翻译问题。当然，我们的讲座不会纯学术，那样不好理解。我们通过一些片断实例来说明译制片的特征。中间还搞个互动，让大家体会一下译制片中英语对话的特征，认识这种非常特殊的文本需要什么样的翻译方法，重点是思考在翻译电影对话的时候应该注意哪些因素。希望对大家将来思考或者从事译制片翻译工作有所帮助。

我们讲四个问题。第一个问题，简单介绍译制片的概念，叫影视译制界说，也就是说明译制片是怎么回事。第二个问题，分析译制的理念问题。理念是啥意思呢？就是人们对译制片的认识，对译制片的说法。译制片是一个社会现象，大家必然会对它提出这样或那样的看法，其中包括它的历史叙述，把这些思想汇集起来，再经过抽象化梳理，就形成了关于译制片的知识，或者叫理论。第三个问题比较专业，就是译制业务，包括译制行业里各个环节，这是重点，我们要分析其中的翻译问题。最后一个问题是译制的策略，也就是作为一个行业，国家对它的政策定位，以及行业内部的规范和专业工作者遵守的一些原则。

第一个问题是“界说”。什么是译制片？我们从三个方面讲。首先要给译制片（或者译制）下个定义。译制现象是存在的，我们可以分析它的历史和现状。我个人专门进行译制片研究大概有十几年。我一直在思考，但从来没有认真地下过一个定义。后来我们传媒大学办了一个专业，叫戏剧影视文学（影视剧译制方向），属于本科艺术类（现在改成英语专业）。有了这个专业就必须进行理论界定，然后我就写了一本书。其实我不愿意写书，我愿意翻译，翻译比较有意思，写书很麻烦，下个定义还担心有人说你“不对，你这不严密”之类的。可是你要搞教学，那就不能不下一个定义。我的定义是：所谓译制，就是指对影视作品进行的语言转换。这里的核心是语言转换，译制工作的性质就是转换。转换什么呢？转换语言。译制就是把作品中的语言从一种符号体系转换成另一种符号体系，比如，把英语原声的电影译制成汉语，或者把汉语原声的作品译成英语或其它语言。当然，目前在我国，把汉语电影译成外语的还不多，引进远远大于输出。今天，我们主要研究如何译制外国电影，如何通过译制让中国的老百姓更好地欣赏外国的作品。

概念不是一成不变的。过去人们提到译制片，脑子里想象的可能都是电影。随着历史的发展，引进的电影相对少了，引进的电视内容越来越多。电视也可以播电影，还可以播电视连续剧，还可以播很多专题节目。外国的电视内容也要经过译制才能让大家看懂。中央电视台有很多译制节目，其实跟译制电影的道理是差不多的。这就是说，译制是个历史的概念，它是发展的。过去它指的范围比较小，指电影，后来有了电视，现在还有网络。译制的内容不断丰富起来。我们可以说，译制片应该包括任何需要经过语言转换的媒介作品，所以，我们至少应该叫“影视译制”，而不叫“电影译制”。大家看过《居里夫人》吗？这部作品曾获得全国优秀译制片“飞天奖”一等奖，是我翻译的。李岚清同志很支持译制工作。我们国家那几年宣传科教兴国，为了配合这种发展思路，中央电视台译制了这部作品。李岚清同志认为，好的译制作品也可以作为精神文明的组成部分，所以他特别推荐这部作品。结果播出后引起来很大的社会反响，尤其在清华大学、苏州大学等高校。李岚清同志很高兴，组织译制人员在中南海专门开了译制座谈会。我在介绍翻译体会时说，“主要是投入，有好几次我被作品感动得流泪。”总理说，“你翻译得很好，你感动了我，感动了观众。其中好多专业的地方，翻译得很清楚，大家一听就明白。”他还说，“译制片是完全可以感人的，是可以帮助教育青少年的。办好译制大有前途。”后来我们大学开办了译制专业。

大家看过《卡桑德拉大桥》吗？这部作品有两个译制版本，一个是央视译制的，另一个是上译厂的电影版，我都买着了。这就是说，电视上也有电影，也有大片、名片。

我们简单回顾一下我国的译制历史。先说电影的译制史。电影的译制其实跟我国电影的发展是同步的，差不多跟世界的电影也是同步的。我国的电影发端其实并不落后。1895 年法国人发明了电影，1896 年上海就有了电影。不过，当时在上海它不叫电影，叫西洋影戏（后来也叫活动影戏）。我觉得这个概念比叫“电影”更准确。中国人有戏剧，那么，屏幕上演的戏就是通过影子演出来的，就像民间的皮影戏，这种戏法是西洋人发明的，合起来叫西洋影子戏，就是“西洋影戏”，不知道后来为什么人们用“电影”这种叫法。“电影”是什么？除了“影”有意思，其它两层意思都丢了，根本没有反映最本质的内涵。“电视”就更荒唐了。Television 这个词里哪来的“电”？我们也不知道是谁起的这个名字。翻译中这样的问题很多。再举个例子。“Communication”本来是“交流”，结果翻成“传播”。我们中国传媒大学的英文叫 Communication University of China，意思是“中国传播大学”、“中国电信大学”。我们国家的交通部曾用的英译是 Ministry of Communications，意思是“电信部”、“传播部”，后来有不少学者提出批评，新组建的交通运输部的英译改为 Ministry of Transport，对此，有学者说我们的叫法终于与国际接轨了。美国的交通部叫 Department of Transportation。中国传媒大学准确地说应该是 Media University。这也说明，翻译过程中，有些概念是很麻烦的。

回到正题，当时上海的西洋影戏就是外国电影。粗略地讲，电影的译制在我国的发展有三个时期。1949 年之前，上海虽然有西洋影戏（活动影戏），但是在译制方面比较落后，做法非常简单。本来电影一开始是无声的，从逻辑上讲不用翻译。不过，有些默片带字幕，介绍复杂的剧情。有的观众请人事先将影片情节译成中文，抄写在纸上，带到影院去参考。当然，这是少数行为。后来出现了“活的说明书”，就是现场有人介绍剧情，这相当于口头翻译。到了 30 年代，译配中文字幕的方法比较风行。后来有了译意风设备。

译意风（原名 Earphone，初译夷耳风）是美国的生产厂家专为上海的豪华影院“大光明”特制的，座椅背后安装一副听筒，戴上听筒，能听到翻译小姐坐在工作室里边看影片边用国语讲解的剧情和对白，这类似于同声翻译。

我们说 1949 年以前中国没有正式的译制，是指没有我们今天讲的这个意义上的译制，因为从译制方式讲，配音译制是最完美的。我国的译制片工作者经过长期的实践发现，适合我国国情的是配音译制。配音译制是把原片的声音取下来，换成配音演员说的汉语。当然，这样做是很麻烦的。但是，这种方式我国的老百姓很欢迎。目前从影院的效果看，凡是从外国进口的片子，放原文的赔钱，原文加字幕的也赔钱，而只有配音译制的赚钱。我们经常听到有人说（尤其是网络上）自己喜欢看原版加字幕的，其实那是少数。有的人甚至主张不要配音，那更是荒唐，因为这是不了解中国国情和基本国策的表现。

从 1949 年到 1965 年是译制片的发展期。新中国成立后到处洋溢着建设家园的激情，译制片也有了很好的发展。但是到了 66 年，开始了文化大革命，译制片受到了一些影响，这是十年文革萧条期。改革开放的八十年代，人们需要了解世界，而创作人员压抑了十年的创作热情也迸发出来了，我国译制片进入了最辉煌的时期。这个时候，我们的译制艺术和技术都已经成熟，几乎达到完美。我国的译制水平在国际上也享有盛誉。有不少影业大腕（比如《追捕》的主演高仓健）来上海译制片厂参观，都说中国的译制水平是世界上第一流的。

我们简单回顾一下这几个时期的作品。比如，第一个时期是17年发展期，共译775部，每年45部，观众的数量可想而知——非常非常多。那个年代，中国普通老百姓对外面的世界不了解，因为没有认识渠道，所以想象不出外国是什么样子。译制片是广大老百姓形象生动地了解外部世界的一个最主要的渠道。那时候到外国去是不可能的，不像现在。我就生在乡下，看译制片不畏翻山越岭，往往带着一股革命的热情，有的片子看十遍、二十遍（比如《卖花姑娘》）。可以说，译制片在当年对我国老百姓了解世界发挥了不可替代的作用，具有非常特殊的意义。

我国的第一部译制片是1949年长春电影制片厂生产的，作品译名叫《普通一兵》，是苏联的片子。长影对我国译制片做出了很大的贡献，一共译制了八百多部作品，其中有很多名片，比如《罗马假日》、《百万英镑》、《人证》、《卖花姑娘》等。《普通一兵》的导演袁乃晨被誉为中国译制片之父。为什么呢？因为这部作品的译制实践奠定了我国译制片的基本套路，也就是说，从技术和艺术上基本找着了译制的合理模式。举个例子，士兵们拿着枪往上冲，喊的是俄语“乌拉”，是“上帝”、“万岁”之类的意思，开始的翻译就是“万岁”，可是人物的口型是“乌拉”，配不上。后来他们说，干嘛非要按照原来的意思翻译成“万岁”呢？根据画面不就是“冲啊”吗？于是就配成“冲啊”，效果很好，这就叫译制片里的变通术。大家看画面，很自然，就像中国人讲话，现在有些译制片的质量恐怕还不如当时的这个水准。长影以这样的例子为典型，找到了译制片的基本规律，那就是要符合画面和情景，而不是照着原文去字对字地翻译，他们找到了解密译制的钥匙，袁乃晨他们是当之无愧的中国译制片奠基人。

上海电影译制片厂是我国第一个专门叫“电影译制片厂”的，开始是上海电影制片厂的一个分部，后来就独立成一个专业的译制片厂。上译厂是我国译制片领域的骄傲。东北虽然是奠基，也很优秀，但是什么事儿到了上海就会被做大做强，就像它的经济一样，上海人会领头，做得非常认真，有创新，有革新，做到技术和艺术的高度统一，各个方面都非常出色，所以，从历史发展的角度说，上译厂是我国译制水平的最高代表。上译的作品也比长影多，达到一千部。它的第一部作品叫《小英雄》。上译也有一个代表人物，就是第一任厂长陈叙一，他不光是导演，还是有名的翻译。在他的领导下，上译不仅继承和发扬了长影的精神，而且有自己的创新，他们创作了大批优秀的作品，许多都是脍炙人口，比如《追捕》、《魂断蓝桥》、《虎口脱险》等。

我们来说说改革开放大发展。八十年代，我国每年译制平均35部。2000年，一共译了42部，上译28部，长译7部，八一7部。八一厂为了配合军事训练，专门译制一些军事题材的作品。他们也率先引进了现代的技术。《拯救大兵瑞恩》和《珍珠港》就是八一厂的代表作。近些年，中影集团译制中心大胆改革，大有后来居上的势头，完成了不少大片。

我们再来看电视译制，将来我们跟电视的关系更密切。所谓电视译制，应该包括三部分：第一是电视上的电影，第二是电视剧，第三是电视专题节目，这些都属于译制范畴。电视的译制其实跟电视的历史也是同步的。我国的电视发展从1958年算起，从一开始就有译制节目，因为电影电视都是舶来品，不是我们发明出来的。早期的电视译制片有《红与黑》、《巧入敌后》、《大西洋底来的人》、

《加里森敢死队》等。我国电视译制的特征是：有了相当的规模；译制单位多元化，有些地方电视台也生产译制节目，北京电视台和上海电视台都有大量的译制节目，而且精品栏目很多，有的非常经典，比如《国际影院》；第三、内容非常丰富。中央电视台电影频道的译制栏目有 15 个，国际部的译制栏目有 17 个。

大家说说，《动物世界》是不是属于译制片的范畴？请注意这句话（配音）："有些狐狸会捕捉尽可能多的海鸥，这源自它们的本性。"

我们拿这句话的模式换个意思说，比如"有些女孩子会吃尽可能多的水果，这源自她们的本性。""有些学生会读尽可能多的书，这源自老师的要求。"大家听得出来，这句话的翻译是很糟糕的。如果说《动物世界》是译制片（不是故事片，但属于译制范畴），那么，按照译制的水准看，仅从那句话的翻译来衡量，那就是很糟糕的作品，因为它连基本的句式转换都不会。当然，这个栏目很好，因为大家注意的不是口型（画外配音，不用对口型），而是画面的内容，加上配音的声音很好，所以觉得《动物世界》、《人与自然》之类的栏目很优秀。

有一个数字可以使大家就会觉得电视译制跟我们的关系有多密切了。我国电视台共有 6000 多家，还有 2000 多家教育电视台，都要引进大量的节目。我们自己生产的本土节目是一部分，引进的节目也是一个重要的部分。全国每年进口的节目大概有 2500 多部级，这都需要译制，而电影每年只有 50 部，二者之间真是天壤之别。

那么，有没有人专门从事译制研究？有没有人思考它？有没有专门的研究机构？当然有，其中包括学者的积极参与，专业人士也在总结经验。不过，我国的译制研究还没有形成完整的体系。这可能跟我国的传统有关。我们古代有哲学，但缺少完整的哲学著作。我们古代的翻译很出色，比如佛经的翻译，有世界级的大翻译家（玄奘），但是缺少系统的翻译理论，顶多有某某大师总结出一二句名言，然后成为经典，大家就把它当座右铭，比如，说翻译，玄奘用了四个字："求真喻俗"；严复只用三个字："信达雅"。巧得很，我国的译制也是这样。上译厂陈叙一积累了一肚子经验，概括出来两句话："翻译要有味，配音要传神。"当然，要吃透这里的精粹也是不容易的。所以，大学教学光拿这两句话可不行，还是需要进行系统的研究。

可以说我们在研究方面还处于一个开始时期。我们大学开过一个规模比较大的译制研讨会（2004年），发表了一些论文。国内目前有两本论文集。学术专著只有一本：《影视译制概论》，是我写的，是专门为学生开设这门课程写的，当然，这本书也有一定的理论意义。

人们对译制片的认识可以从三个方面来进行，第一个是从它的现象来看，它属于一个媒介传播的现象，然后再分析它有什么性质和特征；第二从它的功能来看，它对社会、对信息传播发挥什么功能和作用；第三从学科来讲，比如说大学教育，应该归哪个学科。

首先，从现象看，译制应该有这么几个特征。一，它是综合的，因为译制活动不是独立的，有好几个行当、好几个艺术门类，有翻译、配音、导演、录音，很多工艺；二，它是交叉的，从艺术上讲，它涉及翻译的语言艺术，配音的语言艺术，影视录音艺术；从行当来讲，不好专门划属哪个部类，而是互有联系；从文化传播的角度来讲，应该是跨文化的，因为译制是把一种语言文化的作品介绍给另一种语言文化。

第二，从功能和价值来讲，译制片的用途体现在这几个方面：首先，它是国人了解外部世界的窗口。译制片用生动、形象的方式向人们展示外部的生活图景；其次，它是一种消遣的方式。一度时期看译制片是一种很美的活动。现在媒介发达了，大家觉得译制片不像过去那样了，但是它的娱乐功能并没有减少。再次，它也是一个交流的形式。译制片是国际交流，其中包括理念、机制、市场模式的交流，这对我国的影视市场、影视产业也是一种促进，有助于我们与世界接轨。再其次，它是保护民族语言的手段。怎么说呢？我们可以想象一下，我国人口众多，许多人的文化程度还不高，他们应该享有欣赏外国影视作品的权利。问题是，通过什么手段？比如，让他们学会外语，这是不可能的。或者，我们帮助他们看懂，那就要翻译，翻译出来要么打字幕让大家边看边读，要么完全配音，连读都不用，这样一比，还是配音对百姓最方便，所以，配音译制在我国是主要译制形式。另外，好的译制片可以从语言上以一种美的方式来教育青少年。我们看过非常糟糕的盗版光盘的字幕，那样的语言对青少年有害的。严格意义上的好的译制片，应该是一种文化传播的手段、教育的方式。反过来，如果译制不好，那就具有破坏性——破坏我们民族语言的纯洁性。最后，从学科专业本体讲，它应该是媒介的研究，是文学的研究，是翻译的研究。因为要配音，所以也是表演的艺术。所以，译制学科是几个学科的交叉。当然了，我们还得有个基本点，就是说哪个最重要，哪个是基础，不能五花八门。我们的专业定位是：首先必须会外语，外语是基础。目前译制课程设在英语语言文学这个范围里，先学基础课，把英语学好，然后再开设专业课程，掌握配音翻译的方法。

第三个问题比较专业，是我们今天的重点，即影视译制的专业特征。我们从三个方面谈：第一是译制片的特殊性是什么？译制之所以是译制，和别的东西不一样，就是要看到译制的魅力到底是什么；第二是译制片的翻译有什么特点；第三是译制片的格调和策略，这是社会共同遵守的规矩，也是把翻译、导演、配音粘合在一起的原则，具有内在必然性。

在译制片生产的各个环节中，哪个最重要？我认为翻译是基础。导演和配音如果没有翻译这个基础，那就瞎忙乎了。只有翻好了，导演才能看懂，然后才能指导配音，所以翻译是决定性的基础。但是译制片翻译跟小说翻译有区别。小说翻好了，放在那儿慢慢看。

译制脚本翻好了，不是让人去看的，而是要把它转化成一种声音，让人去听。听的语言和看的语言是有很大区别的。说的话叫口语，不是文字的东西，这就对翻译提出了特殊的要求。银幕上有外国人说话的嘴巴，因为电影已经拍好了，嘴巴在动，而讲的是中国的话。字母片的原话是存在的，字母是个助读器，眼睛瞟着，大概明白就行。配音不是这样。配音是把原声拿掉，偷梁换柱——换上汉语，每句话的意义都要靠配音来传达。译制的魅力就在这里——让外国人的嘴讲中国话。

怎样让外国人的嘴把中国话讲好呢？首先依靠翻译的艺术。电影翻译，第一要满足话语的需要、话语的特征，不能像书面语那样，而是更口语化、生活化。第二要满足配音的要求，比如，口型的变化、音节的多少都要服从画面剧情，电影里嘴巴动了五下，翻译用了二十个字，那根本装不进去。反过来，嘴巴动了十下，翻了三个字，剩下的缺口拿什么补呢？如果用废话凑数，那会直接影响人物话语的质量，最终破坏人物性格。所以，翻译出来的话要跟人物说话时的节奏吻合，可能的话，还要尽量使口型开合吻合，这样翻译是很难的。要做到意思连贯、口型吻合的确不是一件容易的事情。有人不喜欢配音版，大概是因为翻译不好，因为口型对不好，听起来很别扭。

我们通过几个片断来说明电影翻译的两个特征：口型化、个性化。口型化就是口型要对上；个性化就是人物要有区别，大人和小孩的区别，好人和坏人的区别等等。

下面用几个片断说明一下译制的格调。什么叫格调呢？外国电影会涉及许许多多的外国人，他们的性格、声音是不一样的。那么，翻译、导演和配音要有一个基本倾向，怎样把人物区别开，让人一听就有性格上的差异，而不是千篇一律，一个模样。但是，创作是有限度的，我们不可能把外国人区别得很细。比较折中的办法是大致分出类型，这叫定型化。上译厂的做法就是行当化，就像我国戏剧的行当。我国戏剧的人物是有类型的，生、旦、净、末、丑。陈叙一的做法是按照行当找演员，看哪个演员适合“生”还是“旦”。翻译的时候要考虑人物语言的类型特征。

然后我们总结一句话，译制的要素从专业特征讲，翻译是基础、导演是核心、配音是关键。

最后一个问题，译制的基本策略，就是翻译、导演、配音共同遵守的惯例：让外国人讲中国话的基本倾向，其中包括声音定位、语言风格、文化品位、地域特征等。外国的片子来源是不一样的，反应的主题也是不一样的。韩国人、日本人、印度人、巴基斯坦人，是不是和欧洲人应该有所区别？这是地域特征。比较古代一点的和现代的人物语言，是不是应该有所区别？翻译要考虑这些因素，配音也要体现这个差异。《埃及艳后》是古罗马时候的，语言不宜很现代。我翻译过《亨利八世和他的六个太太》，那也比较古，所以语言得稍微文一点，显得有点古气。当然了，所谓“古”也不可能和中国哪个朝代的语言吻合，但不能太现代，把国王的话翻成“哇噻”那肯定是不行的。从作品来看，有的作品比较诙谐，有的作品比较活跃，这就涉及整体的风格。

然后是语言的趋向，这和翻译上说的“归化”和“异化”有点接近。所谓“归化”，就是让它纳入中国汉语语言这个规范里面，让它像汉语。所谓“异化”，就是走了味儿的中国话。你听上译厂译的作品，听起来很舒服，但你又能感觉到这是一部译制片。现在有些盗版的 DVD 的翻译是异化——更像是“带中国味的外国话”，语言很糟糕。比如刚才我们说的“有些狐狸会捕捉尽可能多的海鸥，这源自他们的本性”，这句话基本上是一句外国话，根本不像中国话。我认为这种句子在翻译上应该加加工。

最后一点就是文化品位。我们是建设有中国特色社会主义的国家，首先把媒介作品看做是精神文明建设的组成部分，所以，译制片应该是健康的、向上的、对社会有利的，而且从艺术上应该是有所追求的，应该反对低俗之风。另外作为文化建设，有些反文化、反人类的东西起码不能在媒体上广为传播，应该把关，比如，做一些艺术和技术的处理。翻译应该把第一关，不让“特务”轻易溜走。当然，翻译漏了，还有导演、配音，还有最后的上级检查机构，他们还会帮你检查问题。这是我国的审查制度。

现在，给大家介绍一下《居里夫人》里的三个小片断。这部作品是一部比较经典的作品，是赞扬科学精神的，但它把爱情故事和科学精神结合在一起，是艺术性和思想性高度完美结合的作品。我们选的三个片断是生活化的，没有讲到物理学和化学的内容，主要是用来展现人物性格的。第一个片断表现居里博士这个人比较古板，像个哲学家，对女人的态度是“女人不能搞科学”之类的，这是做铺垫的。然后，玛丽在巴黎大学读书，以优异的成绩毕业，要回波兰去。其中有段小插曲介绍他们如何认识。玛丽的老师佩罗特教授发现玛丽家庭比较困难，所以帮她申请到一个研究项目，不过要借用居里博士的实验室，结果他们就认识了。居里博士不是对女人有看法嘛？哪知道，日久生情，看法变了，想让玛丽留下来了，那怎么能让她留下来呢？他就说：“我爸妈在乡下住着，那里可好了，你到乡下住两天再回去也不晚。”玛丽就去了。晚上，他就跑到楼上敲门进去说：“你嫁给我吧。”玛丽说：“行。”就这么简单。

所以，我认为第一段话“居里论女人”能表现居里博士的性格；第二段话是“居里求婚”，能够看出来一个古板的科学家的智慧和魅力，他的话说得特别美，三言两语就说服一个姑娘嫁给他，有很高的艺术性，语言上是非常难翻译的；最后一段是做试验做了好多次失败了，女儿让妈妈讲个故事，妈妈说“累了”，不想讲，居里博士趁这个机会想安慰夫人，讲了一个童话，说一个公主多么美。他是看着玛丽讲的，显然是有所指。他的语言非常美，但他是以童话的语气讲的，所以能体现童话的风格。

三段话里有几句话比较难翻译。我的基本思想是“变通”。刚才我们已经举过例子了，长影第一部作品里的“乌拉”翻译成“冲啊”就是变通。下面这几个例子也是。

第一句是居里博士在实验室跟他的助手戴维的对话，“I was introduced to her twice”，如果直译就是“我被向她介绍了两次”，这就属于异化，像英文的结构。我们可以调整主语的位置，比如说“人家向我介绍了两遍”，这样就比较顺。

例二的原文是“When we wish to give all our thoughts to some work which estranges us from humanity，we always have to struggle against woman.”

直译出来就是“当我们希望把所有的思想交给某些使我们远离人性的工作时，我们总是要跟女人斗争”。这就属于异化，而且意思也不太好。“远离人性的工作”好像是说科学家远离人性。那么，表示“人性”的这个词 Humanity 应该怎么处理呢？其实，它的意思很丰富，不能简单地说“人性”，也可以说是“人的”，也可以再往前一点说是“人间的”、“生活的”，跟“抽象的”、“哲学的”相对立。原话的本意是，科学家搞的工作和平常过日子不一样，有点“远离人间烟火”。

第三句就是他求婚那一段。他敲门进去，玛丽要跟他说话，他上去就说：“No，please. I must talk to you. I find myself in a very peculiar position.”

这句话直译就是：“不，求你了，我必须跟你谈谈。我发现自己处在一个非常奇怪的位置上。”这样翻出来啥意思都没有。当你知道他心里想说什么的时候，这句话就通了。玛丽起来想跟他说话，那么“No，please. I must talk to you”就不是“不，求你了，我必须跟你谈谈”，而是玛丽要说话，他不想让她说：“等会儿，我说，你听。我说完你再说。”这样的语气就好了。

接下来那句“我发现自己处在一个非常奇怪的位置上”也不对，

不知所云，没有抓住这段话的主题。我把这种现象叫“跑题”，就是说译文前不着村，后不着店，脱离了上下文。这段话的主题是我爱上你了，当然他不会明说，所以就是不知道自己在哪儿，相当于说“最近这几天我发现我不是我了”，“我发现自己不对劲了，非常奇怪了”，暗示“我的魂儿没了——你勾走了”。

然后他打比方说：“我们两个在一起，你的性格是比较活泼的，我这个人比较古板，咱们在一起就像一种 NaCl。” Na 是钠，Cl 是氯，就是化学物质氯化钠，意思是我们俩就像氯化钠。这是科学家的术语。当然，编剧有点夸张，目的是为了塑造性格。在汉语里，大家都说是天仙配，西方的科学家说“氯化钠”。如果变通成“我们俩就是天仙配”，这肯定不行，太中国化了，不如直译为“我们俩是氯化钠”，听得很幽默。可见，不是句句都要变通，还要整体把握。那氯化钠有什么特征呢?

原句是 There would be no distractions，no fluctuations，none of the uncertainties and emotions of love. 直译过来是“我们俩一结合，就没有干扰，没有起伏，没有不确定性，也没有爱的激情。”

如果真这样翻译，那玛丽肯定会说：“哦，咱们两个在一起没有啥意思了。”所以，这里的“没有爱的激情”就得做一点变通。怎样变通呢？还是要看主题。这段话的主题是说，我们是氯化钠，不是天天打闹，而是非常稳定，情绪会越来越好，不像一般人那样，今天好了明天不好。可见，“Emotions of love”是指情绪上的变化、不稳定，可以译成“情绪化”，而翻译成“激情”，或者“没有爱情”则完全破坏了原话的本意。

下面这句也是：

I have always believed science and marriage to be incompatible. But it’s stupid to believe in generalizations.

这句话就是说：“我总是相信，科学跟婚姻水火不容。但是相信一般概括是愚蠢的。”这句中的“generalization”就不太好翻译。

“General”是“一般的”，“generalization”就是对所有的事物做的抽象化和概括化的东西。这句话的意思就是说：玛丽，你肯定对科学和婚姻也有看法，你对男人也有一定的看法。我对女人也有看法。然后他就说，你看，咱们科学家也搞不了像文学家和艺术家那么的浪漫，我也觉得科学跟婚姻弄在一起不太好，科学就是科学，婚姻就是婚姻。但是，那是一般化的概念，要是相信一般化就是很愚蠢的。

但是，什么叫“相信一般化就是很愚蠢”呢？“一般化”是什么意思？这里指已经有的成见、条条框框之类的意思。我们共产党的理念就是具体问题要具体分析，不能拿着一般的框框去套，我们党把“套”总结为一种错误倾向，叫“一刀切”。这样，居里博士的意思就是，我们不能“一刀切”，我们俩就不是那么回事。翻译成“一般化”还不彻底，而是“拿一般原则套个别性、特殊性”、“拿着条条框框一刀切”。什么叫“条条框框”？我们刚才总结过，反对条条框框叫“反对教条主义”，所以在这里要是能翻出“教条”两个字来就比较透彻了。意思就是：我们不能犯教条主义的毛病。我们抱着教条是不行的，那是愚蠢的。

最后一句。爸爸给女儿讲故事，女儿问有公主吗？有，而且公主很美。然后又问：有王子吗？他说，没王子，但是有一个孤独生活的男人，接下来的原文是“until the princess found him”，如果直译就是“直到公主发现了他。”这就成了一个异化的句子。什么叫发现？发现往往是一个事物，说人就不如说“认识”，所以也要做一下变通。

我们今天主要是介绍了译制片的一般知识和概念，并通过几个片段和互动来说明译制翻译的特点。概括一句话就是：译制片翻译不是用来阅读的，而是用来给耳朵听的，所以要符合言语的特征。我觉得译制翻译跟口译有点接近，是口语的意识，所以翻译起来要注意说话，能不能善解人意，能把心里话说出来，这就是我们说的译制的独特魅力：让外国人的嘴讲中国话。原来我们研究的是说话的艺术。